SUNLON
FOOD

公司基础设施

　　本公司自建1座物流仓储园区，位于天津市自贸区（东疆保税港区）陕西道1069号，占地面积56000m²，总建筑面积18000m²，总投资2.57亿元。其中冷库容积150000m³、容量20000吨，分为4个独立库间，采用二氧化碳和氟复叠制冷，可实现-30℃至10℃独立控温、独立使用，可分区存储肉类、水产、水果、红酒、奶制品等各类货品；穿堂可封闭打冷，分布在南北两侧，可同时停靠40个查验货柜；冷库内配备双进升、八层货架及标准化托盘，可存储24000托货物；堆场可存放40英尺冷箱144柜、40英尺普箱350柜，整体堆场实现无线信息覆盖；理货大楼共计6层，包括业务大厅、商品展示平台、检验检疫联合办公区、员工办公区及活动区。

历史成绩

　　（1）取得全面的经营资质。公司具有水果、水产、冻肉、预包装食品指定查验场，分类监管试点，食品生产经营许可证、酒类流通许可证、保税仓库、电子账册、自理报关报检与对外贸易经营资质等。已通过ISO 9001质量认证。

　　（2）获得行业机构的认可。公司是中国肉类协会会员单位、中国食品土畜进出口商会会员单位、天津市国际货运代理协会会员单位、天津市肉类协会副会长单位、天津东疆保税港区商会会长单位，并获得"2017年全国冷库百强"。

　　（3）获得政府部门的重视。得到了京津冀三地政府部门的重视和认可，多次列入省市级乃至部级重点项目，已列入《关于印发〈北京市"十三五"时期物流业发展规划〉的通知》（京商务综字〔2016〕3号）重点项目和《北京市商务委员会、天津市商务委员会、河北省商务厅关于印发〈环首都1小时鲜活农产品流通圈规划〉的通知》（京商务物流字〔2017〕2号）重点项目。

　　（4）取得良好的经营成果。2015年实现营业收入3.64亿元；2016年实现营业收入4.18亿元；2017年实现营业收入9.61亿元；2018年实现营业收入21.34亿元；2019年实现营业收入36.07亿元。本公司自成立以来，营业收入和利润持续增长，市场份额不断增大，国内外品牌影响力不断加强。

从源头到终端, 解决您的冷链困扰
艾默生全程冷链解决方案

挑战
- 保障食品新鲜与安全
- 减少农产品损失和浪费
- 降低运营和维护成本
- 设备效率最大化

现代生活中, 可靠的冷链比以往任何时候都更为重要。从农场、加工厂、运输商、配送中心到商超及餐饮门店, 艾默生的冷链解决方案有助于保持农产品的品质并延长货架期, 大大降低了食物被浪费的可能性。艾默生的冷链解决方案不仅能使农产品持久保鲜, 更能使消费者轻松获取新鲜食材。

产地　　加工　　运输　　配送

便利店

超市

餐饮

官方微信　　资料下载

EMERSON

CONSIDER IT SOLVED

中国农产品供应链发展报告

China Agricultural Products Supply Chain Development Report

2020

中国物流与采购联合会农产品供应链分会
Agricultural Supply Chain Association of CFLP

国家农产品现代物流工程技术研究中心
National Engineering Research Center
for Agricultural Products Logistics

中国财富出版社有限公司

图书在版编目（CIP）数据

中国农产品供应链发展报告.2020／中国物流与采购联合会农产品供应链分会，国家农产品现代物流工程技术研究中心编.—北京：中国财富出版社有限公司，2020.10

ISBN 978－7－5047－7254－1

Ⅰ.①中…　Ⅱ.①中…②国…　Ⅲ.①农产品—供应链管理—研究报告—中国—2020　Ⅳ.①F724.72

中国版本图书馆 CIP 数据核字（2020）第 192221 号

策划编辑	郑欣怡	责任编辑	邢有涛　李　娜		
责任印制	梁　凡	责任校对	卓闪闪	责任发行	敬　东

出版发行	中国财富出版社有限公司		
社　　址	北京市丰台区南四环西路 188 号 5 区 20 楼	邮政编码	100070
电　　话	010－52227588 转 2098（发行部）	010－52227588 转 321（总编室）	
	010－52227588 转 100（读者服务部）	010－52227588 转 305（质检部）	
网　　址	http：//www.cfpress.com.cn	排　　版	宝蕾元
经　　销	新华书店	印　　刷	天津市仁浩印刷有限公司
书　　号	ISBN 978－7－5047－7254－1/F·3217		
开　　本	787mm×1092mm　1/16	版　　次	2020 年 10 月第 1 版
印　　张	16　彩页 1	印　　次	2020 年 10 月第 1 次印刷
字　　数	325 千字	定　　价	280.00 元

《中国农产品供应链发展报告》（2020）
编委会

编委会主任

崔忠付　中国物流与采购联合会副会长兼秘书长

编委会副主任

于　彪　望家欢农产品集团有限公司副总裁

马英才　上海鑫源供应链管理有限公司董事长

王守罡　上海善之农电子商务科技股份有限公司副总裁

王国利　国家农产品现代物流工程技术研究中心副主任

王建华　正大投资股份有限公司副董事长

牛　冰　广州市城市规划勘测设计研究院副主任

白　瑞　郑州千味央厨食品股份有限公司总经理

乔勇进　上海市农业科学院主任

华国伟　北京交通大学经济管理学院副院长

危　平　顺丰冷运总裁

刘盛儒　济南维尔康实业集团有限公司总经理

牟屹东　上海郑明现代物流有限公司副总裁

李小红　湖南惠农物流有限责任公司董事长

李光集　上海蔬菜（集团）有限公司副总裁

李佳享　南京卫岗乳业有限公司物流总经理

吴砚峰　广西职业技术学院管理学院副院长

何德权　亚太冷国际供应链有限公司总裁兼 CEO

辛　巴　北京天下新农商业咨询公司创始人兼 CEO

宋明刚　冰轮环境技术股份有限公司营销服务事业本部副部长

张建武　中车石家庄车辆有限公司总经理

张建国　苏州市南环桥市场发展股份有限公司副总经理

张春华　上海润稼农产品市场经营管理有限公司总经理

张景真　佳农食品（上海）有限公司总经理

陆百荣　农业部对外经济合作中心原政策规划处处长，高级工程师

陈一明　宏鸿农产品集团有限公司副总裁

陈万山　广西润农供应链管理有限公司总经理

陈君城　万纬冷链物流总经理

陈劲松　中冷智慧（南京）企业管理有限公司总经理

范志强　乌兰察布市土豆集电子商务有限公司总经理

郑富贵　京东集团副总裁，京东冷链负责人

宗　祎　北京首农供应链管理有限公司总经理

荐家强　天津港首农食品进出口贸易有限公司总经理

秦　湘　中国地利集团副总裁兼首席运营官

秦玉鸣　中国物流与采购联合会农产品供应链分会秘书长

殷永鑫　飞猫云车物流科技有限公司董事长

高　戈　开利运输冷冻（中国）总经理

龚　力　蜀海（北京）供应链管理有限责任公司总经理

韩一军　中国农业大学经济管理学院教授

温海涛　山东新和盛农牧集团有限公司总裁

编委会委员

王　宇　上海大简农业科技有限公司执行董事

王　磊　河北多采供应链管理有限公司创始人 &CEO

王正国　江苏东大集成电路系统工程技术有限公司总经理

王丽锐　内江中农联建设开发有限公司总经理

王明光　山东乐物信息科技有限公司总经理

王秋生　衡水衡东高端冷鲜加工有限公司董事长

叶咸献　宁波弘海制冷科技有限公司总经理

付同鑫　昌宁县锦程物流有限公司总经理

冯　飚　比泽尔制冷技术（中国）有限公司大中华区总经理

司永凯　河南凯联万亨商业管理有限公司执行董事

任国荣　宁波天宫冷链仓储有限公司总裁

多维宽　多维联合集团有限公司董事长

刘　洁　优合集团有限公司总经理

刘　辉　上海绝配柔性供应链服务有限公司副总经理

刘公正　介休市奥维德圣物流有限公司副总经理

刘文强　上海农信供应链管理有限公司战略发展部总经理

江　波　珠海强竞物流有限公司总经理

许晓东　珠海德洋水产养殖有限公司董事长

孙泽军　沈阳满佳餐饮管理有限公司供应链体系副总裁

李　炜　山东海森商业管理有限公司总经理

李　涛　成都浩爽制冷设备有限公司总经理

李玉林　鲁担（山东）城乡冷链产融有限公司董事长

李江升　上海鼎耀供应链管理有限公司负责人

李名泽　重庆三科农产品市场有限公司总经理

李军棉　广州市格利网络技术有限公司总经理

杨莹莹　黑龙江社普莱食品有限公司总经理

何险峰　北京顺天诚通商贸有限责任公司董事长

余晚玲　广西中冷优吉屯冷链物流有限责任公司总经理

冷志杰　黑龙江八一农垦大学物流与供应链研究所所长

张　奕　上海壹佰米网络科技有限公司（叮咚买菜）副总裁

张文彬　滁州金稼园农产品供应链管理有限公司总经理

张文琴　上海华汇冷链物流（集团）有限公司董事长

张君君　无锡朝阳供应链科技股份有限公司董事长

张明华　无锡鼎丰膳餐饮有限公司总经理

张建彪　山西屯汇农产品市场有限公司董事长

陆　平　江西霖渔生态科技有限公司总经理

陈　博　英索兰特（北京）科技有限公司总经理

陈　雷　德和资（北京）人工环境技术有限公司总经理
陈丽园　上海嗨酷强供应链信息技术有限公司董事长
陈新宇　内蒙古蒙航物流配送有限公司总经理
林志勇　福建冻品在线网络科技有限公司 CEO
罗世友　贵州农创物联有限公司董事长
周　薇　江苏苏鲜生冷链科技有限公司总经理
孟　杰　北京九州兄弟联供应链管理股份有限公司总经理
种微腾　道和（山东）供应链管理有限公司负责人
夏红伟　深圳市易流科技股份有限公司 GR 负责人
顾建明　上海亦芙德供应链管理有限公司董事长
钱　钰　集保物流设备（中国）有限公司总裁
黄善年　舟基（集团）有限公司董事长
曹少金　中国供销农产品批发市场控股有限公司董事长
曹志源　邢台润恒农副产品市场管理有限公司总经理
曹克忠　安徽鑫合机电设备有限公司董事长
崔　伟　北京盛农润德运营管理有限公司总裁
韩庭振　欧特（北京）物流有限公司总经理
童　卿　上海金文食品有限公司总经理
蓝永联　广州农产国际供应链有限公司董事长
赖根中　福建信运冷藏物流有限公司总经理
蔺军龙　北京首发物流枢纽有限公司党支部书记、总经理
魏　鹏　眉山中车物流装备有限公司总经理

《中国农产品供应链发展报告》（2020）
编辑部

前　言

　　《中国农产品供应链发展报告（2020）》是中国物流与采购联合会农产品供应链分会首次编写的农产品供应链领域的专项研究报告。报告系统介绍并分析了农产品供应链现状、存在问题及发展趋势，涵盖了农产品产业链、农产品流通、产地发展、农产品批发市场转型升级、猪肉供应链发展建议、专项案例文献等多维度内容，以期给读者带来更多的思考与启发。

　　2020 年是全面打赢脱贫攻坚战收官之年，完善农产品供应链、补齐"三农"领域的突出短板，对于促进农村经济发展、增加农民收入等具有重大意义。2020 年，新冠肺炎疫情的暴发，进一步凸显出完善的农产品供应链对于应对重大突发事件的重要性；同时也暴露出行业急需转型升级、农产品供应链流通过程监管力度不足且监管主体不明、电商发展迅猛但存在瓶颈、缺少统一的监控管理平台、应急措施无法适应疫情常态化操作、传统农产品供应链存在管控短板等问题。

　　在挑战中迎来新的发展机遇，随着中央及各地方政府"加快产地基础设施建设""完善现代化农产品供应链体系"等相关扶持政策的出台，以及疫情防控常态化机制的逐步建立完善，行业升维进化的下一个"春天"已然来临……这些都是本报告所涵盖并展现给读者的。

　　在行文结构方面，本报告共分为九章。第一章 2019 年农产品市场情况分析，从农产品市场环境分析、政策环境、发展现状及问题、发展趋势四个方面对农产品市场情况进行分析；第二章 2019 年农产品流通环节现状及发展趋势，介绍了流通环节业务全景图，分析了农产品流通的发展现状、问题和发展趋势；第三章 2019 年跨境生鲜现状及发展趋势，详细介绍了跨境冷链食品市场规模、业务全景图，具体分析了政策环境、资源情况、发展现状和发展趋势；第四章助力产地发展，从政策助力、产地建设、产销互连三个方面对于产地端建设的思考进行了阐述；第五章农产品批发市场转型升级，分别从农产品批发市场发展现状、现存问题、转型升级方向、转型升级主要途径、新技术与新模式五个方面进行了分析；第六章猪肉供应链浅析，通过介绍猪肉市场概况与分析猪肉供应链总结出未来发展的政策建议；第七章疫情下的生鲜线上零售分析，针对生鲜网购兴起的原因、面临的挑战进行了分析，并总结了生鲜线上零售未来发展趋势；第八章案例文献，介绍了"天津港首农食品进出口贸易有限公司项目案例""专注冷链新装备研发，突破农产品产地物流核心技术""疫情条件下果蔬产地销售模式调研及小包装技术方案""英国农产品标准化发展对我国的启示"四个具体案例；第九章农产品供应链资料汇编，主要介绍了 2019—2020 年国家相关部门和各地政府出台的农产品相关政策、相关标准，中物联 A 级、星级物流企业评估工作，各地特色农产品。

为了全面客观地描述农产品供应链发展现状，本报告侧重于基础内容的梳理。编委会调研了大量行业内的企业，收集了丰富的案例素材，与行业大咖进行了充分交流，坚持以求真务实、严谨负责的态度完成本报告的资料收录和书稿编写工作，希望可以为农产品供应链相关从业者更深入、更系统地呈现行业现状，如有疏漏与不足之处恳请广大读者批评指正。

中国物流与采购联合会副会长兼秘书长　崔忠付

2020 年 8 月 19 日

目　录

第一章 2019 年农产品市场情况分析

第一节 农产品市场环境分析

一、市场规模

（一）各品类产量

1. 我国肉类产量分析

2019 年非洲猪瘟对我国肉产品供给产生了较大影响，猪肉产量下滑明显。国家统计局数据显示，2019 年全国肉类总产量 7758.78 万吨，同比下降 10.0%。其中产量排名前十的省份有山东、河南、四川、湖南、河北、广东、云南、安徽、广西、辽宁，分别为 704.02 万吨、560.42 万吨、559.53 万吨、459.42 万吨、433.40 万吨、412.12 万吨、405.87 万吨、402.83 万吨、380.04 万吨、367.89 万吨。如图 1 - 1 所示。2015—2019 年中国各省市区（不含港澳台）肉类产量如表 1 - 1 所示。

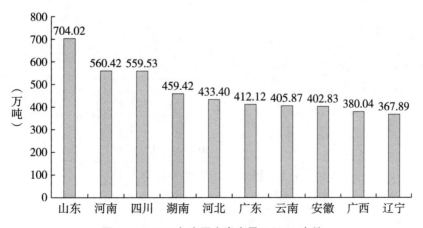

图 1 - 1 2019 年中国肉类产量 TOP10 省份

资料来源：国家统计局。

表 1－1　　　　2015—2019 年中国各省市区（不含港澳台）肉类产量　　　单位：万吨

省市区	2015 年	2016 年	2017 年	2018 年	2019 年
北京	36.41	30.37	26.39	17.47	5.14
天津	45.75	45.52	36.14	33.89	30.43
河北	462.45	457.67	474.25	466.70	433.40
山东	774.01	777.51	866.01	854.70	704.02
江苏	369.43	355.63	342.32	328.48	274.53
浙江	131.12	118.09	114.70	104.56	94.27
上海	20.32	17.41	17.58	13.45	10.82
广东	424.25	415.49	444.08	449.90	412.12
福建	216.55	225.64	264.91	256.06	255.15
海南	78.04	76.33	78.67	79.86	67.06
河南	711.07	697.02	655.84	669.41	560.42
安徽	419.38	411.39	415.18	421.74	402.83
湖北	433.32	425.24	435.35	430.95	349.20
湖南	540.14	529.82	543.25	541.72	459.42
江西	336.46	330.90	326.05	325.68	299.79
黑龙江	228.66	231.16	260.29	247.55	237.10
吉林	261.14	260.41	256.13	253.60	243.22
辽宁	429.37	430.92	385.39	377.12	367.89
新疆	153.18	160.97	159.85	161.95	170.75
甘肃	96.35	97.32	99.14	101.21	101.67
宁夏	29.22	30.89	33.46	34.14	33.53
陕西	116.23	111.72	113.41	114.45	109.53
青海	34.74	36.04	35.30	36.53	37.41
西藏	28.02	27.72	32.07	28.40	28.38
山西	85.57	84.43	93.32	93.09	91.02
四川	706.80	696.29	653.82	664.74	559.53
重庆	213.82	210.85	180.56	182.25	163.81
贵州	201.94	199.28	206.47	213.73	205.87
云南	378.31	375.63	419.15	427.16	405.87
广西	417.27	411.19	420.18	426.84	380.04
内蒙古	245.71	258.89	265.16	267.32	264.56

资料来源：国家统计局。

2. 我国水果产量分析

从水果生产角度看，我国是世界上第一大水果生产国。水果产业是农民增收的重要产业之一。近五年来，中国水果种植面积逐步扩大，水果总产量持续增加。统计数据显示，2019年全国水果总产量约为2.74亿吨，同比增长6.7%。其中产量排名前十的省份为山东、河南、广西、陕西、广东、新疆、河北、四川、湖南、湖北，分别为2840.24万吨、2589.66万吨、2472.13万吨、2012.79万吨、1768.62万吨、1604.75万吨、1391.48万吨、1136.70万吨、1061.99万吨、1010.23万吨。如图1-2所示。2015—2019年中国各省市区（不含港澳台）水果产量如表1-2所示。

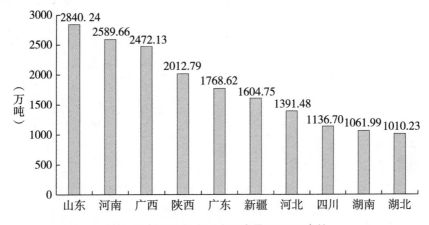

图1-2 2019年中国水果产量TOP10省份

资料来源：国家统计局。

表1-2　　　　　　2015—2019年中国各省市区（不含港澳台）水果产量　　　　单位：万吨

省市区	2015年	2016年	2017年	2018年	2019年
北京	87.94	78.97	74.40	61.46	59.90
天津	55.78	54.15	58.25	62.47	57.43
河北	1403.93	1333.07	1365.34	1347.93	1391.48
山东	2766.64	2799.23	2804.30	2788.79	2840.24
江苏	914.78	893.00	942.50	934.13	983.60
浙江	970.87	724.32	751.29	743.62	744.11
上海	56.24	45.67	46.39	54.31	48.07
广东	1406.78	1444.57	1538.73	1669.16	1768.62
福建	600.98	591.76	644.67	683.11	727.21
海南	402.90	390.07	405.48	430.41	456.15
河南	2439.62	2541.05	2602.44	2492.76	2589.66

续　表

省市区	2015 年	2016 年	2017 年	2018 年	2019 年
安徽	1029.80	581.77	606.35	643.83	706.32
湖北	958.87	1003.22	948.44	997.99	1010.23
湖南	882.78	924.55	956.39	1016.82	1061.99
江西	663.42	617.69	670.12	684.37	693.27
黑龙江	213.46	244.67	236.91	170.82	164.96
吉林	86.92	88.23	89.52	148.14	153.95
辽宁	762.01	755.24	770.27	788.87	820.70
新疆	1444.87	1455.90	1420.20	1497.85	1604.75
甘肃	491.77	564.05	630.85	609.28	710.09
宁夏	210.78	217.78	210.60	197.21	258.64
陕西	1762.27	1826.38	1922.06	1835.08	2012.79
青海	3.62	3.85	3.65	3.51	3.69
西藏	1.52	1.65	0.16	0.32	2.38
山西	833.16	835.16	844.02	750.55	862.67
四川	912.14	960.05	1007.88	1080.67	1136.70
重庆	372.28	369.24	403.38	431.27	476.39
贵州	216.89	235.84	280.14	369.53	441.98
云南	762.81	797.74	783.90	813.35	860.32
广西	1593.05	1729.76	1900.40	2116.56	2472.13
内蒙古	215.72	296.60	322.88	264.18	280.41

资料来源：国家统计局。

3. 我国蔬菜产量分析

随着中国农村振兴战略的不断推进实施，蔬菜产业已经成为农村地区的支柱产业。近五年来，中国蔬菜总产量持续增加。2019 年全国蔬菜总产量为 72102.56 万吨，其中，山东蔬菜产量最多，为 8181.15 万吨；其次是河南，为 7368.74 万吨。江苏、河北、四川、湖北、湖南、广西、广东、贵州紧随其后，分别为 5643.68 万吨、5093.14 万吨、4639.13 万吨、4086.71 万吨、3969.44 万吨、3636.36 万吨、3527.96 万吨、2734.84 万吨。如图 1 - 3 所示。2015—2019 年中国各省市区（不含港澳台）蔬菜产量如表 1 - 3 所示。

— 4 —

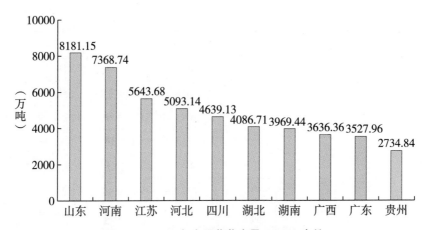

图 1 - 3　2019 年中国蔬菜产量 TOP10 省份

资料来源：国家统计局。

表 1 - 3　　　　　2015—2019 年中国各省市区（不含港澳台）蔬菜产量　　　　单位：万吨

省市区	2015 年	2016 年	2017 年	2018 年	2019 年
北京	205.14	183.58	156.82	130.55	111.45
天津	282.72	274.43	269.61	253.98	242.78
河北	5022.23	5038.89	5058.53	5154.50	5093.14
山东	8009.86	8034.72	8133.77	8192.04	8181.15
江苏	5487.66	5593.91	5540.48	5625.88	5643.68
浙江	1806.95	1865.09	1910.45	1888.37	1903.09
上海	335.24	304.62	293.50	294.49	268.11
广东	2994.90	3036.45	3177.49	3330.24	3527.96
福建	1401.47	1374.97	1415.31	1493.00	1570.69
海南	550.59	553.41	553.05	566.77	571.98
河南	6970.99	7238.18	7530.22	7260.67	7368.74
安徽	2714.17	1936.61	2019.64	2118.21	2213.61
湖北	3664.08	3712.77	3826.40	3963.94	4086.71
湖南	3428.59	3538.73	3671.62	3822.04	3969.44
江西	1359.09	1420.43	1490.07	1537.00	1581.81
黑龙江	807.44	687.27	798.59	634.40	655.40
吉林	380.23	348.01	356.64	438.15	445.39
辽宁	2184.47	1849.88	1797.84	1852.33	1885.39
新疆	931.03	1879.19	1820.06	1465.12	1458.82

续　表

省市区	2015 年	2016 年	2017 年	2018 年	2019 年
甘肃	1086.19	1092.89	1212.31	1292.57	1388.75
宁夏	515.56	524.48	539.94	550.81	565.91
陕西	1613.45	1666.93	1733.99	1808.44	1897.38
青海	146.21	148.14	148.08	150.26	151.86
西藏	0.00	70.69	72.73	72.57	77.49
山西	837.43	777.94	806.74	821.87	827.83
四川	3988.38	4118.12	4252.27	4438.02	4639.13
重庆	1707.86	1795.49	1862.63	1932.72	2008.76
贵州	1847.59	2033.56	2272.16	2613.40	2734.84
云南	1944.83	1968.61	2077.76	2205.71	2304.14
广西	2915.87	3114.39	3282.63	3432.16	3636.36
内蒙古	1284.87	1251.78	1111.35	1006.52	1090.80

资料来源：国家统计局。

4. 我国水产品产量分析

国家统计局的数据显示，2019 年全国水产品总产量达到 6480.20 万吨，较 2018 年增长 22.54 万吨；2018 年，山东水产品产量最多，为 861.40 万吨，西藏水产品产量最少，为 0.04 万吨。如图 1 - 4 所示。2015—2018 年中国各省市区（不含港澳台）水产品产量如表 1 - 4 所示。

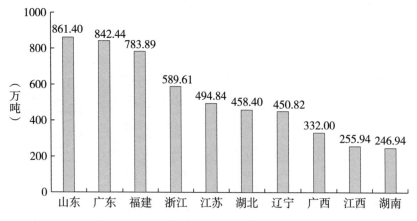

图 1 - 4　2018 年中国水产品产量 TOP10 省份

资料来源：国家统计局。

表 1 – 4　　　　2015—2018 年中国各省市区（不含港澳台）水产品产量　　单位：万吨

省市区	2015 年	2016 年	2017 年	2018 年
北京	6.61	5.43	4.51	3.00
天津	40.10	39.44	32.33	32.64
河北	129.71	136.93	116.46	109.62
山东	931.27	950.19	868.00	861.40
江苏	521.05	520.74	507.59	494.84
浙江	597.83	604.54	594.45	589.61
上海	32.44	29.62	26.89	26.25
广东	858.22	873.79	833.54	842.44
福建	733.90	767.78	744.57	783.89
海南	204.89	214.64	180.79	175.82
河南	102.37	128.35	94.67	98.38
安徽	230.43	235.80	217.96	224.96
湖北	455.89	470.84	465.42	458.40
湖南	259.38	269.57	241.53	246.94
江西	264.25	271.61	250.55	255.94
黑龙江	54.24	57.30	58.73	62.43
吉林	19.52	20.07	22.04	23.41
辽宁	531.28	550.07	479.44	450.82
新疆	15.14	16.16	16.55	17.43
甘肃	1.49	1.53	1.54	1.41
宁夏	16.97	17.46	18.09	17.69
陕西	15.52	15.90	16.30	16.30
青海	1.06	1.21	1.61	1.71
西藏	0.03	0.09	0.05	0.04
山西	5.24	5.23	5.30	4.78
四川	138.69	145.44	150.74	153.48
重庆	48.09	50.84	51.51	52.96
贵州	24.98	28.99	25.48	23.73
云南	69.71	74.37	63.12	63.75
广西	345.92	361.77	320.77	332.00
内蒙古	15.35	15.83	15.62	13.95

资料来源：国家统计局。

（二）进出口额

我国进出口生鲜农产品市场规模逐步扩大，尤其是从 2017 年起进口增长迅猛。2014 年我国跨境农产品进出口额 1057.41 亿美元；2015 年 1087.57 亿美元，增长 2.85%；2016 年 1101.93 亿美元，增长 1.32%；2017 年 1169.33 亿美元，增长 6.12%；2018 年 1302.73 亿美元，增长 11.41%；2019 年 1457.26 亿美元，增长 11.86%。如图 1-5 所示。

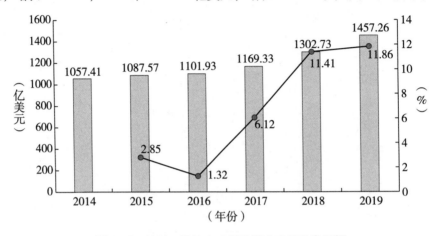

图 1-5　2014—2019 年中国跨境农产品进出口额

资料来源：海关总署。

1. 出口额

随着我国经济实力的不断提升，农产品出口量逐步增加，但在中美贸易摩擦等多重因素的影响下，我国跨境农产品的出口仍处于相对稳定状态。2014 年我国跨境农产品出口额 589.18 亿美元，2015 年 581.57 亿美元，2016 年 610.52 亿美元，2017 年 626.44 亿美元，2018 年 654.72 亿美元，2019 年 649.91 亿美元，如图 1-6 所示。

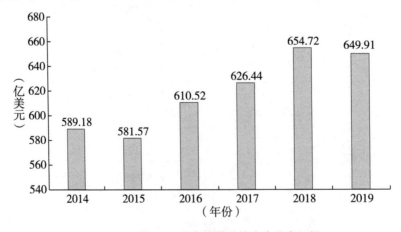

图 1-6　2014—2019 年中国跨境农产品出口额

资料来源：海关总署。

2019年我国跨境出口贸易生鲜农产品主要分为五大类。出口额最高的是水海产品1401.37亿元人民币，第二是蔬菜866.70亿元人民币，第三是水果及初级果蔬汁450.11亿元人民币，第四是其他生鲜农产品176.00亿元人民币，第五是肉类130.98亿元人民币。如图1-7所示。

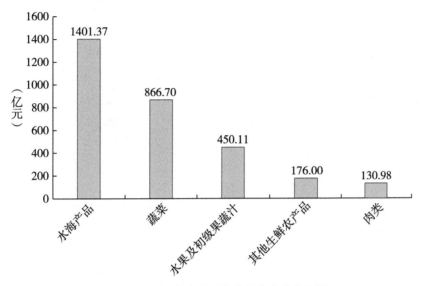

图1-7　2019年中国跨境生鲜农产品出口额

资料来源：海关总署。

2. 进口额

随着全球贸易一体化，我国经济不断发展，国民生活水平逐步提高，消费者对农产品的需求品类不断增多，我国跨境农产品进口额也逐步扩大。2014年我国跨境农产品进口额468.23亿美元，2015年504.99亿美元，2016年491.41亿美元，2017年542.88亿美元，2018年648.01亿美元，2019年807.35亿美元。如图1-8所示。

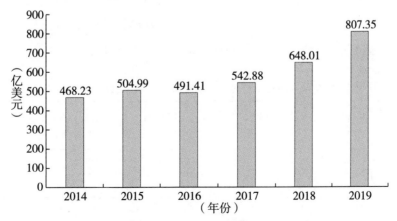

图1-8　2014—2019年中国跨境农产品进口额

资料来源：海关总署。

2019 年我国跨境进口贸易农产品，其中生鲜农产品主要分为五大类：进口最多的是肉类 1330.25 亿元人民币，第二是水海产品 1092.82 亿元人民币，第三是其他生鲜农产品 1076.00 亿元人民币，第四是乳品 809.06 亿元人民币，第五是水果及初级果蔬汁 776.28 亿元人民币。如图 1 - 9 所示。

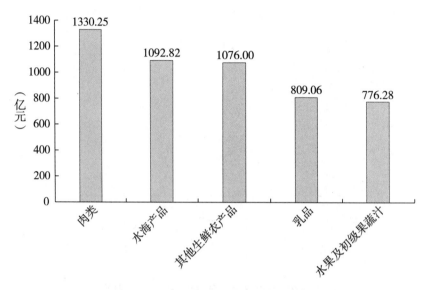

图 1 - 9   2019 年中国跨境生鲜农产品进口额
资料来源：海关总署。

（三）农产品市场①

1. 我国农产品市场情况

《2019 中国商品交易市场统计年鉴》数据显示，全国农产品市场数量为 648 个，总摊位数 448458 个，年末出租摊位数 389193 个，营业面积 25730655 平方米，成交额 123006259 万元。其中，浙江农产品市场数量、总摊位数、年末出租摊位数、营业面积均位居第一，但北京成交额最多，为 23866520 万元。如表 1 - 5 所示。

表 1 - 5   2019 年中国各省市区（不含港澳台）农产品市场情况

地区	市场数量（个）	总摊位数（个）	年末出租摊位数（个）	营业面积（平方米）	成交额（万元）
全国	648	448458	389193	25730655	123006259
北京	20	29654	25983	2259434	23866520

---

① 本部分分析对象为成交额亿元及以上的商品交易市场，且未包含青海、海南统计数据。

地区	市场数量 （个）	总摊位数 （个）	年末出租摊位数 （个）	营业面积 （平方米）	成交额 （万元）
天津	5	4088	3414	450000	2433773
河北	24	36144	34338	1611435	4328210
山西	7	3521	3473	401271	679296
内蒙古	5	4534	2872	550959	1410533
辽宁	15	7423	6000	334180	1073922
吉林	4	2297	1508	360506	136314
黑龙江	6	4854	4498	474000	3021122
上海	32	15007	13458	881822	3907112
江苏	47	30518	25346	2147137	15195375
浙江	186	71320	59114	2326014	11577079
安徽	22	20222	16242	682228	5903738
福建	36	14760	13382	325939	2150371
江西	11	9970	8269	393383	4462831
山东	25	22443	19194	1277250	2106941
河南	13	15525	14927	1944883	6674840
湖北	17	8100	6752	310950	1604335
湖南	40	26711	24530	1371304	5502581
广东	46	34046	28757	1777679	9808403
广西	13	23376	20695	628604	1851918
重庆	18	17602	15398	575180	5565327
四川	24	23331	20660	1540239	7207130
贵州	6	3657	3562	214274	278753
云南	3	2887	2773	40553	159043
西藏	3	3153	2836	35000	269604
陕西	3	3204	2685	79726	80797
甘肃	3	1506	1196	460000	230069
宁夏	5	2541	2116	202447	209818
新疆	9	6064	5215	2074258	1310504

资料来源：《2019中国商品交易市场统计年鉴》。

2. 2019年农产品市场概况

根据《2019中国商品交易市场统计年鉴》数据，我国目前农产品市场主要分为以下两类：农产品综合市场和农产品专业市场。其中，农产品专业市场还可细分为粮油市场、肉禽蛋市场、水产品市场、蔬菜市场、干鲜果品市场、棉麻土畜及烟叶市场、其他农产品市场；农产品专业市场的市场数量、总摊位数、年末出租摊位数、营业面积、成交额均位列第一，分别为853个、536418个、469951个、40001735平方米、183272636万元。如表1-6所示。

表1-6   **2019年中国农产品市场概况**

市场类型	市场数量（个）	总摊位数（个）	年末出租摊位数（个）	营业面积（平方米）	成交额（万元）
农产品综合市场	648	448458	389193	25730655	123006259
农产品专业市场	853	536418	469951	40001735	183272636
粮油市场	85	23905	20534	3185129	17070700
肉禽蛋市场	101	44546	40328	3027853	15445979
水产品市场	134	71880	65341	4711862	37380156
蔬菜市场	244	193253	169181	15394936	39723242
干鲜果品市场	113	73240	62156	6180981	38209271
棉麻土畜及烟叶市场	11	22655	17419	1217391	4708049
其他农产品市场	165	106939	94992	6283583	30735239

资料来源：《2019中国商品交易市场统计年鉴》。

3. 各区域农产品市场数量

《2019中国商品交易市场统计年鉴》数据显示，2019年中国主要区域农产品市场数量情况为东部地区421个，中部地区110个，西北地区92个，东北地区25个。如图1-10所示。

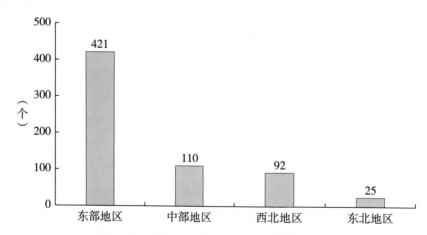

图1-10 2019年中国主要区域农产品市场数量
资料来源：《2019中国商品交易市场统计年鉴》。

《2019 中国商品交易市场统计年鉴》数据显示，2019 年中国东部地区农产品市场数量为 421 个，其中排名前三的是浙江 186 个、江苏 47 个、广东 46 个，三者占比 66.3%。如图 1-11 所示。

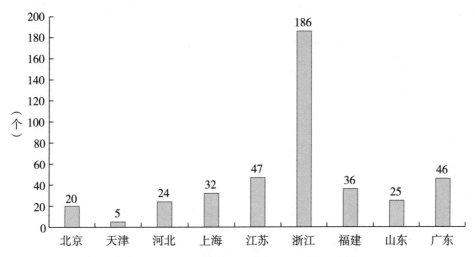

图 1-11　2019 年中国东部地区农产品市场数量

资料来源：《2019 中国商品交易市场统计年鉴》。

《2019 中国商品交易市场统计年鉴》数据显示，2019 年中国东北地区农产品市场数量为 25 个，其中辽宁 15 个，吉林 4 个，黑龙江 6 个，如图 1-12 所示。

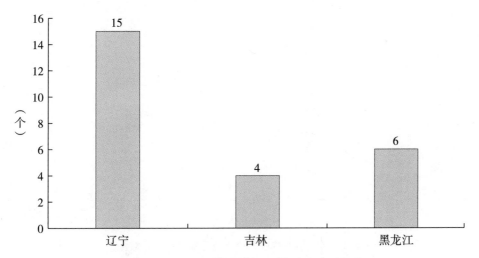

图 1-12　2019 年中国东北地区农产品市场数量

资料来源：《2019 中国商品交易市场统计年鉴》。

《2019 中国商品交易市场统计年鉴》数据显示，2019 年中国中部地区农产品市场数量为 110 个，其中湖南 40 个、安徽 22 个、湖北 17 个，三者占比 71.8%，如图 1 - 13 所示。

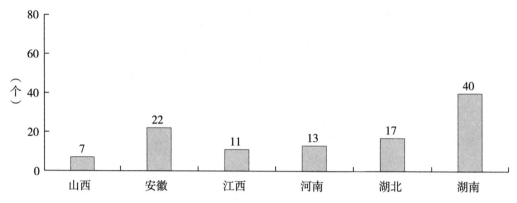

图 1 - 13　2019 年中国中部地区农产品市场数量
资料来源：《2019 中国商品交易市场统计年鉴》。

《2019 中国商品交易市场统计年鉴》数据显示，2019 年中国西北地区农产品市场数量为 92 个，其中四川 24 个、重庆 18 个、广西 13 个，三者占比 59.8%，如图 1 - 14 所示。

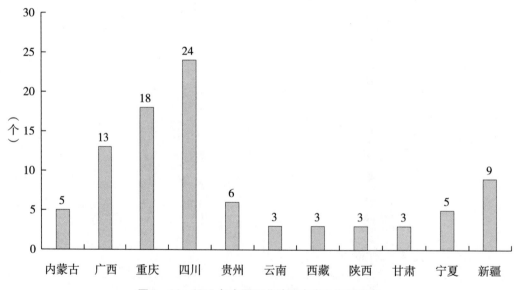

图 1 - 14　2019 年中国西北地区农产品市场数量
资料来源：《2019 中国商品交易市场统计年鉴》。

二、业务图谱（见图1-15）

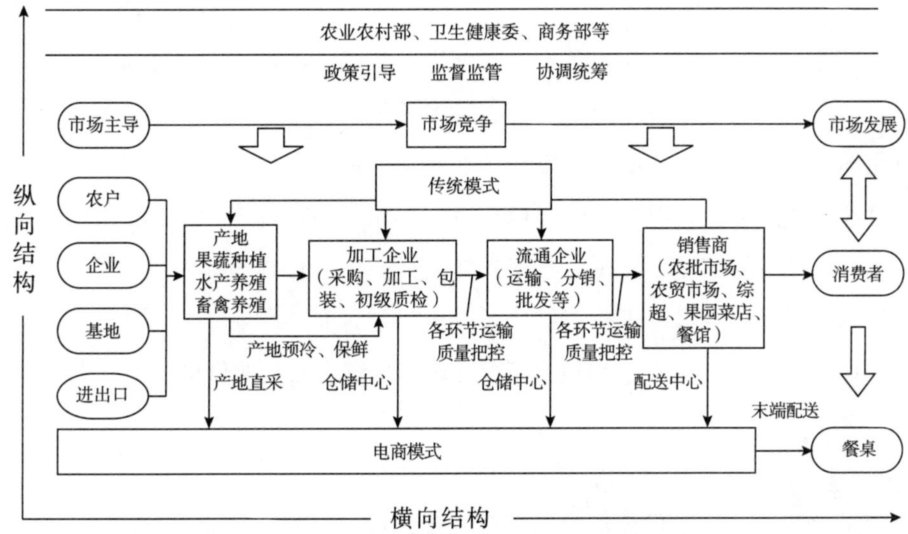

图1-15　2019年中国农产品供应链业务图谱
资料来源：中物联农产品供应链分会。

第二节　政策环境

一、政策方向

各城市在国家号召下纷纷出台相关政策，并在政府的宏观统筹指导下对农贸市场进行改造和整治。总体来看，非一线城市对农贸市场都是持扶持鼓励的态度。北京、上海虽然在加速清退不规范的农贸市场，但对多元化的农产品零售网点和标准化农贸市场的建设也都给予鼓励和支持。国家支持政策的主要方向：①提高农产品质量安全；②引领我国绿色农业发展；③推动以新型农业经营主体为核心的运作模式；④助力数字农业、农村电商、"互联网＋"及农产品上行建设；⑤提高鲜活农产品运输质量；⑥加强"三品一标"农产品认证和管理；⑦特色农产品商品化建设；⑧加强冷链设施建设（产地预冷）；⑨打造高标准农田；⑩补充农产品相关利好政策（基础建设＋财政补贴）。由政府牵头落实一系列完善措施：一是标准化升级改造。在国家建设标准化菜市场的要求下，农贸市场的升级改造被纳入各地政府工作重点和民生任务，对菜市场的场地布局、设备管理、商品价格、卫生状况、经营模式都提出了具体要求。菜市场的外观建设、硬件设施、管理规范有了极大提升。二是财政支持。菜市场改造建设是重要的惠民工程。财政部给予全国标准化菜市场项目试点城市资金支持，对农产品批发市场、农贸市场房产税给予税收优惠。各地政府也对当地菜市场的建设改造发放补助资金，带动社会资本的投入，并保障菜市场用地。三是经营多元业态发展。除了传统农贸市场外，为了解决社区买菜难的问题，生鲜超市和社区菜店也应运而生，社区便民商圈加入菜市场定点布局的规划，鼓励多元化的社区公共便民服务设施建设，包括规范化、品牌化、连锁化的生鲜零售店、超市、便利店等生活性服务网点。四是确保公益属性。全国部分省市区已出台相应措施，如上海市提出发挥标准化菜市场的公益性作用，供求不平衡时，要在机制和措施上保障市场供应及价格基本稳定。贵阳市惠民生鲜超市以经营生鲜农产品满足社区供应为主，商品零售价格原则上不高于本市同期批发均价的30%，并低于周边大型综合超市生鲜农产品的价格水平。

二、主要政策

2019年政府对农产品供应链发展高度重视，从1月起，农业农村部重点关注农产品质量安全、农产品流通、农产品产地集中化等多项工作，提出实施意见及政策方案。据不完全统计，2019年国家层面出台的农产品相关政策超过60项，从多维度指导推动农产品行业健康发展。2020年上半年，国家层面出台的农产品相关政策超过40项。

（一）2019年国家部委关于农产品重点政策核心方向解析

我国是农业大国，国家对于农产品关注度较高，每年都会出台多角度、多方面的政策来推动我国国民消费。伴随着居民消费水平的提高，2019年农产品领域政策也越来越精细化、标准化、系统化，主要表现在：加强产销对接；推动产地化发展；提升农产品质量安全保障；扩大农产品贸易；健全农产品流通供应链；促进农产品电商发展；推进农业机械化；完善农产品标准化。

随着我国城乡居民消费升级和对加工制品需求旺盛，预估未来5年农产品加工业也将保持年均不低于6.5%的增长速度，主要农产品的综合加工产业将在农业现代化和农村城镇化过程中快速发展。加强农产品产地初加工，重点应该解决农产品产后损失严重、品质品相下降等问题，减少由于储存不当导致农产品腐败变质而对农村环境的污染及产生的安全隐患，并大力推广"一库多用""一房多用"，提高初加工设施的使用效率。发展综合利用加工，主要解决农产品及加工副产品利用不足、农业农村资源环境压力大的问题。推动农产品及加工副产物综合利用，不断挖掘农产品加工潜力，提升增值空间。

（二）2020 年上半年国家部委关于农产品重点政策核心方向解析

2020 年，我国南方自然灾害较多，再加上新冠肺炎疫情，为确保人身安全，居民被要求在家避免外出，严重影响农业生产及农产品供给，短时间内出现断供，而产地却出现农产品滞销、腐烂等现象。国家对于 2020 年农产品重点政策偏向这几方面：农产品调运，农产品冷链物流设施建设，疫情下农产品流通，农产品地理标识，农产品批发市场，农产品流通现代化等。

第三节　发展现状及问题

一、发展现状

随着国内经济不断发展，尤其近五年是农产品电商快速增长的阶段，生鲜农产品区域化愈加明显，产品安全及标准化、冷链物流等问题亟待解决。越来越多的消费者倾向线上消费，2017 年出现的新零售整合了线上线下，使得消费更加方便。整体农产品供应链发展呈现出以下特点。

（一）农产品冷链物流成本高

据统计，我国农产品冷链物流成本仍然较高，从生产者角度来看，冷链物流成本约占到农产品总成本的 10%～30%；从冷链物流企业角度来看，路桥费、燃油费、人工费逐年走高，三者加起来占到冷链物流企业总收入的 80% 以上。

（二）农产品冷链物流营收规模大

2019 年我国食品冷链物流总额约 6 万亿元，其中特色产地农产品集中上市，其冷链物流需求量大，在食品冷链物流总额中占比较大。

（三）农产品季节性强

农产品具有固定的生长周期，受季节性的影响，农产品供应链相关设施也会随农产品成熟上市出现高频使用、在农产品未采摘时出现闲置的情况。一个产地种植多种不同时间成熟上市的农产品，可在一定程度上缓解设施设备闲置的情况。

（四）标准体系有待完善

国家出台了农产品质量分级导则的标准，但不同的农产品有各自品类分级的行业标准、团体标准等。当前，生产者进行产后分级时，在参照国家标准的基础上，更多地依据客户的标准要求进行分选。同时对于农产品供应链的全程标准体系还未能全面覆盖，各类全程标准化体系的搭建还需进一步完善。

（五）设施设备及技术应用逐步增强

当前农产品供应链技术相对落后，生产信息化、自动化、机械化程度低，农产品产后在预冷、分级、包装等环节依靠人工，同时在分级环节缺少无损检测设备，分选依靠经验，糖度等指标无法保证。伴随着农产品供应链的整体发展，对于设施设备及技术的应用需求进一步提升，农产品供应链相关企业，也在逐步进行先进技术的应用尝试。

二、发展问题

2020 年上半年，产品滞销、市场倒逼、农业人口过剩且老龄化严重等各类问题集中爆发，凸显出农产品供应链现存短板，主要有以下几方面。

（一）农产品批发市场监管力度不足

农产品批发市场环节存在规划能力及监管力度不足的情况，其标准化及内控管理体系的不健全，也是本次 2019 新型冠状病毒污染扩散的原因之一。国内批发市场对海外进口冷冻食品的安全监测和检测能力不足，把关不严。从机场、铁路海关进口冷冻食品的安全检测也需加强，从海外疫情继续暴发的趋势分析，近期整体检测监管环节不可松懈。对于农产品批发市场进出人流的安全检查也需进一步加强管理。

（二）农产品批发市场急需转型升级

目前，传统农产品批发市场在农产品供应链中无法满足实际流通环节运作的需求，因此转型升级势在必行。农产品批发市场存在规划布局不合理，建设投入不足，基础设施不完善，政府协同、产业对接、技术集成、标准融合难等问题，急需加强其现代化、智慧化、标准化、数字化建设，加快其转型升级。

（三）农产品流通过程监管力度不足

农产品流通过程涉及多方主体，尤其是跨境农产品流通环节。在这众多环节中监管措施不完善，上下游相互监管力度不足。流通全过程存在监管主体不明问题。目前，农产品流通环节中，虽然涉及主体众多，但是上下游衔接环节相互监控及交接标准缺失，因而无法形成上下游相互有效地监控。

（四）B2B 电商发展存在局限性

在本次新冠肺炎疫情期间，B2B 电商发力迅猛，为北京的农产品供应保障贡献出重要的力量。但是对于单纯线上平台来说，其线下配送环节还是会受到实体布局的制约，这也将成为其未来发展的瓶颈，只有与线下实体节点相结合，才可突破发展瓶颈。

（五）无统一的监控管理平台，追溯存在困难

无统一的监控管理平台，且各环节监控标准及方式不统一，造成问题暴露时，无法及时准确地进行定位。

（六）应急措施无法适应疫情常态化操作

目前各环节均采用应急措施，投入大量人力、物力等资源，虽然有效控制了 2019 新型冠状病毒传播，但是增加了成本投入，延长了流通环节周期。此情况无法支持长时间的常态化操作，因此对于未来还应该梳理形成具备长期运作优势的操作流程。

（七）传统农产品供应链存在管控短板

非常时期，我国农产品供应仍存在保鲜保供的服务能力、应急管理协同机制和风险治理水平等方面的短板，传统农产品流通存在流通环节烦琐、流通效率低下、流通服务设施与体系落后缺乏等问题。

第四节　发展趋势

一、做好"顶层"设计

以"供应链五流"理论为指导，推进我国农产品供应链生态体系建设的理论研究。以促进三次产业融合的理论创新、技术创新、模式创新、产业创新为出发点，统筹推进农产品供应链标准化、信息化、智能化、平台化建设，全面构建"全链条、网络化、严标准、可追溯、新模式、高效率"的信息高度对称的现代化农产品供应链体系，为地方农产品出村进城提供关键要素支撑，打造贯穿"生产、加工、贮藏、运输、销售、消费"全流程的"双三同全追溯"农产品温控供应链体系，实现农产品产能和供应链与

市场需求高度匹配，一二三产业高度融合，农产品消费升级，满足居民高质量消费。

二、政企联合共建应急保障团队

增加政府与企业的联动合作，对于整体应急流程和方案进行梳理，建立联动合作机制，通过多方力量，保证应急物资的流通。创新农产品供应链组织模式，持续优化跨部门、跨区域、跨行业信息共享和组织协调机制，打造多元化保供主体。除传统批发市场外，继续深化与周边区域的合作，形成与城市周边区域的高效联动。农产品供应链是一个涉及跨省物流的复杂网络结构，疫情常态化防控增加了不同省份之间农产品流通的阻碍，为加强农产品供应链主体间的合作关系，农产品流通监管方需开展常态化防疫知识宣传，减少农产品供应链参与方因疫情产生的不信任感，营造一个良好的营商环境。另外，对农产品供应链中提供虚假防疫信息、流通渠道的参与方进行惩罚，杜绝谎报、瞒报产生的风险。

三、绿色通道、政策体系以及奖罚机制搭建

建立明确的绿色通道及政策体系，对于应急环节规范操作流程和标准，同时从政策上予以综合支持。在疫情防控常态化环境下，更需要完善农产品供应链运营的法治环境，健全行业内的失信惩罚机制，推进农产品供应链信用体系建设、农产品供应商疫情风险等级划分，充分发挥约束和惩罚作用。建立行业疫情黑名单，并进行动态管理，及时更新相关信息。另外，需要完善信息公开制度，农产品供应链参与主体的奖惩信息及时在行业信息平台公开，保证惩罚措施的约束。

四、运配环节标准化管控，建立终端交接集散点，建立"无接触"交接机制

切实对保证城市供应的物流车辆给予路权保障，在保证排放和噪声达标的前提下鼓励中型货车从批发市场向城市内超市补货，减少市内的实际货运车辆数。鼓励干线运输车辆大型化、厢式化、保温化，并使其具备数据实时传输能力。鼓励供应链上的企业建立信息处理系统并实现数据互联互通。针对终端交接环节，根据终端区域范围进行规划，设计集中交接集散点，并建立"无接触"交接机制，降低污染风险。

五、技术引导——无人技术的应用

在本次新冠肺炎疫情当中，部分企业已经开始联合相关业务方，尝试各类无人设备的应用。在应急体系搭建过程中，应该充分考虑无人技术的优势，规划过程中考虑

无人技术的应用。

六、打造农产品供应链智慧服务平台

应用农业和食品产业互联网平台，实现农产品供应链信息流、商流、资金流、物流和服务流"五流"的平台化、数据化、智能化和共享化。通过互联网、物联网、区块链、大数据等现代技术进行集成，构建农产品供应链智慧服务平台，提升核心企业与上下游企业合作的效率和水平，使得供应链的每一个场景、流程、环节的所有动作与行为都变成可控的数字形式，实现人、机、物、信息的共享、协同，供应链管理更加公开、透明和可视化，有效规避"牛鞭效应"，推动农产品供应链向规范化、规模化、智慧化方向发展，从而更大限度地提升工作效率、延伸产业链条。同时在疫情常态化防控下，各地区防疫政策、疫情风险等级有差异，确立沟通平台从根本上能够解决农产品供应链的沟通问题，有效地降低了政府对农产品供应链治理的难度。同时平台能够帮助政府了解农产品流通过程中参与主体的真实需求，帮助政策实施。

七、完善禽肉等重点农产品上行冷链物流体系

在全国逐步取消活禽交易市场和禁城宰杀的大背景下，考虑大宗活禽长距离运输减少后的冷链需求增加，推广应用活禽宰杀温控供应链模式，补齐禽肉出村进城冷链短板，运用双追溯四冷工程，保证宰杀、流通、消费环节的全程可追溯，建立取消城市活禽宰杀销售后的冷链储运销保供体系和标准体系。完善果蔬冷链物流体系建设，大力发展"农超对接""农电对接""农企对接"等产地到销地的直接配送方式；建设水产品冷链物流基地，构建布局合理、设施先进、上下游衔接、功能完善、管理规范、标准健全的水产品冷链物流体系。

八、推动农产品供应链操作规范制定以及标准体系融合升级

针对集散环节建立明确的卫生查验及消毒杀菌等操作规范和标准，给实际操作主体予以明确的操作指导和查验标准。发挥政府在产业政策、市场监管、公共服务等方面的引导作用，进一步做好一二三产业融合的制标、贯标和融标，支持各部委冷链工程的标准统一融合，逐步完善提升我国冷链物流三大标准体系建设。开展我国农产品供应链领域的知识、人才和产业标准体系建设的专题研究。扶持培育一批农产品供应链标准化领域的企业，充分发挥企业在农产品供应链中的主体作用，鼓励企业结合农业发展情况和标准实际，不断建立和完善与国家行业标准相适应，贯穿生产、加工、包装、运输、储存、销售等全产业链的标准及操作规范。以市场化方式切实提高农产

品生产、流通标准化，提升农产品质量安全水平。

九、加强产地建设及产销对接，提升全链条抗风险能力

加强产地建设，对于产地实施标准化管理，提升整体管控及应急保障能力。同时建立产销对接机制，当异常情况发生时，实现有效的产销对接，在保障终端供给的同时，拉动产地农产品销售。

十、现有资源改造，规划应急预案，加强信息透明化

整合改进现有物流资源，探索设立各级应急物流中心，构建多元化和立体化交通网络体系。建立农产品应急物流预警与预案，以应急物资调配决策为突破口，以受灾地区农产品需求数量预测为切入点，运用科学有效的手段，明确在众多不确定因素下的农产品调配方案，以便实现快速调配，形成大城市"平时服务、急时应急、战时应战"一二三产业融合的食品温控供应链应急保供服务体系。建立有效的信息共享机制，传达准确信息，避免对于相关产业的二次伤害。

第二章　2019 年农产品流通环节现状及发展趋势

第一节　流通环节业务全景图

一、发展历史

改革开放以来，我国农产品流通市场体系发展迅速、变化巨大，彻底改变了统购统销、统购包销的政策，市场开放程度不断提高。农产品流通渠道也由过去的单一变为多元，形成多渠道的流通体系和公平竞争的市场格局。

第一，统一计划购销时期（1953—1977 年）。1953 年起，农产品出现供需紧张，为了控制局面、保障基本的生产生活需要，我国开始实行统购统销的流通体系。1957 年后，农产品基本都由国营商业企业独家收购。1961 年提出三种收购政策，第一类物资（粮食、食油、棉花）实行统购统销政策；第二类物资（其他重要农产品）实行合同派购政策；第三类物资（统购派购以外的农副产品）实行议价政策。这一时期基本采用农产品计划供应的方式，否定其商品交换的性质，基本上不存在随行就市的自由交易。

第二，过渡时期（1978—1984 年）。这是我国由计划调节向计划调节与市场调节相结合的过渡时期，农产品流通体制开始突破传统的计划经济体制。国家逐步减少统购统销和限售的品种和数量。1984 年年底，属于统购派购的农产品由过去的 180 多种减少到 38 种，统购派购的范围大幅缩小。除了棉花，其他农产品在完成政府收购任务后，根据市场供求实行议购议销。在过渡时期，由于政策放宽，农民生产积极性增加，剩余农产品大量出现。农村集贸市场和传统农副产品市场得到恢复和发展，成交金额迅速增长。

第三，双轨制时期（1985—1997 年）。该阶段废除了传统的统购统销制度，逐步建立起市场调节机制，合同定购与市场收购两种交易方式并存。1985—1991 年，我国农产品流通领域开始实行双轨制，市场化改革大大加快。1992—1993 年，农产品购销走出双轨制，进入全面市场化的阶段。但在 1994—1997 年，由于粮食供需缺口的扩大引发粮价大幅上升，为保持社会稳定，农产品流通又回归双轨制。

第四，深化改革时期（1998 年至今）。这一时期农产品流通体制改革的重点在粮食领域，粮食以外的各类农产品流通的市场化改革进程都得到了持续推进，并逐渐形成较稳定的市场化流通秩序。随着市场机制的成熟，国营商业企业和供销合作社逐渐退出零售终端，农贸市场兴起，且至今依然是我国居民采购生鲜农产品的主要渠道。

二、业务图谱（见图 2-1）

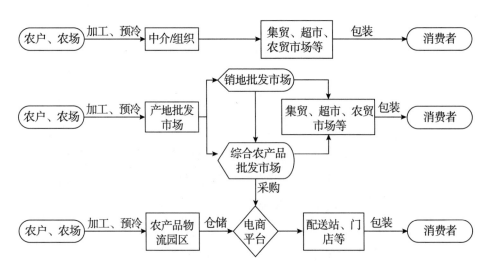

图 2-1　2019 年中国农产品流通环节业务图谱
资料来源：中物联农产品供应链分会。

第二节　发展现状及问题

一、发展现状

（一）农产品批发市场仍是我国农产品流通的主渠道

经过几十年快速发展，当前我国农产品流通主要存在以下三种渠道：一是以批发市场为核心的流通渠道。大部分农产品经由批发市场分销，农产品批发市场仍然是农产品流通的主渠道，是我国农产品流通体系的枢纽和核心。二是以企业或合作社为主体的农超对接和产地直销流通渠道。该渠道承担了全国 20% 以上的农产品流通量。三是近年来蓬勃发展的农产品电商渠道。2020 年受新冠肺炎疫情影响，全国农产品电商交易增长速度进一步加快。

（二）农产品流通基础设施不断完善

我国各项农产品基础设施的不断完善，为我国农产品流通更加高效，奠定了坚实的物质基础。

交通基础设施是农产品流通发展的基石，没有完善的交通基础设施，就不会有农产品大量流通。近年来，我国交通基础设施发展迅速，国家对于交通基础设施的投入也逐年加大，形成了公路、铁路、水路、航空多位一体的网状布局。截至 2019 年年末，中国铁路营运里程已达 13.9 万公里，高铁通车里程已达 3.5 万公里。铁路运输具有成本低、运输量大、连续性高等特点。全国公路总里程达到 501.25 万公里，居世界第一。同时，航空运输与水路运输的基础设施也取得了长足发展。伴随着交通设施的日趋完善，农产品运输的交通基础设施也得到了进一步发展，运输效率提升。

仓储基础设施是农产品流通发展的关键基础设施。从农产品保鲜设施来看，2019年全国冷库总库容量超过 6052.5 万吨，专用冷藏运输车辆约 21.47 万辆。目前，我国已初步建立起了一个农产品仓储保鲜网络，但缺口依然巨大，近年来投资增速保持在两位数以上。

农产品批发市场基础设施是农产品流通的核心和枢纽，它的附属基础设施对农产品向销地流通发挥重要作用。目前，我国农产品批发市场及其附属基础设施虽然在快速建设，但仍然是我国农产品流通领域的一块短板。

（三）农产品流通相关技术条件日趋先进

伴随着我国经济的不断发展，我国农产品流通过程中的各项技术水平也在逐渐提升。具体而言，相关的技术如下。第一，互联网的普及。一方面让农产品供求、价格信息更加透明，另一方面与互联网相衔接的更多农产品流通新模式正逐渐得到普及，农产品采购、销售、营销等依托于互联网平台都取得了比原本纸质平台更好的宣传效果。第二，先进物流技术的应用。HACCP 认证、GMP 认证等相关先进技术与管理手段被研发并应用到了农产品加工、包装、储存、运输、保鲜、配送等物流环节中。第三，信息化建设逐渐普及。当前我国农产品流通体系在信息服务以及信息化建设方面取得了显著进步，突出表现在硬件设施上，利用计算机及现代通信技术大大提高了农产品流通信息化程度，电子化、微机化、网络化趋势明显。相关技术水平的不断提升，进一步提高了我国农产品流通效率。

（四）农产品流通范围更加广阔

我国农产品，特别是鲜活农产品呈现出向优势产区集中的态势。根据中国物流与采购联合会冷链物流专业委员会的数据，当前我国有八成的农产品从本省销往外省，同时消费者在农产品消费方面更加注重品质，部分国际上的优质农产品通过进口渠道进入我国，农产品流通范围日趋扩大。由于城镇化带来的人口集中和消费集中，使城市对鲜活农产品的消费需求巨大。高速公路网的延伸和"绿色通道"政策的实施，使得农产品全国大市场、大流通成为现实。目前，全国逐步打通了南蔬北运、北蔬南运、西果东运、南果北运等大型鲜活农产品流通渠道。这些渠道在活跃国民经济、解决农产品销售问题中正在发挥着越来越大的作用。冷链物流设施的逐渐普及和应用，使得肉类和水产品的远途运输规模逐渐扩大。农产品面向全国市场进行生产和销售，更好地满足了消费者对优质农产品的消费需求。

（五）农产品流通主体组织化水平不断上升

我国农产品流通体系不断完善的过程中，农产品流通主体组织化水平也在不断提升。从农产品批发市场来看，其集团化趋势非常明显。目前，深圳农产品股份有限公司、北京新发地农产品有限公司、雨润集团、哈达集团（寿光市场）等在全国多处投资农产品市场，集团化趋势非常明显。除农产品批发市场外，农产品流通体制中其余主体也在逐渐壮大，组织化水平有所提升。据初步统计，全国亿元及以上的农产品综合市场有648个，该部分市场实力强，购销渠道稳定，抗风险能力强，并逐步走向公司化经营，已成为农产品流通主体的核心骨干力量。

（六）农产品流通政策体系不断完善

我国农产品流通体系的不断完善，离不开政策体系的支持。①税收优惠政策。具体包括：自产农产品进入加工、流通领域免征营业税；不断降低农产品增值税税率，允许收购农产品扣抵进项税额；农产品流通环节减税范围也不断扩大；涉农企业所得税优惠惠及产供销各个环节；对农产品交易市场在房产税和城镇土地使用税方面给予优惠。②财政资金投入。近年来，国家将中央和地方财政支农资金的一定比例，投入农产品流通基础设施建设上，且该比例呈逐年上升趋势；同时还投入大量的人力物力，给予建设及科研支持。③保有强大的农产品价格宏观调控能力，通过临时收储、市场化收购加补贴、最低收购价等政策工具，保持对农产品价格的强大调控能力。④初步建成了农产品质量标准制定、分级、认证、追溯体系。我国政府对农产品流通的政策支持对营造更加完善的农产品流通环境起到了重要作用。

二、发展问题

（一）农产品流通环节多，流通效率低

产地直销、农超对接与电商模式下的农产品流通量不足总量的 30%，绝大多数农产品流通还是要经过以传统批发市场为中心的农产品流通渠道，但这种模式需要经过小农户、农民经纪人、2 级或 3 级批发商（或物流企业）、零售商等多个流通主体。由于流通环节过多，导致农产品的流通成本增加、质量下降、信息传递受阻，制约了我国农产品流通发展。

（二）农产品流通基础设施落后，发展不平衡

农产品批发市场的相关附属基础设施明显不足。许多农产品批发市场虽然交易额迅速攀升，但是其缺乏足够的保鲜仓储、配送、质量追溯等配套基础设施，这对进一步提高农产品流通效率，保障农产品流通过程中的质量构成阻碍。一旦遭遇重大突发事件，难以保障农产品的有效供应。我国农产品仓储保鲜冷链物流设施建设量小、区域布局不均衡，硬件设施陈旧、温控技术较差，产地缺乏冷链基础设施，导致我国鲜活农产品产后损失率高达 20% ~ 30%，远远高于发达国家 5% 的水平。

（三）农产品流通主体规模偏小，产业化和组织化水平还有待提高

我国已初步形成农产品流通主体多元化的局面，家庭农场、农民经纪人、农民合作社、多级批发商、商贸企业、产销一体化企业、第三方物流公司等不同流通主体丰富了农产品市场业务场景，但是总体来看，我国农产品流通主体规模普遍较小，产业化、组织化水平偏低。例如，果蔬经营以农户生产为主，运营主体规模较小。农民组织化程度低，集体合作经济组织等中介组织数量少，且大多处于松散状态，功能不全、功能不足。因此，农产品在流通过程中必然要经过一次或多次的集散，造成其流通时间长、腐烂变质等问题。

（四）农产品流通标准化程度低，现代流通技术应用低

首先，农产品流通标准化程度低，导致流通成本上升。如农产品包装无统一标准，对于流通效率产生影响，同时流通技术的应用程度较差。我国农产品冷链物流只有部分行业标准，导致冷链流通无法进行全程统一的数据采集和监管，这成为农产品流通

的一大短板。不能进行实时监控，农产品流通中若不能全程按照要求的温度进行保鲜，农产品流通质量就得不到保证。其次，冷藏设备制造标准不统一，无法进行顺畅衔接，这成为冷链物流过程中断链的一个重要原因。我国有相当一部分的流通主体需要与个体冷藏车辆合作，自定标准、按趟付钱，流通质量无法得到保障。

（五）管理及标准化体系有待加强

①对于农产品批发市场，目前还存在管理短板。很多大型的农产品批发市场附属基础设施不完善，农产品难以进行追溯，难以保障市场中的农产品质量。②对于相关流通行业的标准管理仍需加强。我国初步建成了农产品质量标准制定、分级、认证、追溯体系，但现阶段系统性不足，仍需进一步完善。③相关强制性法律法规制度体系有待加强。

（六）农产品流通领域人才匮乏

物流行业是一个对从业者有较高综合素养要求的行业。我国农产品流通过程日趋复杂，对人才的知识素养、行业经验等专业性要求不断提高，农产品流通领域专业人才缺口日益明显。

第三节　发展趋势

在充分考虑我国消费变革、科技变革、组织变革、政策变革、国际形势等因素的影响和要求下，我国农产品流通将进入一个新的高质量发展阶段，主要呈现以下特点和趋势。

一、我国农产品流通发展开始进入新时代

党中央、国务院在综合考虑新冠肺炎疫情常态化、长期化以及极其复杂的国际形势下提出了以国内大循环为主体、国内国际双循环互相促进的新发展格局。当前需要加快做好以下几点工作：一是加快制定我国农产品流通中长期发展规划，做好顶层设计，规划好时间表和路线图；二是尽快赋予农产品流通基础地位和公益地位，加快构建新型支持政策体系；三是加快农产品流通领域的相关立法。

二、我国农产品流通开始加速升级

（一）我国农产品流通环节将逐渐缩减，流通模式不断创新

①消费者将更加倾向于通过直销方式购买农产品。随着经济发展，消费者对农产

品的风味、营养的要求会进一步提升，这也就意味着消费者更加倾向于在原产地购买新鲜的农产品，这为农产品的产地直销模式、农超对接模式与电商模式的推广与发展提出了更多需求。②随着信息技术、物流技术的运用，新商业模式对传统商业模式产生了较大冲击。农产品流通，特别是在直接接触消费者的终端零售环节，是目前各大互联网企业重点争夺的新兴领域。在这一领域，预计流通环节较短的农产品新流通模式在信息技术赋能下将会得到进一步普及。

（二）我国农产品批发市场将加快改造升级，功能拓展

未来几年各级政府将通过财政金融和吸引社会资本加大我国传统农产品批发市场的升级改造力度，将赋予农产品批发市场这个主渠道更多的时代新要求：①农产品批发市场应从过去单纯关注交易量和交易额转向为运销主体和消费者提供更多的服务；②农产品批发市场应该大力发展产供销一体化经营。农产品批发市场可以通过为一些运销大户牵线搭桥，让他们直接去经营一些产品基地；或与农民联合兴办商品基地等形式，形成稳定的优质货源。还可以为种植大户提供信息引导等服务。同时，农产品批发市场也应为消费者考虑，提供更便利的购买渠道和物美价廉的农产品。

（三）农产品批发市场联合发展

农产品批发市场应与连锁超市、仓储式商场等现代商业实行联合，为其配送统一标准的农产品。或者农产品批发市场企业自己发展连锁配送，减少流通环节，降低流通成本，提高流通效率。

（四）发挥农产品批发市场公益性作用

由于农产品批发市场具有一定的公益性作用，各级政府应对辐射范围广、地域影响大的农产品批发市场经营者给予大力扶持。

（五）农产品流通基础设施将加快改善

①在本次新冠肺炎疫情的冲击下，我国农产品流通的基础设施短板充分暴露，亟须各级政府弥补；②在新零售模式的影响下，原农产品批发市场为核心的农产品流通体系可能会遭遇一定冲击，在市场竞争日趋加剧下，只有那些能够提供更好的农产品流通服务的主体才能够存活下来，这也就意味着这些主体将会加强配置更好的基础设施；③在前置仓、仓店一体等新零售模式下，对农产品流通的基础设施要求将会进一步提升，社会资本、工商资本主动为农产品流通基础设施进行投资的力度将会增强，

也将进一步推动农产品流通基础设施的完善；④伴随着农产品生产向优势产区集中，农产品的长途跨区域调动需求将会得到进一步提升，这也就意味着政府将会进一步加大相关基础设施投资，满足在产区更加旺盛的农产品仓储保鲜需求。

三、农产品流通主体的组织化水平将加快提升

预计未来农产品流通主体的规模将会进一步扩大，组织化、产业化水平将会得到进一步提升。一是通过发展农业社会化服务、推动土地流转、促进农业集体经济发展，使得农业经营规模化提升，促使农产品流通主体的规模扩大；二是伴随着当前农产品品牌化、专业化发展，现代经营管理理念逐渐深入人心，在品牌化运营驱动下，农产品流通主体的组织化、专业化、产业化水平也将进一步提升；三是在新型零售模式的影响下，预计小型农产品批发市场将面临被大型农产品批发市场及农产品生鲜电商巨头并购的风险，这种行业内部的商业行为也将进一步提高行业集中度，促进农产品流通主体的组织化水平提升。

四、我国农产品冷链物流将进一步加快建设

我国消费者已经从吃得好向吃得营养健康方向转变，满足消费者对美好生活的向往也是我国农产品流通体系建设的出发点和落脚点。毫无疑问，在我国农产品流通体系建设中，农产品田头市场的仓储保鲜和冷链物流设施是最大的短板，鲜活农产品出村的"最初一公里"面临着巨大挑战。据估计，每年我国因冷链设施落后造成的农产品损失高达数千亿元。2020年的中央一号文件明确要求要补齐这个短板，中央财政拿出50亿元用于鲜活农产品仓储保鲜设施建设。目前该项目进展顺利，并期待实现信息化和智能化管理。据了解，农业农村部市场与信息化司正在加紧制定"十四五"全国农产品冷链物流建设规划，未来五年国家将投入更多的资金来全面建设我国农产品冷链物流体系，或将撬动更多的社会资金投入该领域。预期到"十四五"期末，我国农产品冷链物流体系将进一步完善，鲜活农产品冷链覆盖率将逐步提升，产后损失率将有所下降，农产品流通效率将显著提高。

五、农产品流通技术将更加先进

随着农产品流通的进一步发展，预计农产品流通技术将更加先进。一是在农产品冷链物流应用更加广泛的未来，全程温控等更加先进的冷链物流技术将会有更加广阔的应用空间；二是伴随着市场消费能力的提高，消费者对农产品营养和风味的要求更高，这就对农产品流通过程中采用的加工技术、保鲜技术等有了更高的要求，这意味

着在市场需求的带动下，相关技术也将得到进一步发展；三是伴随着农产品流通过程中的环节越来越少，直销将在农产品流通中扮演更加重要的角色，这意味着信息技术在农产品流通环节中的应用将会更加广泛，进而提高农产品流通体系的运行效率。

六、农产品流通标准将更加系统，执行将更加严格

一是伴随着新零售模式在农产品流通中扮演着更加重要的角色，信息技术在农产品流通过程中的应用将会更加广泛，在流通全程信息化水平提升的情况下，考核农产品生产、加工、包装、运输等环节是否符合农产品流通的相关标准将更加容易，因此对于农产品流通标准的监管将会更加严格；二是伴随着农产品流通主体的组织化、产业化水平不断提升，全流通环节的专业化水平也将进一步提升，更大规模的、品牌化运营的、具备现代市场经济意识的流通主体出现，更加符合农产品各项流通标准建设，因为农产品品牌化运营的基石就是在一套标准之下生产、加工农产品，这将从源头方便农产品流通标准的制定与监管。

七、我国农产品流通专业人才队伍将加快壮大

首先，在城市中的农产品销售人员必须要比传统的农产品批发市场中的摊贩更加专业、更加具备综合素质，才能配合好新零售模式在城市中的推广；其次，随着各流通主体的规模不断扩大，组织化水平不断上升，各类具备现代经营理念的专业人才也将更多地参与农产品流通环节，如农产品流通中将更加注重品牌化运营，更多的品牌设计、营销专业人员也将进入农产品流通环节中，壮大农产品流通专业人才队伍；再次，随着农产品流通领域更加注重标准化建设，技术更加先进，对各类专业人才的需求也会更高，吸引更多专业人才进入农产品流通领域；最后，各级政府的重视和投入尤为关键，不仅要加强对相关流通主体的培训，也要加强农产品流通领域的基础教育和学科设置，为我国提供源源不断的能与现代农产品流通业相匹配的各种人才。

第三章 2019 年跨境生鲜现状及发展趋势

第一节 跨境冷链食品市场规模

一、跨境贸易总述

2019 年，在全球经贸风险和不确定性加剧的背景下，我国不断优化外贸结构和营商环境，外贸继续保持稳中提质的势头。全年我国外贸进出口额 31.54 万亿元，同比增长 3.4%，其中，出口额 17.23 万亿元，增长 5%，进口额 14.31 万亿元，增长 1.6%，贸易顺差 2.92 万亿元，扩大 25.4%，进出口额、出口额、进口额均创历史新高。

全球贸易多元化发展，各国经济融合是大势所趋，冷链食品的贸易往来更是走在前列，在各项贸易合作中占据的比例越来越大。

（一）近三年跨境冷链食品贸易情况

2018 年我国跨境冷链食品消费市场规模约 4870 亿元①，其中，进口消费额 2620 亿元，出口消费额 2250 亿元。2019 年我国跨境冷链食品消费市场规模突破 6453 亿元，其中，进口消费额突破 3423 亿元，出口消费额提升至 3030 亿元。如图 3 - 1 所示。

2020 年上半年，进口食品冷链市场需求达到 2200 亿元，出口食品冷链市场需求达到 1250 亿元。新冠肺炎疫情影响减退，预估后半年发力明显，将突破 4500 亿元。

（二）近三年冷链食品进出口贸易分析

按出口额计，中国内地的十大境外市场是越南、泰国、印度尼西亚、菲律宾、中

---

① 不包含滞留港和取消的订单金额。

国香港、俄罗斯、马来西亚、孟加拉国、缅甸和哈萨克斯坦。

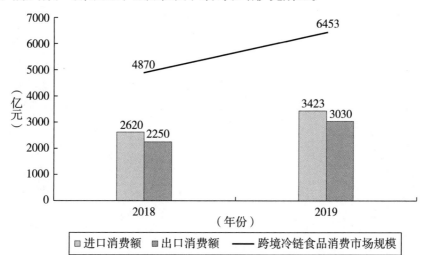

图 3 - 1　2018—2019 年我国跨境冷链食品消费市场规模
资料来源：海关总署。

中国 2019 年表现较好的出口水果类别主要是：苹果（12.5 亿美元，同比下降 4%）、葡萄（9.9 亿美元，同比增长 43%）、柑橘（8.4 亿美元，同比下降 3%）、梨（5.7 亿美元，同比增长 8%）、桃和油桃（2 亿美元，同比增长 119%）、其他水果（2.1 亿美元，同比增长 104%）、葡萄柚（1.9 亿美元，同比下降 3%）和柠檬及酸橙（1.6 亿美元，同比增长 61%）。

2019 年，中国内地出口了 971000 吨苹果（同比增长 13%）。主要出口目的地是越南（113000 吨，同比增长 28%）、印度尼西亚（119000 吨，同比下降 10%）、孟加拉国（176000 吨，同比增长 19%）、泰国（97000 吨，同比下降 6%）和菲律宾（97000 吨，同比下降 19%），这五个国家占中国内地苹果出口总量的 62%。

2019 年，中国内地出口了 470000 吨梨（同比下降 4%）。主要出口目的地是越南（100000 吨，同比增长 51%）、印度尼西亚（156000 吨，同比下降 9%）、泰国（47000 吨，同比下降 3%）、马来西亚（30000 吨，同比下降 12%）和中国香港（30000 吨，同比增长 1%）。这五个国家和地区占中国内地梨出口总量的 77%。

2019 年，中国内地出口了 640000 吨柑橘（同比下降 1%）。主要出口目的地是越南（137000 吨，同比下降 5%）、马来西亚（85000 吨，同比增长 19%）、印度尼西亚（59000 吨，同比增长 707%）、俄罗斯（74000 吨，同比下降 17%）、菲律宾（43000 吨，同比增长 3%）、泰国（35000 吨，同比下降 56%）、哈萨克斯坦（52000 吨，同比下降 2%）和缅甸（44000 吨，同比下降 13%）。这八个国家占中国内地柑橘出口总量的 83%。

2019 年我国跨境冷链需求同比增长 19.6%，进口额同比增长 23.9%，出口额同比增长 29.7%。扩大贸易顺差，缩短贸易逆差，有利于国外投资引流，赋予更多竞争力的同时，提高国内冷链技术水平，复制成功的管理模式。国内冷链市场环境向好发展。

2020 年上半年新冠肺炎疫情严重影响我国进出口贸易，从数据来看，1—5 月出口额下降明显，进口额反而增长 30%，其中 3—4 月进口额同比增长幅度最大。

2019 年，由于非洲猪瘟的影响，我国内需肉类供需不平衡，肉类需求总体增长 69.1%，2020 年 1—5 月同比增长 133.3%。2019 年乳品及蛋品需求总体增长 20.0%，2020 年 1—5 月同比增长 17.4%。2019 年水海产品需求增长 32.2%，2020 年 1—5 月同比降低 3.7%。2019 年蔬菜及水果需求增长 21.2%，2020 年 1—5 月同比增长 6.7%（见图 3 - 2）。这说明 2020 年上半年需求增速依旧稳定，市场环境健康，有利于 2020 年下半年跨境冷链的发展。

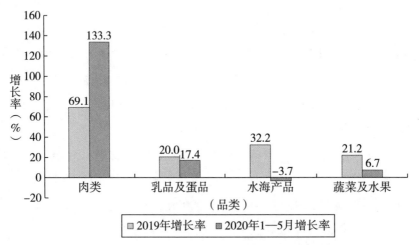

图 3 - 2　2019—2020 年（1—5 月）中国农产品各品类需求增长率
资料来源：海关总署。

肉类进口增长迅猛，给国内冷链运输企业带来不小的压力，迫使国内冷链运输能力和冷链条件进一步提升，从而保证冷鲜肉的安全和质量。

同时反向促进我国肉品类运输环节的优化，从热鲜肉转向冷鲜肉，扩大肉类冷库面积。大型屠宰和肉类加工企业应用国际先进的冷链物流技术，从屠宰、分割加工、冷却成熟等环节低温处理起步，逐渐向储藏、运输、批发和零售环节延伸，向着全程低温控制的方向快速发展。

受疫情直接影响最大的是进口水海产品。进口三文鱼受到病毒污染事件发生后，国家海关加强进口水海产品入关监管，严格执行检验检疫；同时，消费者的短期需求疲软，水海产品需求下降。

要提高冷链运输环节的把控，明确冷链物流信息报送和交换机制，提高政府监管部门的冷链信息采集和处理能力，提高行业监管和质量保证水平。

二、跨境贸易市场发展情况

2019 年，受到中美贸易摩擦影响，全球经济出现不同波动。我国对亚洲食品冷链市场需求为 170 亿美元（1173 亿元人民币），欧盟对华食品冷链市场需求为 80.5 亿美元（555.3 亿元人民币），我国对北美洲食品冷链市场需求为 178.7 亿美元（1232.8 亿元人民币），澳新对华食品冷链市场需求为 103.5 亿美元（714.6 亿元人民币）。

2019 年水海产品进口额 15.8 亿美元，同比增长 31.8%，其中冻鱼进口额同比增长 8.5%；肉类进口额 192 亿美元，同比增长 69.1%，其中猪肉进口额同比增长 123.9%；水果及坚果进口额 113 亿美元，其中，香蕉进口额同比增长 22.0%，奇异果进口额同比增长 9.1%，龙眼进口额同比增长 16.2%；乳品及奶制品进口额 118 亿美元；大豆及谷物等初级农产品进口额约为 500 亿美元。

（一）自美国进口情况

分品类来看，2019 年我国自美国进口农副产品进口额排名前三的品类分别为干鲜水果及坚果（进口额 9.66 亿美元），水海产品及制品（进口额 9.12 亿美元），肉及杂碎（进口额 8.67 亿美元）。

从食品冷链市场规模来看，2020 年 1—5 月美国输华果蔬农副产品冷链市场规模为 29 亿元人民币，同比增长 0.7%；肉类 84.2 亿元人民币，同比增长 71.7%；水海产品 20.5 亿元人民币，同比下降 22%。

（二）自欧盟进口情况

分品类来看，2019 年我国自欧盟进口农副产品进口额排名前三的品类分别为肉及杂碎（进口额 44.8 亿美元），乳及其制品（进口额 15.75 亿美元），水海产品及制品（进口额 4.92 亿美元）。

从食品冷链市场规模来看，2020 年 1—5 月欧盟输华果蔬农副产品冷链市场规模为 28.7 亿元人民币，同比增长 3.7%；肉类 256.5 亿元人民币，同比增长 1.3%；水海产品 8.99 亿元人民币，同比下降 45%。

（三）自澳新进口情况

分品类来看，2019 年我国自澳新进口农副产品进口额排名前三的品类分别为肉及杂碎（进口额 47.31 亿美元）；水海产品（进口额 11.9 亿美元）；乳及其制品（进口额 8.9 亿美元）。

从食品冷链市场规模来看，2020 年 1—5 月澳新输华果蔬农副产品冷链市场规模为 26.6 亿元人民币，总体增长持平；肉类 147 亿元人民币，同比增长 31.6%；水海产品 26.2 亿元人民币，同比下降 32%。

（四）自东南亚国家进口情况

分品类来看，2019 年我国自东南亚国家进口主要品类为干鲜水果及坚果（进口额 81.0 亿美元）。

从食品冷链市场规模来看，2020 年 1—5 月东南亚输华果蔬农副产品冷链市场规模为 281.1 亿元人民币，同比增长 7.1%；水海产品 60.2 亿元人民币，同比增长 12%。

第二节　业务全景图

一、业务图谱（见图 3-3）

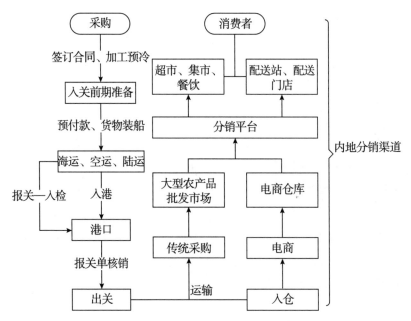

图 3-3　2019 年中国跨境生鲜业务图谱

资料来源：中物联农产品供应链分会。

二、企业图谱（见图 3 - 4）

图 3 - 4 2019 年中国跨境生鲜企业图谱

资料来源：中物联农产品供应链分会。

三、核心港口情况

（一）上海港食品贸易及冷链发展情况

2019 年，上海口岸进口肉类 222.35 万吨，同比增长 83.6%，这一数字占到全国肉类总进口量的 37%，肉类进口量首次跃居全国各口岸首位。

2019 年，上海关区进口牛羊肉 76.2 万吨，较上年（下同）增加 70.2%；价值 283.8 亿元人民币，增长 88.5%；进口均价为每千克 37.3 元，上涨 10.7%。

上海港共进口香蕉 80 万吨，占香蕉进口总量的 41%，是国内最大的香蕉进口港。上海港进口香蕉的主要货源国为菲律宾、厄瓜多尔、越南。在水产品进口方面，从上海口岸进口的冰鲜水产品约占全国进口量的 33%；全国经空港进口的鲜活水产品中大约有 50% 自上海浦东机场口岸入境。

以上进口数字的跳跃式增长，得益于上海跨境贸易营商环境的变化和口岸贸易便利化措施，过去利乐包装、保质期达 6 个月以上的常温奶红极一时，而今赏味期不超过 2 周的进口鲜奶更受欢迎。过去零下 18℃ 保存、保质期长达 2 年的冻牛肉，而今取而代之的是保质期仅 2 个月的冰鲜牛肉。沪上进口牛奶、肉类与海鲜均已出现"短保"现象。

上海港海关和浦东机场海关对进口鲜活货物特开辟绿色通道，"边检边放、随到随检"，实行 7×24 小时、365 天全天候通关查验制度，确保鲜活货物随到随检。

上海港 2019 年集装箱吞吐量超过 4330 万 TEU（标准箱），连续十年世界第一。通过上海港进出口的冷链食品数量也在不断增加。据不完全统计，2018 年经上海港周转的冷藏集装箱超过 43 万 TEU。上海港目前拥有 14.6 万吨冷库库容，整体处于食品仓储供需平衡状态。未来三年内，随着冷链食品贸易的高速发展，新增冷库库容是必然趋势。

（二）天津港食品贸易及冷链发展情况

2019 年，天津口岸进口食品总金额突破 120 亿美元，同比增长 63.35%。其中，肉类、乳制品、植物油进口数量位居全国前列，进口牛肉、羊肉、猪肉、禽肉等各种肉类 186 万吨，同比增长 37.7%，占到肉类总进口量的 31%，居全国第二位。

2019 年，天津口岸进口牛肉 61.5 万吨，比上年同期（下同）增加 49.9%；货值 191.4 亿元人民币，增长 71.8%；进口均价为每千克 30.6 元，上涨 13%。天津口岸进口牛肉来源较广，包括乌拉圭、阿根廷、巴西、新西兰、澳大利亚、加拿大、荷兰、美国、智利等 16 个国家和地区。按照进口重量计算，排名前三位的国家分别是乌拉圭、阿根廷、巴西。

2019 年，天津口岸冷冻巴沙鱼进口量猛增，1—8 月进口量达 40628.7 吨，货值 8757.21 万美元，分别同比增长 80.34% 和 57.06%，巴沙鱼绝大部分来自越南，占全部进口量的 99.51%。

2020 年上半年，天津口岸进口乳制品 32.30 万吨，货值 57.7 亿元人民币，同比分别增长 0.6%、3.8%。

为满足消费者进口食品需求，天津海关采取多项措施优化营商环境，提高进口食品通关速度。实施"审单放行"措施，未抽中查验进口食品即刻放行；加快肉类通关速度，保证国储肉类进境优先审批优先通关，随到随检保供稳价；采取"边检边放"措施，便利冰鲜水产品及时投入市场；加快实验室检测，减少抽中送检各类进口食品通关等待时间等；还采取"提前申报""船边直提"等措施促进优质食品从天津口岸进口。此外，结合不同进出口货物特点"量身定制"相关通关措施，例如针对具有鲜活、易腐特点的部分水产品，推出"空中申报、落地放行"等支持生鲜类商品进口一揽子便利化措施。

天津港具有非常好的冷链食品贸易基础，天津港东疆港区先后获批商务部"国家进口贸易创新示范区"、天津市"津台食品冷链物流合作试点园区"等。2019 年天津港进出口冷藏箱约 26.7 万 TEU，其中 20 英尺和 40 英尺冷藏箱箱型比例约为 22% 和 78%，天津港口冷库规模为 25 万吨，在猪肉进口形势稳定的情况下，处于饱和状态。

（三）深圳港食品贸易及冷链发展情况

深圳口岸是我国进口食品主要口岸。2019 年前 11 个月，深圳口岸共进口食品 352.8 万吨，货值超 78 亿美元，货值同比增长 12.7%。其中前三季度，深圳口岸进口水果 136.39 万吨，货值达 30.77 亿美元，同比分别增长 19.17%、19.20%。深圳口岸进口水果货值连续多年排名全国第一，占比接近全国四成；自欧盟进口农产品 132.1 亿元，同比增长 9.4%。

深圳港一向以通关速度快而被众多进出口企业青睐，快速流通得益于深圳海关在蛇口港实施的"船边直提"通关改革。通过海关"两步申报"后，无须查验的水果货主可以直接在码头船边提货出闸运走。借助这项创新改革，深圳前海将实现"水果进境—经销商码头提货—快递宅配"新型进口水果销售模式，有力推动前海成为粤港澳大湾区高品质进口水果集散地。相比传统模式，该模式大幅缩短通关流程，平均可以为企业节省四至六小时的时间成本。在运输成本方面，仅船公司换单、拖车运输两项费用，每个集装箱经蛇口港进口可以节约 4000 元左右。在物流配送方面，距蛇口港 10 分钟车程的前海水果堆场具备全国配送能力，能够承担进口水果集散地的重任，可吸引更多经销商选择经蛇口口岸进口水果。

（四）宁波－舟山港食品贸易及冷链发展情况

2019 年，宁波口岸进口水海产品 30.5 亿元，同比增长 12.8%。从进口种类看，进口较多的是冻鱼、冻墨鱼及鱿鱼和冻小虾。另外，冻金枪鱼及冻鲣鱼进口增势迅猛，增长 9.1 倍。进口鲜、冷、冻猪肉（以下简称"猪肉"）6.5 万吨，比 2018 年同期（下同）增长 3 倍；价值 9.9 亿元，增长 4.3 倍；进口均价为每千克 15.5 元，上涨 31.5%。

为提升宁波－舟山港在进口食品领域的竞争力，浙江省出台《浙江省人民政府办公厅关于提升跨境贸易便利化水平的实施意见》《浙江省人民政府办公厅关于印发浙江省海洋港口发展"十三五"规划的通知》等多项政策，要求提高一体化通关模式申报率，提升港口码头作业效率，简化单证办理方式和手续，加快国际贸易"单一窗口"建设。

到 2019 年，从宁波－舟山港进口的海产品通关时长由 2016 年的 10 天压缩到 4 天左右。空港方面，宁波海关制订专门监管保障方案，开通"冰鲜产品直通车"，全力保障通关时效。对于部分进口水产品需要获得进境动植物检疫许可证的，宁波海关推出网上申报便利服务，将审批时间从 10 天缩减至 5 天。

宁波口岸还研发了冷链物流监管系统，实现对冷鲜产品从入库、存库到出库的链式监管，同时在大数据风险分析基础上，对企业采取审单放行、即查即放等便利化措施，为消费者提供产品从国外生产到国内通关、储运、销售等信息的查询服务，实现源头可掌控、过程可控制、流向可追溯。

（五）青岛港食品贸易及冷链发展情况

山东省超过九成的肉类进口通过青岛口岸完成，进口猪肉主要进口来源地为西班牙、加拿大、巴西、德国和荷兰等；进口牛肉主要来自阿根廷、乌拉圭、新西兰和澳大利亚等国家，肉及杂碎进口额为 161.3 亿元，同比增长 86.3%。2019 年青岛口岸新增青岛鲁海丰食品集团、巴龙国际集团两家进口肉类指定监管场地。与此同时，2019 年，青岛关区共进口冰鲜水产品 2556 吨，同比增长 150%。

近年来，青岛港以创新驱动港口转型升级，融入国家"一带一路"倡议，推出了《青岛港总体规划（2018—2035 年）》等相关政策，提出了"一湾两翼辖六区"的总体发展格局，率先建成了世界一流的全自动化集装箱码头，同时大力发展港口冷链物流业务。

为促进食品农产品示范口岸建设，加快形成东北亚水产品交易中心，青岛海关全力优化冰鲜水产品海关检验检疫流程，实现货物到港后"即查即检"，未被抽样检测的冰鲜水产品"即报即放"，当天报检当天放行，抽中检测的冰鲜水产品，实行实验室优先检测。

2019 年青岛港深入响应"加快建设世界一流的海洋港口"指示，通过与当地政府、企业合资合作，加快海铁联运线路设计和内陆港布局，不仅降低了当地进出口企业的物流成本，也增强了当地物流企业的集聚效应。

（六）大连港食品贸易及冷链发展情况

我国是香蕉进口大国，每年进口量达 200 万吨左右，且香蕉的整体消费量呈逐年增长态势。据统计，目前约 1/3 以上的进口香蕉在辽宁大窑湾口岸进境，2019 年进口量就达到 66 万吨，较 2018 年增长 32%。

2019 年，中国（辽宁）自贸试验区大连片区管委会与大连市金融发展局、大连港毅都冷链有限公司、首农供应链（大连）有限公司共同签署香蕉交易中心战略合作协议，建设东北亚香蕉交易中心。

为提高大连口岸食品进口量，辽宁省和大连市先后出台《辽宁省人民政府关于加快推进东北亚经贸合作打造对外开放新前沿的意见》《辽宁省人民政府关于优化口岸营商环境促进跨境贸易便利化工作的实施意见》《大连市人民政府关于印发大连口岸优化营商环境促进跨境贸易便利化工作实施方案（2019—2021年）的通知》等政策，探索建设大连自由贸易港，加快时效性商品通关速度，在风险可控前提下优化鲜活产品检验检疫流程。大连港是全国首个拿到国际中转水产品货物原产地证明的港口。

大连是我国重要的冷链集散中心，定位于打造东北亚国际冷链物流枢纽。近年来大连港凭借其得天独厚的区位优势，完备的集疏运条件，密集的航线网络，丰富的冷链货源以及自贸区、保税区等政策优势，率先在大窑湾建成了全国沿海规模最大、功能最全的40多万吨冷库集群。

第三节　政策环境

一、主要政策

表3-1　　　　　　　2019—2020年国家层面跨境冷链相关利好政策

发布时间	部门	发文号	政策名称	政策概要
2019-01-25	国务院	国发〔2019〕3号	《国务院关于促进综合保税区高水平开放高质量发展的若干意见》	推进贸易便利化，打造物流分拨中心。允许对境内入区的不涉出口关税、不涉贸易管制证件、不要求退税且不纳入海关统计的货物、物品，实施便捷进出区管理模式。便利货物流转。运用智能监管手段，创新监管模式，简化业务流程，实行数据自动比对、卡口自动核放，实现保税货物点对点直接流转，降低运行成本，提升监管效能
2019-12-24	国务院	国函〔2019〕137号	《国务院关于同意在石家庄等24个城市设立跨境电子商务综合试验区的批复》	在石家庄市、太原市等24个城市设立跨境电子商务综合试验区。跨境电子商务综合试验区建设要积极适应产业革命新趋势，复制推广前三批综合试验区成熟经验做法，对跨境电子商务零售出口试行增值税、消费税免税等相关政策，积极开展探索创新，推动产业转型升级，开展品牌建设，推动国际贸易自由化、便利化和业态创新，为推动全国跨境电子商务健康发展探索新经验、新做法，推进贸易高质量发展
2019-02-02	海关总署	海关总署公告〔2019〕29号	《关于境外进入综合保税区食品检验放行有关事项的公告》	为贯彻落实《国务院关于促进综合保税区高水平开放高质量发展的若干意见》（国发〔2019〕3号），对境外进入综合保税区的食品实施"抽样后即放行"监管

续　表

发布时间	部门	发文号	政策名称	政策概要
2019-02-27	海关总署	海关总署公告〔2019〕36号	《关于境外进入综合保税区动植物产品检验项目实行"先入区、后检测"有关事项的公告》	动植物产品在进境口岸完成动植物检疫程序后，对需要实施检验的项目，可先行进入综合保税区内的监管仓库，海关再进行有关检验项目的抽样检测和综合评定，并根据检测结果进行后续处置
2019-04-22	海关总署	海关总署公告〔2019〕70号	《关于进出口预包装食品标签检验监督管理有关事宜的公告》	取消首次进口预包装食品标签备案要求。进口商应当负责审核其进口预包装食品的中文标签是否符合我国相关法律、行政法规规定和食品安全国家标准要求等
2020-03-27	海关总署	海关总署公告〔2020〕44号	《关于全面推广跨境电子商务出口商品退货监管措施有关事宜的公告》	为进一步优化营商环境、促进贸易便利化，帮助企业积极应对新冠肺炎疫情影响，使跨境电子商务商品出得去、退得回，推动跨境电子商务出口业务健康快速发展，海关总署决定全面推广跨境电子商务出口商品退货监管措施
2020-03-28	海关总署	海关总署公告〔2020〕45号	《关于跨境电子商务零售进口商品退货有关监管事宜的公告》	为进一步优化营商环境、促进贸易便利化，帮助企业积极应对新冠肺炎疫情影响，优化跨境电子商务零售进口商品退货监管，推动跨境电子商务健康快速发展，根据国家有关跨境电子商务零售进口相关政策规定
2019-12-12	海关总署、交通运输部、国家移民管理局	海关总署交通运输部国家移民管理局公告〔2019〕197号	《关于统一通过国际贸易"单一窗口"办理主要申报业务的公告》	为进一步提升跨境贸易便利化水平，改善口岸营商环境，海关总署、交通运输部、国家移民管理局决定自2019年12月16日起，进出口货物申报、舱单申报和运输工具申报业务统一通过国际贸易"单一窗口"办理，其他申报通道仅作为应急保障使用

二、政策方向

表 3 - 2   自贸港政策方向

地方	主要方向	简要内容
上海港海关、浦东机场海关	进口鲜活货物	绿色通道，"边检边放、随到随检"，实行 7×24 小时、365 天全天候通关查验制度，确保鲜活货物随到随检
大连口岸海关	鲜活水产品、生鲜食品等	《辽宁省人民政府关于加快推进东北亚经贸合作打造对外开放新前沿的意见》《辽宁省人民政府关于优化口岸营商环境促进跨境贸易便利化工作的实施意见》《大连市人民政府关于印发大连口岸优化营商环境促进跨境贸易便利化工作实施方案（2019—2021 年）的通知》等政策先后出台，探索建设大连自由贸易港，加快时效性商品通关速度，在风险可控前提下优化鲜活产品检验检疫流程。大连港是全国首个拿到国际中转水产品货物原产地证明的港口
青岛海关	农产品示范	为促进食品农产品示范口岸建设，加快形成东北亚水产品交易中心，青岛海关全力优化冰鲜水产品海关检验检疫流程，实现货物到港后"即查即检"，未被抽样检测的冰鲜水产品"即报即放"，当天报检当天放行，抽中检测的冰鲜水产品，实行实验室优先检测
宁波海关	进口鲜活货物、水产品等	2019 年进口的海产品通关时长由 2016 年的 10 天压缩到 4 天左右。空港方面，宁波海关制订专门监管保障方案，开通"冰鲜产品直通车"，全力保障通关时效。对于部分进口水产品需要获得进境动植物检疫审批许可证的，宁波海关推出网上申报便利服务，将审批时间从 10 天缩减至 5 天
天津海关	鲜活、易腐特点的部分水产品等	为满足消费者进口食品需求，天津海关采取多项措施优化营商环境，提高进口食品通关速度。实施"审单放行"措施，未抽中查验进口食品即刻放行；加快肉类通关速度，保证国储肉类进境优先审批优先通关，随到随检保供稳价；采取"边检边放"措施，便利三文鱼等冰鲜水产品及时投入市场；加快实验室检测，减少抽中送检各类进口食品通关等待时间等；还采取"提前申报""船边直提"等措施促进优质食品从天津口岸进口。此外，结合不同进出口货物特点"量身定制"相关通关措施，例如针对具有鲜活、易腐特点的部分水产品，推出"空中申报、落地放行"等支持生鲜类商品进口一揽子便利化措施

第四节　资源情况

一、运输资源情况

（一）跨境船公司

我国进出口贸易相关的海运服务主要由境外海运企业提供，是造成我国运输服务逆差的一大原因。随着中国加入世界贸易组织（WTO），我国货物贸易快速增长。目前，我国约80%的进出口贸易由境外对手方负责运输。在我国的进口贸易中，主要采用到岸价格方式C&F（Costand Freight，成本加运费）或CIF（Cost Insurance and Freight，成本加保险费和运费）（下称C组术语），由境外出口企业支付运费并负责运输；在我国的出口贸易中，主要采用离岸价格方式FOB（Free on Board）（下称F组术语），由境外进口企业支付运费并负责运输。境外企业则往往会选择境外海运企业负责运输环节。

（二）航线基本情况

2019年，我国跨境对主要进出口国家的主航线高达21条，共计2.4万条线路，其中落地基本港80座，其中涉及冷链业务的基本港共计71座，跨境船公司和航线基本情况如图3-5所示。157个口岸，真正实现全球贸易互通，扩大贸易全球化。

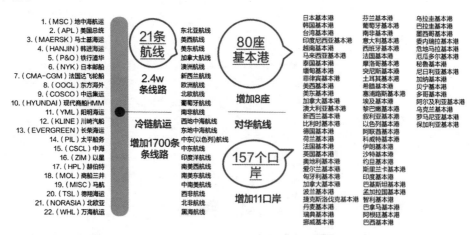

图3-5　跨境船公司和航线基本情况

资料来源：中物联农产品供应链分会。

二、空港基本情况

2019 年机场综保区进出口总额逼近 300 亿元大关，同比增长 29.3%，已连续多年实现两位数快速增长。

（一）广州空港

近五年白云机场货物吞吐量年均增速 8%。作为广州建设国际航空枢纽的主战场，近年来，白云机场国际航空枢纽建设进入"快车道"。结合空港生鲜农产品的物流特点，该单位在广州打造了全国第一家集国家级规范化指定口岸、国家级重点实验室、国家级公共服务标准化示范基地创建和新型通关模式四位一体的跨境生鲜电商检验检疫便利一体化平台，平台内既包括水生动物、水果、种苗、肉类、水产品指定口岸，还以国家级重点实验室为技术支撑，以标准化管理和快速检测为特色，对进境动植物产品全过程冷链监管，为鲜活货物进行即验即放。加拿大的象拔蚌、越南的斑节对虾、澳大利亚的龙虾等进口生鲜农产品从白云机场进关。

（二）宁波空港

近五年宁波国际机场货物吞吐量年均增速 6.4%。2019 年，宁波空港口岸进出口货运量累计达 3.5 万吨，同比增长 8.4%。全力加开康尼航空南美洲鲜活冷链的全货机航班；引进顺丰航空往返广州定期货包；开通跨境电商一般出口业务；实现欧洲、美洲、东南亚均有直达全货机航班。

（三）大连空港

大连机场 2019 年货物吞吐量达 24 万吨。为生鲜农产品进出口开辟绿色通道，建立全程冷链检测，实现不断链。开辟保鲜蔬菜"绿色通道"，加快通关速度，采取 7×24 小时预约通关放行，确保生鲜农产品即报即放。2020 年 1—5 月，当地特色农产品草莓鲜果、冻品已累计出口 1402 吨，货值 1654.8 万元；食用菌冻品出口共计 1807 吨，货值 1813.6 万元。大连空港积极收集国外技术安全标准和预警信息 1500 余条，帮扶企业规避贸易风险，打破贸易壁垒；对新鲜蔬菜、水果等农产品企业实施"一对一"帮扶政策，指导企业完善质量管理体系，保障出口农产品质量安全。

（四）郑州空港

近年来，进口生鲜农产品成为郑州航空口岸的"有生力量"。为支持郑州机场打造生鲜冷链集疏口岸，郑州海关在生鲜货物监管方面加大制度创新和流程优化，对空运进口的生鲜、冷链货物实施"提前报关、简化流程、货到验放"的快速通关模式，其中对活体动物和大宗单一货物，允许实行机坪理货、机坪验放，实现了海关高效运作与企业降低成本的良性循环。"空中丝绸之路"建设成效凸显，郑州航空港枢纽地位进一步提升。未来将形成以郑州机场为国内集散中心，将南北美洲的水产、水果、牛肉等，一年四季不间断地通过这条"空中丝绸之路"集中运输到郑州，经过分拣加工后，再从郑州通过空运或陆运方式，转运至包括港澳台在内的全国各地，助力郑州全球生鲜产品国际贸易中心、快速航运集散中心、精深加工中心建设，确立郑州机场在东北亚地区进口生鲜领域的领先地位。

三、主要港口集装箱及冷库情况

（一）上海港

2019 年集装箱吞吐量超过 4330 万 TEU，连续十年世界第一，通过上海港进出口的冷链食品数量也在不断增加。

2019 年经上海港周转的冷藏集装箱超过 47 万 TEU。据不完全统计，上海港拥有 15 万吨冷库库容，未来三年内，随着冷链食品贸易的高速发展，新增冷库库容是必然趋势。

（二）宁波 – 舟山港

宁波 – 舟山港目前拥有十余万吨冷库库容，整体处于食品仓储供需平衡状态。

宁波 – 舟山港 2019 年冷藏集装箱吞吐量超过 2700 万 TEU。其中宁波 – 舟山港进出口冷链集装箱达到 14 万 TEU。

（三）天津港

2018 年，进出口冷藏集装箱达到 25.4 万 TEU，其中 20 英尺和 40 英尺冷藏集装箱箱型比例约为 20% 和 80%，天津港口冷库规模为 25 万吨。

2020 年 1—5 月，已接卸冷藏集装箱近 3.5 万 TEU，"船边直提"业务超过 1 万 TEU。

据相关数据显示，2020 年 1—2 月天津港进口冷藏集装箱 4.3 万 TEU，位居全国港口前列。

（四）广州港

广州港集装箱吞吐量 2322.30 万 TEU，冻品等重点货类进一步向南沙港区转移，

55%冻品已完成转移，增加冷鲜储存能力。

广州港南沙港区现拥有充足完善的硬件配套设施，码头配备近5000个冷插，近百个冷链查验平台，冷库储存能力达4万吨，全面保障进港冷鲜货物的查验与储存。

第五节 发展现状

一、跨境冷链发展情况

目前中国冷链食品进口方式分为4种，主要渠道是沿海港口口岸，占比75%，其次渠道是空港口岸，占比22%，其余3%是铁路和公路。冷链物流已经成为"十三五"期间各大港口集团发展的重点。2020年已初步形成沿海跨境口岸冷库群及冷链物流配套产业群，海南自贸港的建设也将成为规模化、集约化的国际冷藏产品中转的枢纽港。各大沿海口岸逐步发展成"冷链物流枢纽基地+冷链食品货物进口口岸"的格局。不断发展港口冷库布局，打造辐射周边的冷链物流园区，丰富业务需求，使得进口食品冷链市场有广阔的发展空间。

二、跨境冷链市场特点

（1）全球性。跨境冷链市场具有全球性和非中心化等特征；由于经济全球化的发展趋势，商家依附于线上进行跨境销售，使得跨境销售也具有全球性和非中心化等特征。

（2）无形性。数字化跟踪订单及服务传输盛行，而货物在海上漂运，全程实现数据代替现场监控，因而是无形的。

（3）即时性。跨境冷链物流公司重视物流跟踪系统，系统数据的传输速度与信息地理位置、距离无关。传统交易模式中，主要是信函、传真、电报等，在信息发送与接收之间，存在很长一段不确定性的时间差。信息交流则较为便捷，发送信息与接收信息几乎同步。

（4）快速演进迭代。跨境电商是一个新的模式，现阶段尚处于发展阶段，其网络设施和相应协议软件的发展具有很大的不确定性。但是政策制定者需考虑电子商务是在网络上交易，势必会以前所未有的速度和无法预知的方式，进行不断演进。

第六节 发展趋势

跨境生鲜业务的发展，离不开冷链物流的逐步完善。跨境生鲜供应链涉及多类操作主体，且整体业务链条较长，全链条的可控性及监管性都存在较大的难点。同时，跨境业务的复杂性和生鲜产品对于全链条操作要求的高标准和严要求，也更加提升了全链条的管控难度。商贸与物流环节的发展过程相辅相成，只有商贸环节充分发展，才能够促进物流环节的进一步完善，而物流环节的逐步发展，也在为商贸环节助推、赋能。针对跨境冷链未来发展，将主要围绕以下几个方面。

一是加强跨境冷链基础建设。加强跨境冷链基础建设，对于我国国民经济转型升级有着重大意义。一方面，在于海外产品大多安全优质、价格低廉，可丰富居民菜篮子，满足健康、多样化食品需求；另一方面，由于部分国家农产品产业化程度高、标准化水平高，其产品即使加上运费仍具有相对国产同类冷链产品的价格优势，这些产品的进口对于平抑国内 CPI、平抑细分冷链产品季节性波动、压低基尼系数、稳定百姓生活等，都起到了重要作用。

二是促进国内冷链供应链发展。进口食品冷链市场逐渐扩大，供应链竞争的加剧、先进技术与装备的应用、资本力量的助推、全球化趋势与演变、相关扶持政策等，都成为促进跨境冷链发展的重要推动力。跨境冷链难度很大，主要体现在"冷链"叠加了"跨境"。"跨境"具有周期长、不可抗力、遵循国际贸易法则等特征，并且物流、资金流、信息流的流程长，人、货、场更迭频繁等。"冷链"则意味着对品质、时效、精准、体验等的高要求。跨境冷链运行的每一环节，如境外采购、运输、通关、商检、税务、仓储等所涉专业众多，对相关知识、经验和语言等具有较高要求，再加上冷链在仓储、转运、分拣、合单等环节还具有全程温度一致，全程可监控、可追溯，以及运输时效等方面要求，多种难度的叠加，使得跨境冷链供应链管理更为复杂。

我国经济的快速发展为进口食品的发展提供了良好的外部环境，尤其是上海、北京、广州等一线城市已经形成了比较成熟的市场，消费群体也逐步形成，但在北方、西部等地区还处在萌芽状态，市场也存在很大的潜力，随着发达城市的市场饱和，开始向不发达地区渗透是必然选择。

三是冷链枢纽功能明显增强。我国多港口增加多条跨境区域航线，增加冷链食品流通渠道，形成小批量多频次的进口方式，大幅提高港口冷链物流枢纽能力。实现海陆空流通之间的联动，加速流通时效性，降低物流成本。

四是重点商品口岸通关顺畅。不断优化水果、冷冻水产品、肉制品等重点货类通关流程，大幅度缩短通关时间。

五是智慧港口成果丰硕。大力推进无纸化办公，各个港口集团逐步开展智慧港口区块链平台，为跨境港口开放协作、口岸监管数据互联互通奠定基础。

六是绿色港口持续发展。以码头岸电建设等项目为抓手，大力推进船舶使用清洁能源，积极推动绿色生态港口建设工作，岸电覆盖专业集装箱泊位和专业干散货泊位。

七是企业治理规范高效。内控体系升级，严格规范日常管理和信息披露，建立健全内控制度。

八是重点货类势头良好。冷链食品克服中美贸易摩擦等因素影响，销量保持全年稳定增长。

第四章　助力产地发展

第一节　政策助力

一、政策红利进入密集释放期

我国农产品政策很早就开始关注并解决农产品流通的问题。2010 年，为了促进农产品冷链物流的发展，国家发展改革委出台了《农产品冷链物流发展规划》，明确了完善冷链物流标准体系、加强冷链物流基础设施建设等七项主要任务。此后，各种扶持政策也相继出台。在 2016 年的中央一号文件中指出，要完善跨区域农产品冷链物流体系，开展冷链标准化示范，实施特色农产品产区预冷工程。2016 年 8 月，商务部发布了《商务部办公厅　国家标准化管理委员会办公室关于开展农产品冷链流通标准化示范工作的通知》。2017 年国务院办公厅发布了《国务院办公厅关于加快发展冷链物流保障食品安全促进消费升级的意见》。2019 年年初，国家发展改革委、商务部等 24 个有关部门联合发布的《关于推动物流高质量发展促进形成强大国内市场的意见》中，也涉及多项冷链物流发展意见。2019 年 7 月 30 日，中共中央政治局召开的会议上提到城乡冷链物流设施建设等补短板工程。

农产品冷链物流是一个跨部门、跨行业、跨区域的系统工程。2020 年，受疫情的影响，部分农产品销路受阻，囤积的产品由于缺乏存储冷库而腐烂，给农民带来了损失，同时也把农产品仓储保鲜冷链物流建设的需求摆在了更迫切的位置。

2020 年中央一号文件在加强现代农业设施建设部分明确提出：启动农产品仓储保鲜冷链物流设施建设工程。加强农产品冷链物流统筹规划、分级布局和标准制定。安排中央预算内投资，支持建设一批骨干冷链物流基地。2020 年 4 月中旬，农业农村部发布《农业农村部关于加快农产品仓储保鲜冷链设施建设的实施意见》，从源头加快解决农产品出村进城"最初一公里"问题，提出实施意见。推进农产品产地仓储保鲜冷链设施的建设工作。

二、农产品产地仓储保鲜冷链设施建设

2020 年，农业农村部印发《关于做好"三农"领域补短板项目库建设工作的通知》，落实中央农村工作会议精神，加快补齐全面建成小康社会"三农"领域突出短板，拟组织建立完善农业农村基础设施建设重大项目储备库。项目储备库的重点领域主要涉及农产品仓储保鲜冷链物流建设工程、高标准农田建设工程、奶业提质增效建设工程、现代种业提升建设工程等 10 个项目领域。2020 年区域性农产品产地仓储冷链物流设施建设产地市场，每个中央投资控制在 2000 万元以内。

重点支持河北、山西、辽宁、山东、湖北、湖南、广西、海南、四川、重庆、贵州、云南、陕西、甘肃、宁夏、新疆 16 个省（区、市），聚焦鲜活农产品主产区、特色农产品优势区和贫困地区，选择产业重点县（市），按照先建后补、以奖代补的方式，主要围绕水果、蔬菜等鲜活农产品，建设节能型的通风贮藏库、机械冷库、气调贮藏库，以及配套的设施设备。重点结合田头市场的建设，建立产地市场信息的采集机制。

三、政府采购政策

为了有效实现产销对接，助力决战决胜脱贫攻坚，财政部、国务院扶贫办在 2019 年 5 月联合印发《关于运用政府采购政策支持脱贫攻坚的通知》，要求各级预算单位预留一定比例食堂食材采购份额，优先采购贫困地区农副产品。政策主要包括以下三方面内容。一是聚焦精准扶贫。支持政策限定在 832 个国家级贫困县县域内注册的企业、农民专业合作社、家庭农场等出产的农副产品。二是强调成本效益。对预算单位预留的采购份额不做强制要求，由各单位自行确定，并要求遵循"就近、经济"的原则购买贫困地区农副产品。三是加强产销对接。搭建网络销售平台，为贫困地区农副产品提供高效便捷的产销渠道。

为确保政策落到实处，2019 年，财政部对贫困地区农副产品的供给能力、产品结构等做了认真调研，会同国务院扶贫办、中华全国供销合作总社就产地认定、质量标准、仓储物流、价格管控等方面提出了细化工作措施，并印发《政府采购贫困地区农副产品实施方案》，要求三方及有关部门建立协作机制，明确责任，形成合力，统筹推进政府采购贫困地区农副产品工作。

四、地方政府政策支持

2020 年 7 月 1 日，云南省财政厅副厅长赵晓静表示，为大力发展农产品加工和冷

链物流，补齐农业产业发展短板，积极应对新冠肺炎疫情影响，破解农产品销售难、农业增效难和农民增收难问题，省财政厅、省农业农村厅、省工业和信息化厅和省商务厅联合出台了 10 条政策措施。

支持茶叶绿色有机发展，对获得绿色有机认证且认证证书在有效期内的茶园及产品给予奖补。2020 年推广应用花卉"基质 + 水肥"一体化栽培技术，投资建设 15 亩（含 15 亩）规模以上的，按照实际投资额的 10% 给予一次性奖补。

农产品精深加工也得到支持。2020 年在茶叶、花卉、水果、蔬菜、坚果、中药材、肉牛、咖啡、生猪等产业领域，新建农产品加工厂房及购置设施设备、技术改造及科研、环保、质量控制投入等形成的资产性投资，实际投资额在 1 亿元（含 1 亿元）以上的，按实际投资额的 10% 给予一次性奖补。

第二节　产地建设

2020 年新冠肺炎疫情来袭，农产品产地基地生产和供应链保障均受到严重影响。主要表现在：由于防疫原因，各地出台了一些限制人流、物流的措施，这对于春季农业生产造成了一些影响，造成一些一线产区劳动力不足、管理脱节、化肥农药保障不力、采收力量薄弱、农产品物流不畅，直接结果就是生产出现延误、供销出现脱节、采收人力不足、农产品销售不畅，农产品出现了时段性严重积压和滞销，甚至出现大量腐烂变质，损失惨重。

产地建设还需要关注以下重点方面。

1. 结合场地、交通、区域功能等因素进行布局规划

整体规划需要综合考虑各方因素，对于整体布局等，应充分考虑实际场地情况、交通情况、功能分区规划等因素，确保最终的布局规划满足实际业务运作场景。

2. 冷链基础设施建设应充分考虑上下游衔接环节

无论是冷链节点设施还是运配设施都应充分考虑上下游衔接环节，避免出现断链等情况，影响货品品质。

3. 建设规划应满足可持续性发展要求（即满足长远规划需求）

整体规划应该符合长远发展规划要求，确保满足未来业务发展，避免出现与未来规划相冲突的冷链基础设施建设投入。

4. 整体建设应建立在充分规划的基础上，避免出现过度投入、资源利用不足的情况

冷链基础设施建设应该满足当地实际业务需求，不应出现为建设设备而建设的不当情况。确保各类冷链相关基础设备均发挥其最大化效用，并满足实际业务需求，保

证设备的高利用率。

5. 应完善异常处理方案，降低异常情况的影响

对于冷链来说，其整体操作要求较高，且异常情况对于货品品质影响较大。因此对于冷链基础设施，应加强针对各类异常情况的应对，提前建立应急解决方案，以保证异常情况下，对于货品品质的保障。

6. 增加产地端赋能，在产地增加流通加工等环节，减少销端的生产加工操作

对于冷链基础设施，应加强流通加工类设施建设，增加产地端赋能，减少销端的生产加工操作。

7. 针对产地端设施建设，应保持尽可能增加集约化操作的原则，减少小批量操作

整体建设尽可能推动集约化操作方式，从而减少过程操作接触，降低货品品质受损或货品污染的风险。

8. 搭建一体化监控平台，实现冷链设施的全程监控

对于各类冷链基础设施的建立，应尽可能尝试一体化系统管控。通过各类数据的实时采集，实现货品的线上管理。

9. 专业技术及专业人才支持冷链基础设施建设

在冷链基础设施搭建的过程中，应该充分引入专业技术和专业人才。对冷链基础设施的规划、建设、运作管理等提供全方位支持。

10. 坚持环保原则，综合考量基础设施建设

整体建设过程应始终坚持环保的原则，包括布局规划过程、设施设备选型等，确保实现可持续性发展。同时，还应加强清洁型能源或相对清洁能源设施的应用，如电动车等，并建立相关基建设备。

11. 关注设备杀菌及卫生防护

对于各类设施设备，应当建立完善的点检、监控、维护等标准。对于各类设施设备，特别是杀菌及卫生防护环节实现标准化管理及监管，确保各类设施设备满足杀菌灭菌的卫生要求。

12. 共享冷链基础设施建设及系统应用

建立共享信息系统平台，对于范围内货品实现统一线上调度管控。同时，针对季节性波动的需求变化，通过共享冷链基础设施，实现资源的有效周期性利用。

第三节 产销互连

电商行业的快速发展，为农产品供应链带来了更多的可能性和发展的新思路。同

时，由于经济环境和更多不确定因素的影响，社会对于生鲜供应链的及时性和稳定性提出了更高的要求。为了能够进一步增强生鲜供应链的供需对接程度，供应链上的多方主体也在不断尝试向上下游环节进行延伸，提升全链条的可控性。在这其中，产销互连就是多方主体发展的主要方向之一。根据农业农村部数据显示，2019 年我国农产品总产量 19.80 亿吨，其中生鲜农产品产量超 11 亿吨。而对生鲜农产品而言，保鲜是一大难题，无法及时销售的生鲜农产品损失可达 20% ~30%。

当广西南宁市阿里巴巴数字农业集运加工中心打造"产地仓 + 销地仓"模式后，数字化农产品流通网络将初步成形，一年可支撑 100 万吨生鲜农产品送往全国餐桌。"产地仓 + 销地仓"的模式，推进产业升级，围绕三个阶段搭建数字农业的产地、物流、供应链及销售体系，把农产品卖到大润发、盒马、天猫等阿里体系及其他第三方零售企业，进一步形成产业链闭环。阿里巴巴集团通过数字农业，借由数字化，能够快速缩减供应链的链路，降低销售成本，提高零售效率，进而提高生鲜农产品的品质，减少农产品损耗。这是对农产品从田间到餐桌产业链升级做出的贡献。

广西、云南的产地仓建在南宁、昆明机场附近，空运、陆运便利。广西仓一期日发货能力近 300 吨，云南仓一期日发货能力约 150 吨。主要涉及生鲜农产品有沃柑、火龙果、百香果、石榴、杧果、凤梨、木瓜、紫薯等数十种。数字化是广西、云南两个产地仓最大的特色。数字化中控室可以同步了解两省农产品数据和入库情况。水果被送上分选设备后如同做 CT，光电分选机能够测出每一颗水果的酸甜度、果面光洁度、是否有霉斑、划痕等，而水果果径也可以精确到毫米，重量精确到 0.5 克。

从农产品转变成商品，涉及分选、品控、装箱、打单等诸多流程，在数字化和自动化的产地仓完成这一系列流程只需两分钟。产地仓最大的意义在于，在农业产业链上进一步向前延伸，在产地布局上直接提升农产品收获时的加工分级水平，并且在产地实现了分销，提高了农产品供应时的品质及分销效率，减少了损耗，节省了成本。

第五章　农产品批发市场转型升级

第一节　发展现状

改革开放四十多年来，我国农产品批发市场经历了起步发展阶段（1978—1984年）、快速发展阶段（1985—1991年）、震荡发展阶段（1992—2000年）、全面提升阶段（2001—2010年）、创新升级阶段（2011年至今）五个发展阶段。特别是中共十八大以后，农产品批发市场进入创新型发展、品牌化发展、集团化发展、平台化发展的快车道。

我国农产品市场发展历程主要有以下五个方面的特征。

一是农产品批发市场投资主体多元化，兴办方式多样化。我国农产品批发市场的投资方或兴办方各不相同。可以从不同角度去定义投资方。从农产品流通链条各个环节的参与者来看，投资主体有产地合作组织（如供销社、种植合作社等）、农产品经纪人、农产品批发商、第三方物流商、食品加工企业、生鲜电商平台、销地市场商户等，甚至终端消费群体也在直接或间接参与农产品批发市场的投资兴办。从投资主体的企业经济属性方面来看，又可分为央企、国企投资兴办的农产品批发市场（如深圳海吉星农批、南京众彩物流、重庆双福农批、新疆九鼎市场等），集体企业投资兴办的农产品批发市场（如长沙红星大市场、北京新发地市场、天津何庄子市场等），民营企业投资兴办的农产品批发市场（如万邦国际农产品市场、雨润农产品批发市场、润恒农产品交易中心等），协会参与投资兴办的农产品批发市场（如中农联控股公司、中农城投集团等），外资主体参与投资兴办的农产品批发市场（如宏进农批、武汉白沙洲农副产品大市场等），多头合作投资兴办的农产品批发市场（如嘉兴水果市场、合肥周谷堆等）。

二是农产品批发市场发展呈现集团化、网络化的趋势。中央一号文件连续多年针对农产品流通领域做出政策安排部署。在政策利好的刺激下，外部资本不断进入。农产品批发市场领域出现"群雄逐鹿"的发展趋势，这些企业密集开展区域性乃至全国性市场布局，覆盖范围从一、二线城市到三、四线城市再到五线城市和县级市场。同时开展以"合并老旧、易址新建"为主导，以"参与合作、控股经营"为辅助的全方位扩张。目前，国内已经形成一、二线城市（包含省会城市等）两家及以上大型一级农产品批发市场，三、四线城市一家及以上中大型一、二级农产品批发市场，五线城市和县级市场或有或在建二、三级农产品批发市场（或农贸市场）的局面，而这个趋势还要持续较长一段时间。主流集团化农产品批发市场品牌包括新发地、海吉星、中农批、雨润、地利（哈达）、润恒城、万邦、宏进等，区域性农产品批发市场品牌更是不胜枚举。集团化布局有助于市场整合、品牌建设，也有助于搭建完整的农产品流通大平台。

三是现阶段我国主要城市农产品批发市场交易量庞大。全国现有农产品市场 4.4 万家，其中批发市场 4100 多家，年交易额在亿元以上的批发市场有 1300 多家，农贸市场、菜市场和集贸市场近 4 万家。2019 年，批发市场交易额达到 5.7 万亿元，交易量 9.7 亿吨。其中北京新发地市场 2019 年交易量 1749 万吨，交易额 1319 亿元，连续 17 年双居全国第一位，承担了首都 80% 以上的农产品供应。广州江南果菜批发市场 2019 年果菜总交易量达 559.1 万吨，总交易额达到 268.29 亿元，果菜单品交易量连续十六年名列全国第一。青岛市城阳蔬菜水产品批发市场日均人流量 6 万人次，2019 年交易额约 233 亿元。

四是现阶段我国农产品批发市场交易方式出现多样化的趋势。近些年来，新建设或者投入运营的农产品批发市场均设有交易中心、结算中心、电商中心、信息中心等以满足不同交易方式的需求。如昆明斗南花卉市场具有花卉交易平台（拍卖交易、电子结算、电商交易）。但是综合来看，大部分农产品批发市场交易方式仍以现货交易为主，支付方式多样化。其中一、二级市场仍以批发为主，附带零售业务（包含新零售业态），产品交易量较大且交易时间集中。三线市场以及县域农贸市场则批零兼顾，交易较为灵活且交易量一般。

五是农产品批发市场成为城市主要功能，专业市场地位凸显。2020 年新冠肺炎疫情期间，北京新发地市场等核心农副产品市场暂停交易或临时关闭也直接导致主要农副产品价格波动，后经相关部门及时协调保供后趋于稳定。因此，可以看出农产品批发市场项目承担着保障民生的重要职能，具有很强的社会公益产品属性，农产品批发市场的繁荣以及完善与否在一定程度上影响着所在城市以及周边范围内居民的生活水平。

近些年来，在农产品的主要产区、主要消费地域逐渐形成或者规划建设了一大批农产品专业批发市场，如遵义辣椒市场、斗南花卉市场、政和白茶市场、天环冻品市场、南方水产市场、上海辉展市场、京深海鲜市场、黄沙水产市场、银犁冻品市场、东宁木耳市场、寿光蔬菜市场、金乡大蒜市场等。尽管有些农产品专业批发市场已经在朝着综合市场发展，但是从目前市场交易产品的比例来看，仍保留农产品专业批发市场的特点。

第二节　现存问题

一、农产品批发市场监督机制不完善，"有形的手"存在短板

新冠肺炎疫情的暴发和反弹，充分暴露出农产品批发市场当前存在的诸多问题。流通过程中食品安全的监管存在以下几方面问题。

一是农产品批发市场运营主体不完善。农产品批发市场作为农产品的主要流通渠道，属于开放性经营场所，存在着消防安全、食品安全、治安安全、交易安全等诸多隐患。主要表现为以下几点。①农产品批发市场不是农产品生产者，而是提供买卖双方交易的平台，主要提供撮合交易服务。②农产品批发市场不能拒绝客商出入，农产品批发市场根据交易习惯和管理需要应向所有参与者开放，方便交易流通。③农产品批发市场管理监管条件有限，农产品批发市场限于软硬件条件可能无法做到全天候监管，证照检查、产品抽检存在漏洞。

二是"有形的手"的引导与监管存在短板。政府相关部门在履行监管职能时可能存在管理缺失问题，强调农产品批发市场的公益性，就应该考虑公益性产生的成本。主要表现为以下几点。①行业内没有统一的农产品批发市场法，各地主管部门在操作过程中可能无法可依。②日常监管如何做到既不影响市场运营又能避免出现食品安全事件等。③农产品批发市场公益性安全监测成本控制与检测信息如何联动。④缺乏与现代农产品流通相适应的统一的农产品批发市场布局与建设规划（应该设置相对严格的市场准入条件、项目布局标准、监督管理机制、市场退出机制）。

二、农产品批发市场配套设施不健全，信息化应用范围有限

一是鉴于农产品批发市场的公益属性，国外农产品批发市场主要由政府主导开发建设。而我国农产品批发市场投资主体多元化，大部分投资人是企业或个人，投资农产品交易市场的主要目的是获取相应的利益或者投资回报。因此，国内农产品批发市场存在着重复建设、盲目建设的现象，造成了较大的资源浪费，而所谓的配套设施有

时候就成了"空中楼阁"。

二是经常走访国内多地农产品批发市场，剔除不同种类的农产品交易需求（如大宗果菜交易，大棚和车板更为实用），主要布局仍以交易大棚、露天车位、活动板房、交易摊位等形式存在。市场交通拥堵、人员混杂、垃圾清运滞后、设备设施陈旧等问题屡见不鲜，农产品交易市场的核心功能——展示交易、检验检疫、仓储物流、交易结算、电子商务、商务配套等对应的设备设施不达标或不具备使用条件。

三是一般情况下信息化的实现需要基于软件、硬件两个条件，目前国内多数农产品批发市场或多或少存在应用信息管理系统，但是能够满足全部业务需求的相对较少。主要问题表现在以下几点。①部分市场自行研发的系统或二次开发的系统无法做到与外部环境的高效对接，信息采集和应用场景有限，无法发挥信息价值。②一些市场只是简单的信息系统，所谓应用流于形式，投入力度不够。③外部系统服务商对部分市场业务流程不熟悉，或是市场内商户对系统有抵制情绪等原因导致系统运转不畅。④农产品批发市场项目属于"非标"产品，需要定制化的系统。⑤信息管理团队水平参差不齐，采集方法落后、范围较窄，数据价值一般。

三、农产品批发市场存在着恶性竞争，"无形的手"亟待管控

我国农产品批发市场在建设和发展的过程中，也出现了无序开发、盲目建设、恶性竞争的不良态势，已经严重扰乱了农产品流通秩序。问题主要表现在：一是缺乏市场数据支撑；二是盲目招商、盲目规划、盲目建设；三是蓄意炒作、欺瞒客户，恶意竞争、收买客户，严重扰乱市场秩序。

四、农产品批发市场人才梯队不合理，市场服务水平待提升

一是人才已经成为制约企业发展的瓶颈。从农产品批发市场前期选址论证、定位分析、方案设计，到开工建设再到招商运营都需要专业团队进行操作。即使是已经成熟运营的项目也面临着人员新老交替、青黄不接的问题。特别是一些老旧市场，主要是年纪偏大的保洁、保安等基层岗位人员，也有市场招聘的一些毕业生，但是市场管理人才的培养是需要时间的。市场所需的既懂市场管理又懂农副产品的综合型人才或职业经理人相对较少。

二是现代农产品批发市场涵盖了展示交易、仓储物流、电子商务、分拣加工、信息发布、配套商服等多种功能，因此我们就不能简单地理解成管理市场（类似于收管理费、车辆调度、客户管理），更大意义上是提供市场管理服务，这中间存在着角色定位的问题，更深层次来说是理念问题。

第三节 转型升级方向

一、智慧农批，加强硬件设施投入

顾名思义，智慧农批主要是指综合运用物联网、大数据等技术手段，以智能化设备设施、标准化批发市场为载体，通过对农产品批发市场采购、交易、仓储、物流、配送、结算、金融、溯源、管理等环节进行系统性升级改造，从而实现全过程数字化、智慧化转型的新型农产品流通生态圈。这个目标的实现对于新项目的建设和老市场的升级来说都需要硬件投入，包括但不限于检验检疫设备、冷链仓储设备、分拣加工设备、搬运装卸设备等，而这些都是转型智慧农批的基础（这其中也包括业务架构与产品架构的设计）。

二、公益农批，强化市场公益属性

（一）保障流通环节食品安全

农产品市场运营主体通过完善制度流程与购置设备设施来实现，对进出市场的农副产品进行检测，第一时间掌握进出市场农产品质量数据。

（二）倡导农产品标准化建设

农产品批发市场应积极参与行业标准的制定，特别是农产品流通标准化，也涵盖了生产组织标准化、生产加工规模化、冷链物流标准化等内容，有效链接产销两端。

（三）建立信息采集发布机制

农产品批发市场的一个重要功能就是农产品价格形成与发布，这对于及时掌握和研判农产品价格走势，调节供需关系有非常大的帮助，也有助于稳定农业经济命脉。

（四）积极参与消除市场壁垒

主要是指竞品市场或同类市场之间通过合理规划、科学布局、精准定位来避免恶性竞争，实现优势互补和避免资源浪费，这一点可能需要从政府层面来统一引导。

三、融合农批，线上线下产城融合

农产品批发市场的存在已经成为城市发展的主要功能。因此，农产品批发市场的转型升级就必须充分考虑城市发展的需要。在发展方向上要考虑产业政策导向，要与城市发展相结合。在功能设计上要结合现代农产品流通，特别是冷链流通的需要，如配建一定规模的仓储设施、加工车间、中央厨房等。在服务形式上要敢于创新服务，主动拥抱电商、新零售，实现线上线下融合发展。

四、品牌农批，品牌效应提升实力

品牌是服务质量和企业商誉的象征。农产品批发市场也要通过规范化、标准化经营管理，提升品牌知名度。在农产品批发市场行业从业一年以上的同行大多听说过"北京新发地""武汉白沙洲""深农海吉星""雨润农产品""苏州南环桥""润恒城""中农批""中农联"等一系列农产品批发市场的名称。

五、专业农批，专业团队助力发展

目前，我国农产品批发市场项目建设正如火如荼地展开，经实地踏访的项目不少于50个（在建项目及一期投运项目居多）。此类项目大多数由开发建设阶段转入项目营销和招商运营阶段，从现状判断能正常运营的比例不超过30%。未来农产品批发市场行业会出现项目托管运营团队（职业）以服务外包形式帮助投资方止损或者盈利的情况。

第四节　转型升级主要途径

一、进一步规范农产品批发市场的管理

（1）针对市场投资主体，政府出台与农产品批发市场相关的法律法规，制定严格的准入机制、预警机制、退出机制，推动农产品批发市场行业良性发展。

（2）针对市场交易主体，政府监督建立农产品批发市场标准规章体系，监测频率和检测范围向农产品批发市场上下游延伸，逐步完善信息公开机制。

（3）针对市场运营主体，严格执行国家相关法律法规，建立完整的客户管理制度，规范与市场交易主体的关系。

二、加大对农产品批发市场的扶持力度

（1）农产品批发市场项目属于重资产投资项目，且存在很大的公益属性，企业主

动升级改造意愿并不是很强烈。因此，建议政府增加财政预算投入，扶持企业完成改造升级目标。

（2）农产品批发市场中冷链物流设施投资较大、食品安全检测项目运营成本较高，因此建议以建设补贴、运营补贴等形式对项目予以帮扶。

（3）与市场运营管理相关的职能部门，如市场监督、社区管理、税务部门、农业部门等驻场办公，方便服务市场。

（4）对农产品流通环节上下游给予扶持，如产地预冷项目、指导农业生产、供求信息对接等。

三、建立信息化平台，挖掘大数据价值

目前情况下，农产品批发市场各个运营主体，如市场管理方、仓储物流商、批发零售商、系统集成商之间均存在着信息孤岛，企业数据价值未能得到很好的应用。建议政府主导建设农业产业物联网、农产品批发市场，扶持建设一批智慧农批应用平台，平台数据对政府开放，便于采集汇总行业数据，鼓励企业开展数据交易，深度挖掘大数据价值。

四、适应后疫情时代交易方式的多元化

（1）北京新发地市场于 2020 年 8 月 15 日正式复市，复市后的新发地市场有一个非常大的变化：实行批零分开交易，场内取消零售交易。同时，北京新发地市场规划了便民菜场。初步判断，后期便民菜场布局将加快。

（2）伴随着生鲜电商快速发展，客户下单终端多样化，农产品批发市场将更趋向于服务 B 端（分拣加工、冷链物流、产品交割等）。

（3）基于数据平台的搭建与应用，大宗农产品交易将有望实现类期货交易形式。农产品批发市场将迎来现货交易和远期交易相结合的时代。

五、提供专业化、个性化的市场管理服务

（1）农产品批发市场兼具产品交易、冷链仓储、物流配送、分拣加工、数据应用、电子商务、食品安全等功能，越来越像民生综合服务商，市场投资主体、运营主体应充分意识到产业发展趋势，提供专业化、个性化的管理服务。

（2）管理服务的对象是人，实施的主体也是人，团队建设不容忽视。

第五节　新技术与新模式

农产品批发市场虽然在新冠肺炎疫情期间暴露出诸多问题，但是其对于国内目前农产品流通环节的关键作用是不可磨灭的。面对现存问题，相关行业从业者们也在不断积极探索各类改善措施和发展的新模式。

（1）推动立法：推进农产品批发市场专项立法，既要保障农产品批发市场的地位，又要严格规范营运管理和服务要求。

（2）科学规划：要大力推进农产品批发市场科学规划和布局，设立适度的行业准入和准出门槛，既要防止网点不足，又要防止恶意竞争。

（3）合理用地：要确保农产品批发市场合理用地需求，避免批发市场内过于拥挤。

（4）改造升级：要大力推进对符合条件的老市场进行提升改造，完善场地设施和配套功能。

（5）功能统一：要推进批发市场与零售市场分开，避免人流过多，来源复杂（国外普遍都是批发市场不经营零售）。

（6）卫生消毒：要尽快完善环保和消毒设施，建立适合国情的休市保洁和消杀制度。

（7）准入机制：要建立商户和从业者适度的准入制度，培养良好的从业和生活习惯。

（8）防疫标准：建立行业统一的防疫操作规程，确保各市场防控应对有效。

（9）新农批——中央集配保供中心：围绕周边区域优势农产品产区和消费需求，通过配套基础设施，减少生鲜农产品途中损耗，提升产品附加值，构建产地覆盖范围广、运营成本低、使用效率高、"生产、加工、贮藏、运输、销售、消费"一体化的生产供应链保障体系。同时，对一、二线城市内销地批发市场进行升级改造或重建，作为大型产地批发市场的有力对接和支撑，锁定供应半径，减少人员集聚压力，降低物流成本，提高配送效率，缓解城市交通压力。农业农村冷链建设工作主要围绕水果、蔬菜布局，坚持"农有、农用、农享"，支持家庭农场、农民合作社，建设一批立足田间地头、设施功能完善、经济效益良好、紧密衔接市场的农产品仓储保鲜冷链设施，来扩大农业有效投资、增加农民收入、促进农业产业和农产品消费"双升级"。

（10）新业态、新模式、新产业——冷链央厨等新业态：相对于热链央厨，冷链央厨是一场关于外卖、校餐、团餐、铁路餐、航空餐等传统餐饮业态的革命。食材分别具有不同成熟度的零件组合属性，然后进行冷藏保鲜，最长可达五天保质期。出冷藏库后，经几分钟微波加工，集中配送学校食堂和社区等餐饮新零售各类消费场景。创新推广农产品冷链物流运营和各类包装绿色、循环、减量新模式，鼓励互联网电商平台企业、大型连锁超市、冷链运输企业等开展多元合作，探索多温共配模式，发展"冷链央厨＋食材冷链配送""连锁＋冷链配送""网络化冷库＋生鲜配送""生鲜电商＋冷链宅配"等物流模式，实现成品或半成品加工制作，并直接配送到门店或合作网点进行销售；重点升级中央厨房及净菜加工的生产设施和供应链集成标准体系建设。

第六章 猪肉供应链浅析

第一节 猪肉市场概况

一、市场规模

（一）猪肉生产情况

据了解，我国是全球第一大生猪生产国及猪肉消费国，生猪出栏量及猪肉消费量占全球的比重均在50%以上。国家统计局数据显示，2019年我国生猪存栏3.1亿头，同比下降27.5%；我国生猪出栏逾5.4亿头，同比下降21.6%；猪肉产量为4255.31万吨，同比下降21.3%，如图6-1所示。

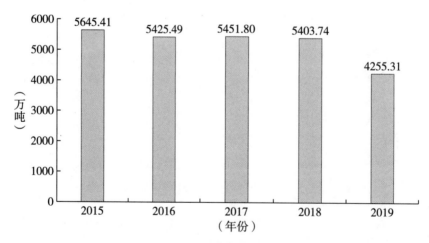

图6-1　2015—2019年我国猪肉产量

资料来源：国家统计局。

2019年我国各省份猪肉产量排名前十位如图6-2所示，四川省猪肉产量最多，为353.45万吨；其次为湖南省，猪肉产量为348.50万吨，前十位占我国猪肉总产量

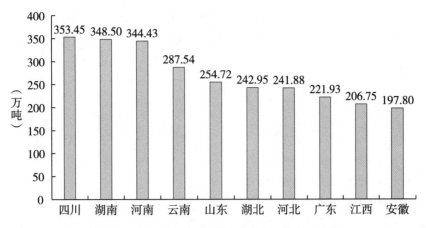

图 6-2 2019 年我国各省份猪肉产量排名前十位

资料来源：国家统计局。

的 63.45%。

据悉，华中、华东和西南地区为我国传统生猪主产区，四川、湖南、河南、山东、湖北、河北六省的生猪出栏量超过全国出栏量的 40%。长三角、珠三角和京津冀等人口稠密地区是我国猪肉消费的主要集中区，这些地区与传统生猪主产区相邻。现阶段，产销区对接已成常态，贸易流通较为顺畅。

（二）猪肉进口情况

海关总署数据显示，我国国内市场需求旺盛，猪肉进口增加显著，2020 年 1—6 月我国共从 20 个国家和地区进口 60.29 亿美元的鲜、冷、冻猪肉，进口额与上年同期相比增长 293.5%。2020 年 1—6 月猪肉进口额排名前十位的国家如图 6-3 所示。

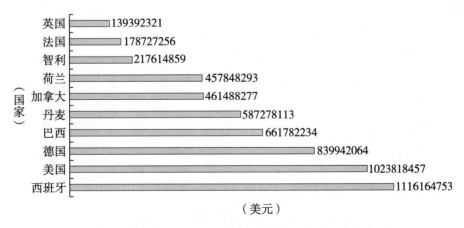

图 6-3 2020 年 1—6 月猪肉进口额排名前十位的国家

资料来源：海关总署数据。

根据海关总署数据，按照收发货人注册地来划分，2020年1—6月猪肉进口额排名前十位的省市为天津、上海、广东、山东、安徽、北京、江苏、浙江、湖南、福建（见图6-4）。

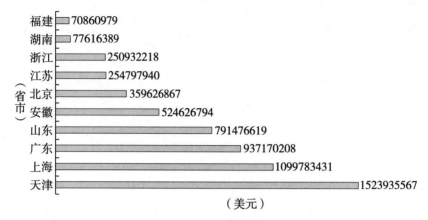

图6-4 2020年1—6月猪肉进口额排名前十位的省市
资料来源：海关总署数据。

（三）消费量

根据国家统计局数据，2019年，由于猪肉价格大幅上涨，对需求产生抑制，猪肉消费量为4454万吨，同比下降19.4%，占总消费量比例下降至54.8%，但占比依旧排名第一。2015—2019年，国内猪肉价格涨价幅度相对较小，猪肉平均消费量为5372万吨，平均占比为61.1%，如图6-5所示。

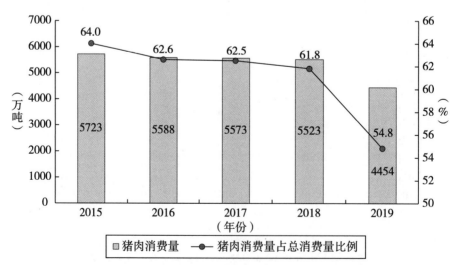

图6-5 2015—2019年国内猪肉消费量及猪肉消费量占总消费量比例
资料来源：国家统计局。

二、政策环境

2019 年至今国家出台多项相关政策，主要侧重于稳定生猪生产和加强防控防疫。在稳定生产方面国家发布了多项利好政策，如《国家发展改革委办公厅　农业农村部办公厅关于做好稳定生猪生产中央预算内投资安排工作的通知》提出实施生猪规模化养殖场建设补助项目。《国务院办公厅关于稳定生猪生产促进转型升级的意见》提出将仔猪及冷鲜猪肉纳入鲜活农产品运输"绿色通道"政策范围，2020 年 6 月 30 日前，对整车合法运输种猪及冷冻猪肉的车辆，免收车辆通行费。企业反馈此项政策实施后猪肉运输成本下降，运输利润提高，由此出现了猪肉运输市场供大于求的局面，猪肉产品价格有所下降；2020 年 7 月起猪肉冻品运输绿色通道取消，运输成本基本由工厂和运输车辆共同让利分摊，运输成本上升，部分区域猪肉价格上升。

为有效预防、控制非洲猪瘟疫情对国内的影响，切实维护养猪业稳定健康发展，保障猪肉产品供给，我国推出《非洲猪瘟疫情应急实施方案（2020 年版）》和《非洲猪瘟防控强化措施指引》等政策文件来有效应对非洲猪瘟疫情对于猪肉市场的影响。

三、市场特性

（一）农贸市场仍为主要流通渠道

农贸市场作为传统主要流通渠道，虽占比趋于下降，但仍为猪肉最主要的销售渠道。农贸市场渠道是传统流通渠道，需求量大，但价格要求敏感，难以获得产品，品牌溢价，因此适合走量来降低企业整体运行费用。零售店、商超作为现代流通渠道，不仅未来发展潜力最大，且体现企业议价能力，利润更为丰厚。

（二）猪肉消费短期下降，长期将保持增长

短期内，由于生猪出栏量难以快速恢复，且生猪价格高位运行，猪肉价格居高不下，牛、羊、禽肉等替代性肉类消费有较大增长，预计 2020 年国内猪肉消费同比仍将下降。根据农业农村部预测，2020 年，猪肉消费预计为 4206 万吨，同比下降 5.6%。长期来看，随着国民消费能力的提高，预计猪肉消费总量将呈上涨趋势。根据农业农村部的预测，2021 年、2025 年、2029 年我国猪肉消费量预计分别约为 5618 万吨、5853 万吨、6077 万吨。2019—2029 年的年复合增速率为 2.9%。

（三）猪肉进口存在不确定性

虽然国内猪肉价格远高于国际猪肉价格，但中国猪肉进口量仍然相对有限。

猪肉进口量难以提升的原因或在于：①中国禁止进口含瘦肉精的肉类，而部分猪肉生产国允许使用瘦肉精，可供进口的总量相对有限；②进口肉需冷冻运输，冷链运费贵，且冷冻肉价格较鲜肉有明显折价，叠加关税影响，导致进口利润空间相对有限。随着2019新型冠状病毒（COVID-19）向农业与肉类生产领域从业者人群扩散，全球经济预期大幅下滑下的粮食生产与肉类供给风险也随之加大。海外疫情严重，国外多家肉类加工厂暴发新冠肺炎疫情，冷冻肉外包装上2019新型冠状病毒阳性消息时有发生，国际局势的不稳定性等多种因素导致猪肉进口存在不确定性。

第二节　猪肉供应链分析

一、猪肉产业链全景图

猪肉产业链全景如图6-6所示。

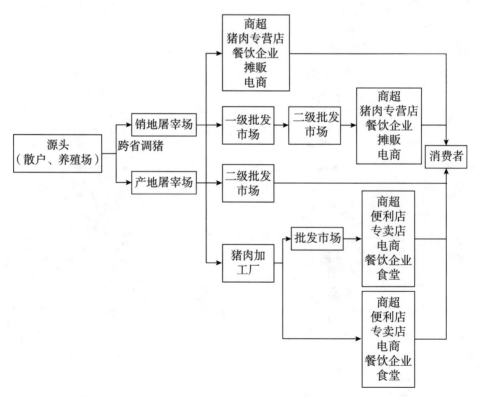

图6-6　猪肉产业链全景

资料来源：中物联农产品供应链分会。

二、关键操作要点

（一）检验检疫

不同城市对检证换证操作要求不同，部分城市无须换证、部分城市加盖公路道口动物卫生检查站公章后可一证到底、部分城市需提前备案。不同省市检疫标准不同，不达到省市标准的不给加盖道口章，不利于商品流通。

例如，上海市及江浙地区要求检疫货物始发地专车发运，不允许零担拼车。由此形成了无形的壁垒，将一些中小肉类生产及销售企业（拼车发运不达到运输要求，整车发运货量又少，成本增加，商品无竞争力）挡在壁垒之外，不利于商品流通。湖北省武汉市自 2020 年 7 月 20 日零时起执行检疫产品流通新的"一票通"政策。但目前"一票通"运作模式仅限于湖北省内有效流通，其他省份无法认可，导致武汉始发及经武汉中转的检疫货物无法正常收货。

（二）屠宰

出厂所需证件资质：动物检疫合格证明、瘦肉精检测报告、肉品品质检验合格证、非疫区证明、车辆消毒证明、药残检测报告、非洲猪瘟病毒核酸检测报告。

（三）运输

温度监控：猪肉冻品温度要求为 – 18℃，目前市场上运输车辆多为个体车辆，配备的物联网设备不全甚至没有的情况突出，缺少温控信息记录采集的通道。部分猪肉冻品运输车辆的硬件设施条件还做不到全程温度可监控、可追溯。货主追求运输成本优化，压低运价，导致运输过程不打冷、间断性打冷等不合规操作现象普遍存在。

车内卫生：猪肉冻品与其他产品混装时，要有要求，例如，海鲜不能与猪肉装在同一车厢；另外车厢卫生也是值得注意的一方面，要安排专人检查车厢卫生，防止异物污染猪肉。

（四）仓储

猪肉冷库需要相关产权证或租赁协议，雷审、电审、节能审，安评、环评、职卫评，消防、绿化等常规建设资质证书。港区范围需要港口经营许可证，同时在市场监督管理局备案。

三、现存问题

（一）热鲜肉易污染

热鲜肉从加工到零售过程中，接触空气、运输车和包装等，易出现污染的情况，容易造成细菌大量繁殖。

（二）生猪养殖行业集中度低

长期以来，我国生猪养殖行业以散养为主，规模化程度较低。近年来大型企业都在积极布局生猪养殖产业，但目前生猪养殖行业的集中度仍不高。在非洲猪瘟叠加新冠肺炎疫情下，未来生猪养殖产业的集中度将进一步提升。

（三）猪肉供给偏紧

目前，国内生猪产能恢复积极向好，预计 2020 年下半年生猪出栏量将改善，但全年猪肉供应偏紧的格局还没有根本改变。猪肉供给方面，2020 年，考虑三元母猪占比增加，MSY（每年每头母猪出栏肥猪数）下降，生猪出栏均重增加，预测国内猪肉产量为 3645 万吨。根据美国农业部 4 月最新预测数据，预计中国猪肉进口量升至 390 万吨，占全球进口量的 40%，预计 2020 年猪肉供给合计为 4035 万吨。猪肉消费方面，根据我国农业农村部预测，2020 年，国内猪肉消费量为 4206 万吨。非洲猪瘟疫情防控具有长期性、复杂性，生猪产能恢复需要一定的周期，且新冠肺炎疫情对生猪养殖业特别是产能加快恢复带来一定冲击，预计全年猪肉供应依然紧张，2020 年 6 月底以来的南方强降雨天气也在一定程度上影响了生猪及猪肉调运。

（四）非洲猪瘟及疫情影响

非洲猪瘟尚无有效疫苗抑制，生猪产能或持续大幅去化，或导致下游生猪屠宰规模大幅滑坡，且未来 1~2 年猪肉价格有望继续冲高，生猪与猪肉的价差缩窄或将屠宰行业盈利能力压制在低位。非洲猪瘟疫情防控正加速私屠滥宰及小屠宰场退出市场，提升不规范的大中型屠宰场的环保和检疫成本，有望推动行业集中度中长期加速提升，但在猪源大幅减少的背景下，企业收猪难度大幅提升，预计领先企业屠宰量或增长乏力。新冠肺炎疫情对于物流交接环节产生较大影响，同时对肉类加工厂而言，对于病毒的查杀工作更是增加了操作难点。

（五）配套冷链及相关设施不足

由于猪肉缺口客观存在，企业会有部分库存来维持日常业务发展，用以保证门店销售与加工产品后续供给。受到非洲猪瘟疫情等异常情况的影响，运"猪"逐步调整为运"肉"，因此，屠宰到储运过程对于冷链物流需求进一步提升。同时，伴随着大批储备肉投放、猪肉冷链仓储及运输、临港肉类查验等需求的增加，也进一步加大了对冷链相关资源的需求。

（六）供应链环节及环境还需优化

目前，整个猪肉流通环节无标准的统一规范，不同的公司搭建不同的猪肉流通渠道。养殖及屠宰存在散、小、乱的特性，整体前端虽然已经逐步呈现出整合优化的态势，但是整体集中度仍然不足，还需要进一步实现整合优化。同时，整体猪肉流通环节对于检疫要求相对严格，部分操作手续相对复杂，全供应链体系中还有很多可以进行优化的空间。2020年7月起猪肉冻品运输绿色通道取消，运输成本基本由工厂和运输车辆共同让利分摊，运输成本上升，部分区域猪肉价格上升。针对猪肉供应链环节缺乏长期专项的支持政策。

（七）各地检疫要求不一致

目前，部分省市有各自的肉类运输标准，区域保护壁垒严重，不达到省市标准的不给加盖道口章，不利于商品流通。例如，湖北省检疫政策调整，无法实现全国互认。对于猪肉运输环节来说，全国应该统一标准，尤其是检疫标准。

第三节　政策建议

一、专用运输设备投入

传统仓栏式运猪车不利于清洗消毒，易发生交叉感染，环控设备不足，温度控制无法保障，导致猪生病甚至死亡，该种车型必将随着养猪业的不断发展而逐渐淘汰。封闭式又兼具通风功能可以实现恒温控制的一些畜禽运输车已然成为一些养殖大户和专业养殖企业的配置重点车型，适合大型养殖场长途远距离运输猪仔，也可运输成品猪。生猪活体运输、跨省跨区域运输潜藏风险易导致疫情传播，所以从源头宰杀、全程冷链运输必不可少。受非洲猪瘟疫情影响，《农业农村部关于进一步加强生猪及其产品跨省调运监管的通知》及相关政策相继出台，调运生猪改为调运猪肉，迅速刺激屠宰企业与物流企业对冷藏车的需求，肉挂冷藏车市场供不应求，产能和订单都处于爆单状态，2018 年，非洲猪瘟疫情后国内冷藏车销量快速增加。据统计，2018 年第四季度冷藏车总销量为 1.6 万辆，同比增长 120%，占全年总销量的 40%。生猪长距离调运是疫情跨区域传播的主要原因，不符合动物防疫要求，未经清洗、消毒的运输车辆具有较高的疫情传播风险。同时，有不法分子在利益驱使下，从高风险省份违规调出生猪，部分地区因此引发非洲猪瘟疫情。目前冷藏车在使用的过程中，还经常出现司机私自关闭冷机等情况，这对于肉品运输环节的安全性造成较大风险。专用设施设备、数据监控和远程操控技术的应用都将成为未来的主要发展方向。

二、增加猪肉国储

2019 年 1 月 10 日，中央储备冻猪肉首次投放 0.96 万吨，截至 2020 年 4 月 29 日，中央储备冻猪肉共投放 25 次，合计投放 51 万吨，其中 2019 年共投放 17 次，合计投放 33 万吨。中央储备冻猪肉是应对突发事件、平抑肉价波动的重要手段。在国内猪肉市场平稳的情况下，适当增加猪肉国储，以便应对突发情况，保持国内猪肉市场平稳发展。

三、降低进口关税

中国是猪肉消费大国。关税下降后，全球猪肉外贸市场对华供应量将增加，中国猪肉进口商的成本降低，也会增加猪肉的进口量，增加国内市场供应。对猪饲料实施零关税，保障猪饲料供应，从而降低养猪成本，促进生猪产业恢复，增加市场供应。适当降低关税，增加进口肉类的数量，以弥补国内猪肉缺口。

四、生猪养殖行业及屠宰市场整合

国内生猪行业核心产业特点为企业经营的产业链越完整，稳定盈利能力越强，长期发展空间越大。目前，国内生猪行业集中度较低，养殖和屠宰环节 TOP 10 企业均占不足 10% 的市场份额。未来，猪肉及肉制品的竞争越来越体现为产业链的竞争，产业内的企业分别向上游或下游延伸，各环节的竞争将因此更加激烈。建议进一步促进生产养殖及屠宰企业的资源整合，形成规模效益，同时增强企业抗击风险的能力。

五、供应链优化：短链、追溯、可控

实现农产品仓储保鲜冷链产业快速发展，建立覆盖面广、布局合理、流通顺畅、服务农户的农产品仓储保鲜冷链体系。要建设和自动化数据采集同步、保障猪肉制品的可追溯体系，与养殖监管、屠宰加工、冷藏运输数据相结合，实现从养殖到餐桌的全程可追溯体系，加速生猪养殖业全产业链的数字化，以便实行更加严格的监控措施。

六、冷鲜肉替代热鲜肉

现代渠道销售的模式契合了冷鲜肉全程冷链及具有品牌溢价的特点，而热鲜肉加工简单、价格便宜，所以适合在农贸市场销售。随着城市化进程不断推进，现代渠道凭借贴近社区的天然优势，将逐步承接猪肉消费需求，加速冷鲜肉对热鲜肉的替代。

七、检疫环节统一优化

由于目前不同省市间存在检疫政策的差异，造成了企业在进行跨省操作等业务环节中，存在较大的操作难点。因此针对检疫环节，建立猪肉检疫统一标准流程及单据材料。全国各省份按照统一的标准化检疫流程进行操作，同时在保证检疫质量的基础上，尽可能优化流程操作。建立统一的线上质量检测监控平台，实现猪肉流通过程的全程监控，并且实现可追溯功能。

八、建立长期性支持政策

鉴于猪肉供应链流通的重要性，建议建立统一的监管体系与围绕运作环节的长期性支持政策。确保猪肉供应链处于相对稳定和支持性的运作环境中，减少由于不稳定因素而造成对于全链条企业运作的影响，从而避免影响猪肉供应链及猪肉市场的稳定性。

九、完善临港冷链设施

新冠肺炎疫情期间，多地港口出现冷冻货柜积压、冷插不足和临港冷库爆仓的情况。建议完善临港冷链设施，减少产品滞港，同时推动海关集中化查验和监管，缩短国际国内大宗冷链产品进入市场的距离，降低冷链产品价格，提高产品品质，推动冷链物流集约化、规范化发展。

第七章　疫情下的生鲜线上零售分析

一场突如其来的新冠肺炎疫情强烈地冲击着社会经济发展和人们的生活，为了解决民生问题，生鲜电商突然火爆起来，甚至出现了深夜排队"抢菜""秒杀"的场面，生鲜电商在春节和疫情期间业务和客户暴涨。据报道，京东生鲜全平台销售额同比增长470%；沃尔玛春节全国整体O2O"到家"销售额同比上年增长超4倍；美团买菜在北京的日订单量达到节前的2～3倍。同时，生鲜电商用户数量和活跃度都大幅增长，据北京贵士信息科技有限公司发布的《2020中国移动互联网"战疫"专题报告》披露，在网上买菜的用户呈爆发式增长。中国生鲜电商整体日均活跃用户数从平日的不到800万，在春节期间突破1000万，节后突破1200万。

第一节　生鲜网购兴起的原因

新冠肺炎疫情下生鲜线上零售火爆，归纳起来主要有以下原因。

1. 规避出门买菜的潜在风险

2019新型冠状病毒作为一种新病毒，在疫情初期，人们对其知之甚少，病毒如何传播、如何防控、如何治疗等都没有标准答案，面对武汉的封城和全国性的严格管控措施，很多人都对病毒未知的风险表现出高度紧张。为了积极配合疫情管控，避免外出可能感染2019新型冠状病毒的风险，很多原本要出门买菜的人，出于安全考虑，转为直接在线上买菜了，不少需求就从线下转移到了线上。

2. 留在城市过年的人数大幅度增加，比往年增加了更多的买菜需求

由于新冠肺炎疫情，因此从2020年1月23日武汉宣布封城开始，很多人不得不临时取消外出计划。这些家庭基本都没有储备假期需要的生鲜食品，这样临时增加了不少购买需求。

3. 社会餐饮消费转为居家消费，家庭买菜需求大幅增加

据国家统计局统计，2019年全国餐饮收入46721亿元，其中15.5%来自春节期间

这一传统消费旺季。受新冠肺炎疫情影响，餐饮业基本停业、停市，据中国烹饪协会发布的调研报告显示，在春节假期期间，78%的餐饮企业没有营收；9%的企业营收下降九成多；7%的企业营收下降在七成到九成之间；营收下降在七成以下的仅为5%。原本在外的餐饮消费需求转移到居家消费，这无疑大幅度增加了家庭生鲜食品采购需求。同时，很多家庭按照以往正常年份储备的生鲜食品远远不够，进一步加剧了采购的紧张局面。

4. 零售菜市场供应减少甚至断档

零售菜市场和菜店是传统生鲜零售的主战场，从全国来看，有70%以上生鲜零售是在零售菜市场和菜店实现的，在核心城市这一比例估计也不低于60%。受新冠肺炎疫情影响，多地因防控需要，不允许个体商户开门营业。多种原因叠加，导致春节假期及节后相当长一段时间，原本的零售主渠道近乎停顿。

5. 线上购买人群增加

新冠肺炎疫情前，生鲜电商主要消费者是年轻一族。因为新冠肺炎疫情，中老年人出于安全的考虑，学会了线上采买，生鲜线上用户有所增加。

第二节　生鲜网购面临的挑战

2003年"非典"疫情催生了万亿级网上购物和快递行业的发展，这次新冠肺炎疫情也必将围绕宅经济，带来包括远程办公、远程教育、远程医疗、电子商务等线上服务行业新的发展机会，并已经带来线上生鲜零售行业的爆发式增长。随着复工、复产、复市的推进和生活逐渐恢复常态，线上生鲜零售的火爆势头是否会得到延续还有待观察。

一是线下零售渠道恢复正常供应后，阶段性的渠道供需矛盾会明显得到改善。自2020年2月中下旬开始，随着新冠肺炎疫情在全国范围内得到有效控制，中央就在稳步推进全国低风险地区企事业单位全面复工复产。据上海副食品零售行业协会统计，上海各零售菜市场到3月中旬，除湖北等少数区域的商户外，95%以上的商户都已经恢复了营业。

二是消费者消费和购买习惯短期内难以根本性改变。在中国大多数地区，人们传统上有以素食为主的消费习惯，且喜欢消费新鲜的生鲜食品，消费的生鲜品类众多，需要不断变换花色、品种和口味。在购买上，多数家庭都是"小批量、高频次"购买，很多家庭甚至习惯于"当天吃，当天买"，消费者长期以来形成的这种消费和购买习惯很难在短时间内改变。新冠肺炎疫情后能否改变原有消费购买习惯并形成新的消费购买习惯将直接决定会有多少新客户真正成为有效客户。

三是生鲜电商面临的产业链瓶颈难以快速有效突破。当前，生鲜电商本身仍处于模式探索期，在实战中尚未出现成熟的盈利模式，在前进的路上还有很多瓶颈。①生鲜产品是非标产品，产品大小、形状、口感、营养成分等各不相同，按照商品化的标准运作要求，其转化成适应市场需求商品的难度不小。②生鲜产品具有体积大，重量重，不耐挤压，保温、保湿、保鲜要求高，食品安全卫生控制难的特点。从田头到餐桌整个生产流通产业链长且分散，包括产品分拣、包装、储存、运输等环节，不仅物流组织难，而且物流成本高。③生鲜产品尤其是果蔬类产品价值低，价格波动起伏大，产品定价和采购成本控制难。④生鲜产品不耐储存，货架期短，需要快速流通，其经营难度远高于标准化的工业制成品。⑤在家庭日益小型化和中国消费者高度讲究新鲜、习惯"当天吃，当天买"的传统消费习惯下，生鲜产品客单价很难提高，目前普遍偏低的客单价难以负担各类高昂的物流成本。⑥生鲜电商自身的供应链管理和品质控制能力有待完善。生鲜产品的品类繁多，特性各异，对供应链管理和品质控制的能力要求非常高，而目前生鲜电商行业很多人不熟悉产品习性，缺乏生鲜产品供应链管理和品质控制的经验。产品质量、采购、库存、定价、损耗控制、物流配送等某一个环节把控不当，都可能成为风险点。

四是以批发和零售市场为核心的传统生鲜农产品流通模式比较适应中国目前的农业生产力水平。在生产和消费两端都小而分散的产业环境下，适度增加中间环节更容易实现规模效应。农产品市场基本功能是在商品生产端和消费端之间搭建了一个桥梁，主要承担了商品集散的功能。因此，根据平台经济理论，在产业链中间增加的批发和零售市场平台的价值与商品生产端和消费端的实际状况是密切相关的。如图7-1所示，为线上及线下市场流通模式，当生产端和消费端都高度小而分散时，中间环节的市场平台价值将达到最大化。而当前我国生鲜农产品生产模式主要是以家庭联产承包责任制为基础的小规模分散生产，消费端为涉及千家万户的小规模分散需求，通过批发和零售市场流通，不仅更适应目前我国生鲜农产品生产力水平，而且会大幅度降低交易成本。

五是从生鲜农产品产业链业态演进的角度看，批发和零售市场仍具有重要意义。

（1）我国是一个农业大国，很多农产品品类的总量规模居于世界前列，但我国还不是农业强国，农业劳动生产率和科技水平还不高，农产品生产主要还是以家庭为单元的小规模分散生产和精耕细作，和日本、韩国等国家很相似，完全不同于欧美地区以大农庄为主的规模化、机械化生产模式。

（2）批发和零售市场后端需求日趋分散和小型化。消费者消费行为的变化终将

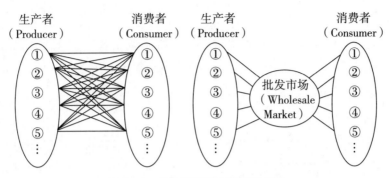

图 7 – 1　线上及线下市场流通模式

直接影响农产品零售渠道和方式。①家庭规模小型化使得消费购买日趋碎片化、分散化。消费差异化、个性化使得单个细分市场规模越来越小。为满足消费者多元化、个性化的选择，相应地辐射出多种新的细分市场和渠道，每个细分市场在初期，很多小而分散的市场经营主体相继出现。②消费环境和消费主力人群的变化催生很多"小、轻、快"的消费服务模式，如小型餐饮、轻餐饮、网络餐饮等新业态应运而生。

（3）农产品批发和零售市场本身也在不断改进提升。农产品批发和零售市场作为传统生鲜流通渠道，近十年来，随着社会经济的发展和消费需求的深刻变化，也在不断改进和提升，部分一、二线城市的农产品批发和零售市场，其设施载体、市场功能、科技应用、市场环境和卫生状况、管理和服务水平等都发生了翻天覆地的变化。其服务对象也发生了变化，除了为菜市场的专业零售商服务外，还为众多的专业的配送服务商、超市卖场、食堂、餐饮店和创业初期的农产品电商提供服务，成为生鲜农产品加工分拣和物流重组平台的核心节点。

第三节　生鲜线上零售未来发展趋势

生鲜电商作为电商领域的"新蓝海"，线上零售作为新零售的杰出代表，随着社会经济的发展，产业环境、消费环境的日益成熟，其未来发展前景良好。生鲜电商作为一种新业态、新模式，要根据市场需求，不断完善自身，提升市场竞争力。具体而言，未来发展趋势主要包括以下几个方面。

1. 智能化

智能化是大势所趋，无人化将进一步发展。随着信息化技术的升级改进，冷链物流管理水平将极大提升。随着快检系统、分选设备、无人车等技术的使用，冷链物流效率将会提升。随着节能环保产品的普及应用，冷链物流的成本将会降低。

2. 短链化

"更快"是生鲜电商冷链物流的方向，而短链是"更快"的重要抓手。未来短链模式创新将会持续深化，一方面冷链物流链路将会缩短，中间环节将会减少；另一方面冷链物流仓配端与消费者距离将会更短。

3. 精细化

一方面随着制冷工艺的完善和冷链设备的创新，冷链物流温区的划分将进一步细化；另一方面随着冷链物流精细化管理的推进，温度控制、品质控制、线路优化、人才培养等方面将进一步提升。

4. 平台化

随着自建冷链物流的生鲜电商企业在冷链配送方面优势越来越明显，未来企业在满足自身业务的基础上，从自营走向平台化将成为趋势，将为更多的第三方提供服务，在增加自身收益的同时，拓宽产业链，最终实现产业高效发展。

5. 联动化

线上平台的搭建离不开线下实体节点的支持。物流运作需要关注规模效益和需求效率之间的关系，在满足业务需求的同时，通过规模效应实现有效的成本控制。农产品供应链未来的发展，离不开线上、线下的有效配合和联动。线上平台的信息管控结合线下实体节点物流的有效配合，充分发挥信息效率和实物灵活调配的优势，实现农产品供应链的升维再造。

6. 人才化

在生鲜电商行业发展和农产品供应链完善的双重驱动下，将进一步促进相关领域专业人才的引进和培养。对于了解物流、农产品供应链、电商、互联网等领域的复合型人才，通过实际业务对其进行进一步培养和储备。

第八章　案例文献

案例一　天津港首农食品进出口贸易有限公司项目案例

一、企业概况

天津港首农食品进出口贸易有限公司（以下简称"该公司"）于2014年5月9日注册成立，注册地址为天津市自贸区（东疆保税港区）陕西道1069号，注册资本1亿元。由北京首农供应链管理有限公司、天津东疆保税港区国际贸易服务有限公司、亚东信基（北京）农产品有限公司按照4∶2∶4的股比合资成立。

该公司为有限责任制，设立经营管理机构，由总经理负责日常经营管理工作，设财务总监、营销副总、行政总监，分管公司各板块工作，设立国际贸易1部、国际贸易2部、渠道销售部、物流事业部、财务部、风控部、人力资源部、综合办公室、安技部、董事办等部门，现有员工138人。该公司主营国际贸易、货运代理、仓储、物流和渠道销售等农产品流通领域全产业链服务业务。主营产品为肉类（猪肉、牛肉、鸡/鸭肉）、海鲜类（虾、青口贝）、粮食类（大豆、高粱、苜蓿草）等农产品。

作为首农食品集团与天津港的首次合作尝试，该公司是首农食品集团北方农产品进出口通道的桥头堡，也是京津冀一体化发展战略的先行军，旨在进一步深化京津冀经济合作，加快农产品贸易流通现代化进程，打造北方国际商品进口基地；充分利用东疆保税港区的优惠政策，打造全封闭绿色食品供应链；为客户提供优质的货物堆存、仓储、分拨、配送服务；促进公司不断发展，在为股东提供合理投资回报的基础上，实现良好的社会效益。

二、项目建设内容

1. 项目地址

天津东疆保税港区陕西道 1069 号地处中国天津自由贸易试验区，是国家京津冀一体化战略的出海口及进口重要关口，具有得天独厚的港口通关一体化服务、保税区和自贸区政策优势。

2. 项目总体思路

天津港首农食品进出口贸易有限公司项目（以下简称"该项目"）旨在建设技术设施先进、服务质量一流的冷链物流产业聚集园区，集食品进出口贸易、食品综合展示厅、海外代理、港口服务、仓储服务、分拨、配送等功能于一体，充分利用东疆保税港区优惠政策和地域性优势，开展优质水果、动植物源性食品、加工食品等食品进出口服务，打造快捷高效的北方食品进出口通道。

3. 项目建设方案

该项目总用地面积 $56000m^2$，总建筑面积 $18000m^2$，其中冷库建筑面积 $12500m^2$、理货大楼建筑面积 $5500m^2$、堆场占地面积 $35000m^2$。该项目主要技术经济指标如表 8 - 1 所示。

表 8 - 1 　　　　　　　　　主要技术经济指标

项目		单位	数量	备注
总用地面积		m^2	56000	
总建筑面积		m^2	18000	
其中	冷库建筑面积	m^2	12500	
	理货大楼建筑面积	m^2	5500	
堆场占地面积		m^2	35000	
建筑密度		%	32.1	
建筑控制高度		m	60	≤60
绿地率		%	10	≥10

该项目分为集装箱堆场区、冷库仓储区和理货办公区 3 个功能区，各功能区功能划分如下所示。

（1）集装箱堆场区，总占地面积 $35000m^2$。划分为冷箱区、普箱区和查验区，冷箱区配备 144 个冷箱插屏，可存放 40 英尺冷箱 144 柜、40 英尺普箱 350 柜，整体堆场实现无线信息覆盖、货物实时监控。

（2）冷库仓储区，总建筑面积 12500m²，其中冷藏面积 9200m²，穿堂作业区 2800m²。内容积 15000m³，库容量 20000 吨。立体库库高 14.9m。冷藏区分为 4 个独立库间，可实现 -30 ~ 10℃独立控温、独立使用，便于不同种类食品的分开储存。库内实行 8 层双进伸高位货架管理，可同时存放 24000 托货物。库房南北两侧均设有穿堂作业区，封闭打冷，可满足 48 台集装箱车辆同时停靠，方便海关检疫查验及货物进出库。

（3）理货办公区，总建筑面积 5500m²，共计 6 层，每层近 1000m²。一层为业务大厅；二层为商品展示平台；三层为商检联合办公区；四层、五层为员工办公区；六层为员工活动区。该项目总体效果如图 8 - 1 所示。

图 8 - 1 天津港首农食品大型物流产业聚集园区项目效果

4. 项目建设进展情况

该项目建设期 2 年，为 2014 年 5 月—2016 年 5 月。该项目于 2016 年 5 月全部完工，冷库、堆场和办公楼等建筑物建设和装修全部完成，货架、多联机和叉车全部安装调试完毕。2016 年 6—11 月，通过工程节能验收、消防验收、竣工验收、规划验收等一系列验收工作，并于 2016 年 11 月取得竣工验收备案证书。目前，该项目处于投产阶段。

三、项目运营模式

该公司经营产品品类丰富，涵盖肉类、水产、水果、粮食、酒类、奶制品、坚果及小包装食品等一系列农产品；并提供集食品进出口、通关报检、货物代理、仓储、物流、分拨、销售、配送、供应链金融等多功能服务，真正实现多品类、多功能、一站式服务，建立从国际农场/工厂到国内百姓餐桌、门到门的全球供应链服务体系，保证食品安全、质量及价格优势，做到惠民、便民、利民。

1. 搭建集仓储、销售、分拨、配送于一体的进出口服务平台，引导产业升级

该项目以食品进出口通关服务为引领，以进出口食品批发贸易及仓储物流服务为平台，带动进口食品贸易和物流配送等行业全面发展，缩短产业链条，结合全程冷链管理与监控，全面提升食品安全水平。通过搭建快速通关服务平台，提供保税区仓储物流服务，建立北方食品进出口通道，从而形成北方市场食品进出口流通基地，完善产业链。并通过增强对进出口食品供应商的管理，增加增值服务，引导进出口食品产业整体升级。

2. 实现港口查验和存储功能的统一，提高通关速度

该项目园区内仓储、物流、查验设备完善，能够同时满足港口进境水果查验和存储的要求，实现了港口查验点和堆场的物理结合，使通关流程更加顺畅、通关速度更加稳定，从而为客户提供高效、便捷的通关服务，降低物流成本。

出口货物平均每批可缩短物流时间1天以上，进口货物平均每批可缩短港口滞留时间1天至2天。按每标准箱最低标准计算，每天可节省装箱费、掏箱费、转站费、压车费上千元，如果是冷链运输，还可节省打冷费等。

3. 提供农产品流通全产业链服务，打造农产品流通生态圈

自成立以来，该公司受到各级政府部门高度重视，在首农食品集团、北京首农供应链管理有限公司领导、各股东方支持与协助下，构建"买全球卖全国"全产业链服务体系，贯穿农产品种植、生产加工、仓储运输、产品营销、分拨配送、终端销售等流程。以终端消费为导向，从产业链的源头出发，通过核心组织对流通中的上下游企业进行协同管理和资源整合，形成一条封闭完整、关系紧密、合作共赢、分工明确、运作一体的产业链。

以该公司为核心组织，以该项目建设物流园区及业务团队为供应链体系，首先通过业务的开展、业务量的不断增大，积累上下游客户源，提高国内外知名度。然后，通过前期积累的客户源，选择优质的上下游工厂，逐个接触和攻破，进行详细实地考察，分析工厂生产条件和市场环境，择优合作。

四、取得成效

该项目投产后，以天津港为立足点，服务京津冀区域，辐射整个北方地区，建设了集国际贸易、通关、仓储、销售、分拨、配送等功能于一体的农产品进出口基地，

为农产品流通提供公共服务支撑；通过贸易与物流相结合，形成国际贸易、货运代理、仓储物流、渠道销售等产业聚集，引领农产品流通产业向全产业链发展，汇聚农产品流通生态圈，提高天津港农产品进出口效率，带动上下游产业链显著发展。

（1）已获得食品指定查验场、食品生产经营许可证、酒类流通许可证、保税仓库、电子账册、自理报关报检与对外贸易经营资质等，已通过 ISO 9001 质量认证。

（2）获得行业机构的认可。该公司是中国肉类协会会员单位、中国土畜协会会员单位、中国食品土畜进出口商会会员单位、天津市国际货运代理协会会员单位、天津肉类协会副会长单位、天津东疆保税港区商会会长单位，并获得"2017年全国冷库百强"。

（3）获得政府部门的重视。该项目得到了京津冀三地政府部门的重视和认可，多次列入省市级乃至部级重点项目，已列入《关于印发〈北京市"十三五"时期物流业发展规划〉的通知》（京商务综字〔2016〕3号）和《北京市商务委员会、天津市商务委员会、河北省商务厅关于印发〈环首都1小时鲜活农产品流通圈规划〉的通知》（京商务物流字〔2017〕2号）重点项目。

（4）取得良好经营成果。2015年实现营业收入3.64亿元，利润总额30.81万元；2016年实现营业收入4.18亿元，利润总额684.05万元；2017年实现营业收入9.61亿元，利润总额1018.63万元；2018年实现营业收入21.34亿元，利润总额610.24万元。2019年实现营业收入36.07亿元，利润总额1121.38万元。该公司自成立以来，市场份额不断加大，国内外品牌影响力不断加强。

（本节内容由天津港首农食品进出口贸易有限公司提供）

案例二　专注冷链新装备研发，突破农产品产地物流核心技术

一、十年铸剑，专注冷链技术研发

自2009年起，国家农产品现代物流工程技术研究中心副主任王国利带领团队专注冷链技术研发，聚焦蒙阴蜜桃、沾化冬枣、烟台大樱桃等生鲜农产品，开展冷链物流保鲜节点技术及装备开发。在中华人民共和国科学技术部和山东省科技厅的资助下，围绕蒙阴蜜桃、沾化冬枣、烟台大樱桃等多种易腐生鲜农产品开展物流品控技术与装备研究，研制小型化在线无损快速分选装备、移动式果蔬真空预冷装备、移动式压差预冷装备、移动式高精度贮运一体化装备、模拟冷链运输振动试验装置、果蔬冷链物

流运输箱、果蔬物流保鲜专用纳米包装材料、冷链物流微环境监控系统、新型高效蓄冷剂等系列技术产品。

小型化在线无损快速分选装备（见图 8 - 2）集成了近红外光谱分析、图像识别、重量测定、组网通信、云存储等技术手段，采取主控分选单元与分布式测量单元联网应用模式，可同时实现果品内部品质（糖度、酸度、硬度、水分）、外部品质（果形、缺陷、着色率）、重量的在线检测。主要技术指标：SSC 分级精度≥95%；果径检测误差范围为 ±2mm；果形分级准确率 >95%；着色率检测误差范围为 ±5%。主要为中小企业、农民专业合作社提供果品电商在线分级分选技术与设备。根据不同需求，可实现果品单一品质检测分级，也可将多个品质指标任意组合，实现综合品质的检测分级。

图 8 - 2　小型化在线无损快速分选装备

移动式果蔬真空预冷装备如图 8 - 3 所示。它将真空预冷装备集成在一台按标准 40 英尺集装箱尺寸制作的保温箱体内，同时设计了自有发电机发电、市电供电两种方式，并综合考虑了散热、预冷的果蔬临时存储等问题。该集装箱式保温箱体可采用常规集装箱运输，并方便吊装；自带供电系统，使用方便、灵活，可在田间完成预冷任务，降低腐损率。叶菜类预冷仅需 30min，预冷效率较传统预冷技术提升了 8 倍，综合成本较传统的降低 40%。

移动式压差预冷装备（见图 8 - 4）预冷量大、预冷效率高。单次最大预冷量为 7.9t，预冷时间为 4h，最短预冷时间仅为 35min。该技术比传统预冷效率提高 6 ~ 12 倍。该装备以 20 英尺标准冷藏集装箱为主体，通过特殊的结构设计集成了压差预冷和贮藏制冷两大系统，可自动切换操作模式，具有智能、环保、可移动、预冷速度快、

图8-3 移动式果蔬真空预冷装备

均匀度高、压降小等特点，还可用于果蔬产品的短期贮藏。该装备成本低，效率高，有效解决生鲜电商、产地冷链物流"最先一公里"难题。

图8-4 移动式压差预冷装备

移动式高精度贮运一体化装备（见图8-5）按照冷藏车厢标准设计，既能用于食品的低温存储，又能用于低温运输，实现低温贮藏运输一体化。该装备采用双变频制冷机组和高精度温度控制系统，对冷库内的风道进行了特殊设计，使冷库的温控范围在-2～30℃，精度达±0.2℃，相对湿度85%～95%，可大大延长农产品的贮藏期。该装备嵌入果蔬保鲜数据库和传感器检测与操作系统，可对箱内的环境进行实时监测、定位与调控。

移动式高精度贮运一体化装备全程减少物权转移，减少环境变化，运营责任主体单一化，减少冷库租赁费用，较传统综合成本降低40%。利用该装备可打造干线物流，实现"销地落短储（同一贮运空间）+当地快递配送"的多环节、少主体的新型物流供应链模式。

图 8 – 5　移动式高精度贮运一体化装备

团队与中亨新型材料科技有限公司联合研发的新一代高性能冷链物流运输箱（见图 8 – 6）采用了新型 HVIP（气凝胶真空绝热板）保温材料，绝热性能优异，具有保温时间长（最长可达 10 天），温度波动小（±2℃），物流保鲜效果好等特点。该运输箱顺利通过无水保活公铁联运测试，表明其回温速度慢，温度波动小，比传统泡沫箱更利于无水保活运输。

图 8 – 6　高性能冷链物流运输箱

果蔬专用自发气调保鲜包装具有良好的气调、抑菌和防雾功能，保鲜时间长，保鲜效果好。本保鲜包装借助配方设计和复合工艺改进等技术手段，使用双螺杆混炼挤出机和三层共挤吹膜机等先进设备研制而成。用于梨、苹果、蜜桃、蓝莓、樱桃、板栗、蒜薹、韭菜、樱桃番茄等果蔬的贮藏保鲜，具有贮藏期长、保鲜效果好、使用方便的显著特点。能使樱桃保鲜期达到 45 天，蓝莓保鲜期达到 90 天，黄金梨贮藏期达到 270 天，丰水梨贮藏期达到 210 天。

冷链物流微环境监控系统（见图8-7）自带供电系统，续航时间长、体积小，监控温湿度精准，可根据客户需求，个性化定制产品。

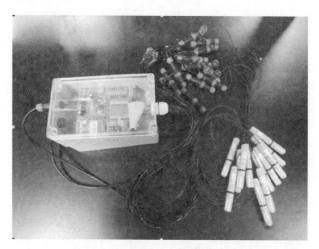

图8-7　冷链物流微环境监控系统

新型高效蓄冷剂（见图8-8）体积小，重量轻，蓄冷量大，成本低，运费低，不受航空运输的限制，安全可靠，卫生无毒，性价比高，可反复使用（经过8000次反复充冷与放冷实验，蓄冷量衰减小于10%）。可定制不同温度的蓄冷剂，适合于医药、食品、化妆品、物流、电商等领域。

图8-8　新型高效蓄冷剂

二、一朝集成，攻克冷链技术难关

十多年来，国家和山东省政府给予了大力支持，推动系列节点技术的成功研发。其中有国家级课题6项，省级课题13项，市厅级及其他课题20余项，资助经费超过

3000万元。

在中华人民共和国科学技术部和山东省科技厅的资助下，团队对冷链物流节点技术进行集成创新，历经十年形成成熟的农产品跨境物流品控集成技术，并建立贯穿从采摘、预冷、包装、贮藏、运输至销售的全链条蒙阴蜜桃跨境出口操作规范（见图8-9）。

图8-9　蜜桃产地实验测试现场

利用技术创新，支持商业模式创新，打造中国蜜桃电子商务第一平台。通过高精度移动储运技术、品控包装技术、物联网技术、检验检测技术构建新型供应链模式。技术创新支持实现供应链、价值链、利益链、责任链、风险链的最佳责权利和风险防控模式，逐步实现生鲜电商的重大技术和模式创新突破，引领行业发展（见图8-10）。

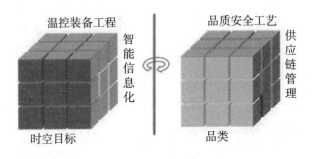

图8-10　生鲜农产品供应链六面集成理论

三、成果推广，服务国家"一带一路"倡议和乡村振兴战略

国家农产品现代物流工程技术研究中心科研团队通过自主开发的农产品跨境物流品控技术，帮助蒙阴万华食品有限公司成功实现蒙阴蜜桃跨境出口至迪拜的"零突

破"，并被《科技日报》、大众网等知名媒体的报道。

蒙阴万华食品有限公司在此之后又开拓了"一带一路"国际市场，包括新加坡、泰国、俄罗斯、坦桑尼亚等国。截至 2019 年 10 月，先后向迪拜、新加坡、泰国、俄罗斯、坦桑尼亚等"一带一路"沿线国家累计出口蒙阴蜜桃等果品超过 8 万吨，出口创汇 8000 余万美元。

同时，国家农产品现代物流工程技术研究中心实现精准化扶持贫困，助力乡村振兴，让在外务工人员返乡就业，发展"一村一品、一乡一业"，助力县域经济发展。帮助农户将农产品"走出去"，让老百姓吃上高品质的生鲜果蔬产品。作为高技术服务业，吸引大学毕业生回乡就业，自主创业或是负责技术服务和培训等多方面工作，响应"大众创业，万众创新"的号召，扩大就业、增加农民收入。

"农产品跨境物流品控技术助力蒙阴蜜桃出口至迪拜"遴选为"十三五"国家重点研发计划重点专项重大标志性成果，曾被现代食品加工及粮食收储运技术装备重点专项总体专家组组长、中国工程院院士、北京工商大学校长孙宝国介绍。另外，预计 2020 年国家农产品现代物流工程技术研究中心可销售移动冷库设备 20 余台，压差预冷设备 2 台。

四、成立冷链装备制造基地，服务冷链物流产业

2019 年，国家农产品现代物流工程技术研究中心与烟台睿加节能科技有限公司签订"农产品冷链物流系列装备联合研发制造合作协议"，提升双方合作深度。双方联合成立"国家农产品现代物流工程技术研究中心烟台睿加示范基地"（以下简称冷链装备制造基地），作为国家农产品现代物流工程技术研究中心的示范基地。同时，烟台睿加节能科技有限公司成为国家农产品现代物流工程技术研究中心的冷链装备制造及工程实施核心单位（见图 8 - 11）。

图 8 - 11　国家农产品现代物流工程技术研究中心烟台睿加示范基地标牌

冷链装备制造基地不断研发更加适合于冷链领域预冷、冻结、贮藏等保鲜要求的绿色高效制冷技术装备（见图 8 - 12 至图 8 - 15），以弥补现存的冷链技术及其制造装备的不足，降低冷链装备的能耗，解决目前保鲜领域的断链问题，提高食品保鲜的质量，为冷链物流企业创造更大的利润空间，缓解气候变暖给生态带来的严重威胁，造福人类社会。

图 8 - 12　可移动式压差预冷与变温贮藏智能一体化装备

图 8 - 13　蒸发冷却式压缩冷凝机组

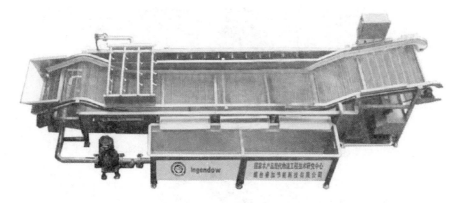

图 8-14　综合果蔬清洗机

图 8-15　移动冷藏库

目前，冷链装备制造基地已在节能环保型制冷机组、压差预冷装备、压差送风装置、低温蒸气解冻、果蔬综合清洗装置、压差预冷与变温贮藏智能一体化装备、螺旋冻结器、双效速冻装置、漂烫装置、水预冷装备、真空预冷装备、单体冻结器、真空冷冻干燥、热泵干燥、真空解冻装置，以及 LNG（液态天然气）冷能回收利用技术等领域取得了重大技术突破。获得国家发明专利 8 项，实用新型专利 12 项，另有 4 项发明专利现已进入实质审查阶段。技术产品涵盖冷链、工业冷冻、商用与民用空调、分散与集中式采暖、食品烘干等领域，冷链装备、制冷空调换热技术设备、热泵技术已成功实现商业化应用，并得到客户的普遍认可（见图 8-16）。

图 8 – 16　冷链装备制造基地生产车间一角

我国是生鲜农产品生产和消费大国，生鲜农产品产地预冷、分拣分级、清洗、包装等设施设备严重缺乏，生鲜农产品损耗大、流通成本高。乡镇以下问题尤为突出，已成为乡村产业振兴的突出短板，极大影响农民增收和脱贫攻坚的成效。与此同时，随着社会经济发展水平的提高，生鲜电商行业等新兴流通业态发展迅速，城乡居民对优质生鲜农产品消费需求日益增强。提高生鲜农产品冷链物流整体水平已成为我国农产品物流运销体系中最紧迫的任务，也引起党中央的高度重视。

近几年，生鲜农产品电子商务、直供直销等新型流通业态发展迅速，对生鲜农产品的产地商品化处理及仓储物流提出了较高要求。但产地生鲜农产品仓储保鲜冷链物流设施缺乏，导致农产品不能及时预冷，无法实现分级、包装，给农产品的贮藏、运输、流通等环节造成困难，不利于新型流通业态发展。生鲜农产品的产地冷链物流技术与装备能有效完善生鲜农产品的产地商品化处理能力，提升生鲜农产品产地商品化处理水平，助力电子商务和直销直供等新型流通业态发展，提高农产品流通效率。

针对我国农产品上行物流短板，强化提升农产品分级分选和包装水平，国家农产品现代物流工程技术研究中心研发了产地分级分选、预冷、保鲜包装、贮藏、配送等冷链智能化装备与技术，构建了农产品质保体系，支撑服务农产品上行的县、乡、村三级物流配送体系。期待它未来继续服务冷链物流产业，助力我国乡村振兴，打赢脱贫攻坚战。

（本节内容由国家农产品现代物流工程技术研究中心提供）

案例三　疫情条件下果蔬产地销售模式调研及小包装技术方案

受新冠肺炎疫情（以下简称"疫情"）影响，2020 年农产品产地基地生产和供应链保障均受到严重影响，这场突发公共安全事件带来的影响是前所未有的。其对于整个农产品生产、配送和消费均带来深远的影响。结合上海国际大都市市场需求和生产实际，农产品供应链产地发展及技术应用情况存在以下问题。

一、疫情条件下农产品供应链的问题

（一）疫情条件下产地面临的主要问题

这场疫情对农产品的生产影响比较大。由于防疫原因，各地出台了一些限制人流与物流的措施，这对于春季农业生产造成了一些影响，主要表现在造成一些一线产区劳动力不足、管理脱节、化肥农药保障不力、采收力量薄弱、农产品物流不畅，直接结果就是生产出现延误，供销出现脱节，采收人力不足，农产品销售不畅，出现了农产品时段性严重积压和滞销，甚至大量腐烂变质，损失惨重。

（二）疫情条件下市场面临的主要问题

疫情条件下，农产品进城和销售均出现一些瓶颈，特别是疫情开始的那段时间，道路切断，小区封锁，商家关门；蔬菜、水果等农产品运不进小区，居民的生活受到影响，出现蔬菜与水果等农产品供应不足的情况，农贸市场和超市受到疫情防控影响，其销售力量有些减弱，而叮咚买菜等无接触电商销售火爆，跃升为疫情条件下农产品销售主渠道。

二、疫情对农产品产地生产经营的一些转变

（一）农产品基地种植品种和结构需要适当调整

疫情之前，农产品种植主要以片区规模化种植为主，为了提高规模效益，种植品种尽量少，单品种面积尽量大，这样可以节约资源，有利于科技资源的高效投入，减少人力及其他生产要素的投入成本。但疫情条件下，这种模式给大城市农产品安全保障带来一些影响，造成区域性货源不足，难以满足市民多品种、多元化需求。下一步这些基地需要适当增加农产品种植品种，完善和丰富种植品种结构，在保证标准化、规模化效益的基础上，适当增加花色品种，以更好满足特殊条件下的市场需求。

（二）农产品销售渠道需要多样化

疫情之前很多农业公司或合作社销售渠道单一，有的就是大卖场、商超等渠道，

但疫情期间由于这些渠道销售限制，农产品传统市场销售成为难题。电商的异军突起和在疫情下的突出表现，给这些农业公司和合作社上了重要一课，它们急需开辟新的销售渠道，单纯依赖传统销售模式存在一定市场风险。近期的带货直播等活动，说明人们对于销售升级已经有了足够认识，未来人们会逐步提高对线上电商销售的重视程度，这对于农产品供应链发展是一次重要提升。

（三）重视农产品供应链保障技术

农产品供应链将农产品从种植端到市场消费端有机连接起来，这里面包含了很多重要技术环节，也是目前我国农产品采后损耗大、质量和效益不高的主要原因。以果品蔬菜为例，涉及标准化采收技术、预冷技术、保鲜技术、包装技术、物流及货架期技术等，这里面任何一项技术缺失或不到位，市场销售端都将受损。这次疫情的发生，凸显了采后保鲜技术的不足。疫情过后，各单位部门将更加重视采后供应链的保障技术，有些公司自发添置设备、招聘技术人员。这些都表明，大家越来越重视农产品供应链保障技术，这对于农产品采后产业发展无疑具有重要意义。

三、果蔬生产配送基地果蔬小包装应用和推荐方案

通过对上海静捷蔬菜种植专业合作社、上海弘扬农业有限公司、上海星辉蔬菜有限公司、上海丰伟果蔬专业合作社等调查发现，为了提高果蔬物流效率，减少采后损耗，结合净菜加工技术的推广应用，小包装销售正成为上海市销售的趋势之一。

（一）制订适宜都市快捷配送需求的绿叶菜小包装方案

疫情之后，针对疫情期间暴露出的问题，结合市场配送需求，蔬菜生产及销售企业将"大包装为主"调整为"小包装为主、大包装为辅"。根据目前绿叶菜小包装特点、优缺点，对蔬菜小包装市场进行充分调研，结合销售模式和销售渠道，制订推广绿叶菜小包装模式和推广方案。

1. 绿叶菜小包装优缺点

绿叶菜小包装优点：①不同包装规格利于不同质量等级绿叶菜的分级、分类；②加快零售效率，便于运输和销售；③提高绿叶菜保鲜品质；④促进绿叶菜流通，实现优质优价。

绿叶菜小包装缺点：①包装技术和设备需要提升；②包装过程烦琐、耗时长；③物流运输过程中不能挤压、堆放；④市场销售价格高；⑤包装废弃物处理问题。

2. 市场调研情况

（1）上海市区宅配对象。

青菜90%为塑料袋和托盘（纸箱、塑料或高端配送的木箱外包装）配送，10%为线绳捆绑配送。鸡毛菜100%为塑料袋包装（纸箱、塑料或高端配送的木箱外包装），一般单个包装300～350g。配送过程中，60%为保鲜低温冷藏车，30%为常温（配冰袋）厢式货车配送，10%为常温配送。

（2）以单位食堂配送为对象。

70%为塑料箱或大包塑料袋包装，一般包装在5～15kg，30%为线绳或草绳捆绑。外用塑料袋或塑料箱配送。配送过程中，30%为冷藏车配送，70%为厢式货车避开高温早晨送货。

3. 上海市场销售

普通上海市场青菜80%为堆码销售，20%为线绳或草绳捆扎销售（250～500g/捆）。鸡毛菜多为塑料筐或塑料包装袋销售，5～15kg/筐或包。货架期间降温多采用冷水喷淋（增湿降温）和风扇降温。少数标准化市场设施条件较好，有降温措施，但同样需要喷淋冷水进行增湿处理。

（二）绿叶菜小包装推荐方案

1. 保鲜薄膜包装（250g）

绿叶菜小包装一般指单个包装，常采用保鲜薄膜包装。保鲜薄膜是一种塑料薄膜，几乎不透水，而氧气和二氧化碳却较易通过。用这种性能独特的薄膜进行果蔬单个包装时，包装袋内处于一种有利于果蔬保鲜的微气候。由于这种薄膜对氧气和二氧化碳有适度的透过性，能自动调节包装袋内氧气与二氧化碳浓度，使浓度既能抑制果蔬的呼吸作用，又不损害果蔬品质。

2. 保鲜塑料托盘包装（150g）

保鲜塑料托盘是使用热塑性板材通过真空成型和冲压成型而制得的。保鲜塑料托盘整体性好，还具有一定的隔热性，能够防止新鲜食品腐坏，可减少产品在物流中的碰撞，提高产品质量和安全性。新型保鲜塑料托盘是在热塑性板材中加入功能型薄膜或长纤维无纺布等制成的模压品。在原有功能的基础上增加了调节湿度、控制气体含量、防止霉菌繁殖等功能，能够保持绿叶菜的新鲜度。

案例四　英国农产品标准化发展对我国的启示

2020年是21世纪以来中央一号文件连续第十七年聚焦"三农"。2020年中央一号文件明确表示要制修订 1000 项质量安全标准，加强绿色食品、有机农产品、地理标志农产品认证和管理。2019 年 2 月，《农业农村部　国家发展改革委　科技部　财政部　商务部　国家市场监督管理总局　国家粮食和物资储备局关于印发〈国家质量兴农战略规划（2018—2022 年)〉的通知》提出了实施质量兴农战略，有 7 项重点任务。重点任务之一就是推进农业全程标准化：健全完善农业全产业链标准体系，引进转化国际先进农业标准，全面推进农业标准化生产。该通知要求在规划期内力争制修订强制性标准 3500 项，覆盖我国主要农产品，实现我国食品安全标准与国际标准对接。

纵观国际市场，英国农产品标准既包括英国本国制定的各类标准，也包括直接引用的欧盟或联合国组织制定的国际农产品标准；其农产品标准国际化程度高、对经济贡献大、市场认可度好，对我国农产品标准化提升有较好的借鉴作用与启示。

一、英国农产品标准化发展的成功经验

（一）标准化对经济贡献大，带动了农产品标准的发展

英国历来重视标准化的建设工作，认为标准既在经济发展过程中发挥无形作用，又对国家的宏观经济和微观经济影响巨大；认为标准提高了英国的生产力，增加了企业的绩效，推动了创新，并很好地支撑英国经济和国际贸易发展。英国的研究表明，英国 37.4% 左右的生产率增长可以归功于标准化；每年 GDP 增长的 28.4% 也可归功于标准化的实施；标准化还推动英国出口增长 3.2%。英国现有标准 37000 个，2018 年公布了 3100 项标准，另外英国标准在线（BSOL）还提供了 63000 种现行或标准草案。

对标准化的认可，也带动了英国农产品标准的发展，其与蔬菜有关的标准有 522 项；与水果有关的标准有 135 项；与禽蛋有关的标准有 17 项。另外，还有直接引用欧盟或联合国欧洲经济委员会的农产品标准。如《联合国欧洲经济委员会标准 FFV - 15，黄瓜（2017 版)》《联合国欧洲经济委员会生菜、卷叶莴苣和阔叶莴苣市场和商业质量控制标准 FFV - 22，2017》《UNECE Standard FFV - 37, Watermelons 2017 EDITION》等果蔬类农产品标准。英国农产品标准以市场为导向，常见水果、蔬菜类产品皆有其市场标准。

（二）农产品包装标准化普及率高，农产品损耗低

英国农产品在终端销售环节包装标准化程度高。90% 以上的叶类蔬菜、85% 以上的块茎类蔬菜、80% 以上的果实类蔬菜、90% 以上的水果皆是标准化包装。即使没有

标准化包装的果蔬，也大部分进行捆扎类的简易包装。例如葱、蒜苗、香菜等用量较小的调味类蔬菜也进行了捆扎类的包装。英国农产品的包装标准化还体现在对包装物的印刷内容的要求上。以鸡蛋为例，鸡蛋蛋壳都印有狮子形状标志、等级及最佳食用日期。狮子标志代表英国的狮牌资格认证，是1998年以来唯一被英国以及欧盟食品安全局认可的蛋类质量认证标志。有超过85%的欧洲鸡蛋在进入英国市场时都接受了狮牌的认证。其标准包括强制性鸡场免疫措施、对鸡蛋质量的跟踪性调查等，向消费者表明出售的鸡蛋是严格按照食品安全的最高标准生产出来的。整盒的鸡蛋外包装，还要求印陈列日期和最佳食用日期，若在超市售卖，还要有每家超市的商标与联系信息、认证标志、保存方式、营养成分、条码信息等。农产品标准的相关信息也会印于外包装袋上，以方便消费者选择。以一袋在英国ALDI超市购买的苹果为例，标准主体的6个部分皆出现于外包装袋上。即产品定义"BRITISH BRAEBURN APPLES"；产品质量规定"Class1"；产品尺寸的规定"Weight/Size：63~68mm"；公差规定"5mm"，符合标准Class1，少于10%的规定；产品描述"6Fruits"；标识的规定"Grower：A Jackson；Produce of：Herefordshire，UK；Variety：Braeburn"。并且这些标准规定的信息在外包装上很容易显示出来，既能使消费者了解产品的基本信息，又方便消费者选择农产品，减少了消费者选择农产品的翻拣次数，自然也相应地降低了农产品的损耗。虽然，英国农产品标准要求损耗控制在2%以下；但由于严格的标准化包装，农产品实际损耗低于1%。通过对比可以发现，英国由于农产品标准化程度高，其农产品的损耗既低于一般发达国家的1.7%~5%，也远远低于我国果蔬等生鲜农产品损耗率20%~30%，具有明显的优势。

（三）农产品标准分类细致，标准更新速度快

虽然农业质量标准工作组联合国欧洲经济委员会（欧洲经委会）出台的标准提供给欧盟各国政府、生产者、贸易商、进出口商和其他国际组织使用。这些标准涵盖了大部分的农产品，包括新鲜水果和蔬菜、干制农产品、肉类、切花、鸡蛋和蛋制品等。各国还可以根据这些标准制定本国的其他农产品的特定标准。但是英国很重视农产品标准，标准制定的目的很明确；英国农产品标准既包括欧洲经委会出台的农产品标准，也包括英国出台的特定农产品标准。标准的目的是确保提供给消费者的农产品有准确的标签，其质量可以被消费者接受，并确保不合格的产品不能进入市场。英国农产品市场标准是欧盟市场规则的一部分，适用于整个供应链，从最早的包装、运输、配送到超市或零售网点。欧盟农产品市场标准适用于英国农产品，其标准涵盖农产品供应链中所有受监管的农户或农场、服务商、零售商，他们都要对农产品负法律责任。无

论是散装或预包装的农产品，都要符合相关特定或通用市场标准要求。根据标准要求，零售商如以不符合欧盟市场规则的方式展示、出售、交付或推销农产品，要负法律责任。例如，现在英国果蔬农产品的特定标准已从原来的 36 个减少到 10 个：10 个特定的农产品标准是柑橘类水果、苹果、猕猴桃、生菜（卷叶和阔叶莴苣类）、桃子和油桃、梨、草莓、甜椒、葡萄和番茄；而杏子、樱桃、鳄梨、茄子、菊苣、菠菜、西瓜等 22 个农产品不用再符合特定标准。以《欧洲经委会标准 FFV - 58 绿叶蔬菜》为例，其经过 3 次更新，标准最早是 2010 年版，2012 年又修订，最新为 2017 年版。

（四）农产品标准的使用对象和范围很明确，市场认可度高

英国适用的农产品标准明确说明使用对象，包括进口商、包装加工商（或种植者）、经销商、批发商、零售商等。其专门机构英国食品标准局（Food Standards Agency）为农产品标准使用对象提供指导服务。如针对包装和标识，英国食品标准局可以提供业务指导，防止错误标记或误导食物描述。对于包装，它要求必须是：使用不会成为包装和包装污染源的材料；存放包装材料不会受到污染；避免污染农产品的方式包装农产品；确保任何容器清洁且没有损坏；保持包装或包装材料清洁。

英国企业标准使用情况调查表明，50% 的受访者表示通过知识的传播，标准鼓励了创新；70% 的受访者表示标准有助于提高供应商产品和服务的质量；84% 的企业表示标准提高了声誉；89% 的受访者表示标准有助于优化法规，例如健康和安全法规。对英国企业决策者的调查表明，54% 的受访者表示可以通过标准获取技术信息；84% 的受访者表示使用标准提高了声誉；70% 的受访者表示标准可以提高产品质量。

二、中英农产品标准化的发展差距分析与比较

（一）中国标准化对经济贡献小，农产品标准建设相对滞后

标准不仅是产品发展的基础，也是国家发展战略的一部分。标准还是科技传播和创新成果产业化的桥梁和媒介，更是促进产业结构调整、优化升级的重要工具。但是，中国在标准化建设上存在明显不足。整体上，我国标准化对我国经济的贡献率较低。调查表明，10 年前我国标准化对 GDP 增长的年度贡献率为 0.79%；即使现在，我国标准化对 GDP 增长的年度贡献率也仅有 7.88%，远远低于英国的 28.4%，约为英国的 1/4，也低于德国的 27% 和法国的 23%，提升空间巨大。据不完全统计，在农产品标准中，英国应用的各类与蔬菜有关的标准约 522 项；与水果有关的标准 135 项；与禽蛋有关的标准 17 项。而根据中国物流与采购联合会冷链物流专业委员会和全国物流标准化

技术委员会冷链物流分技术委员会发布的《中国冷链物流标准目录手册（2018）》显示，中国果蔬农产品有关的标准不超过190项。其中，水果标准约为43项；蔬菜标准约为51项。可以看出，我国农产品标准数量少，标准建设也比较滞后。

（二）中国农产品包装标准化普及率低，农产品损耗高

英国80%以上的果蔬类农产品都有标准化的要求，并进行袋装化包装。中国果蔬类农产品袋装化包装不足10%，即使少部分农产品有袋装化包装，也没有明确的包装标准。而英国针对果蔬类农产品，尤其是绿叶蔬菜，包装要求更是严格，有明确的规定。每种产品标准第五部分的第二项，单独列出"B Packing"，明确要求：产品必须以适当的方式包装；包装材料必须是清洁的，避免对产品造成任何外部或内部损坏；印刷或标签必须使用无毒油墨或胶水；包装上没有任何异物等。反观中国少部分包装的果蔬农产品，仅仅起到保鲜或保护作用，其包装上主要印制企业信息、二维码或条码等少量信息。以超市销售为例，中国90%以上果蔬类产品是散装的，这导致消费者翻拣产品次数增多，加之没有外包装，更是增加了农产品的损耗，损耗率甚至高达30%。而英国农产品包装化普及率高，农产品的损耗或腐败率很低，低于1%。

（三）中国农产品标准交叉多，更新速度慢

英国农产品标准主要是面对市场和商业的，每种农产品只有一个标准。如黄瓜的标准是《UNECE STANDARD FFV－15 CUCUMBERS（2017 EDTION）》，这是面向黄瓜的全供应链的生产商、物流服务商、终端销售的超市等所有环节都要采用的标准；西瓜的标准是《UNECE STANDARD FFV－37 Watermelons（2017 EDTION）》。而中国农产品标准针对一种产品出台了很多标准，以黄瓜为例，其相关标准有10多个：与黄瓜直接相关的标准有4个，即《黄瓜　贮藏和冷藏运输》（GB/T 18518—2001）、《黄瓜流通规范》（SB/T 10572—2010）、《无公害食品　黄瓜》（NY 5074—2002）、《无公害食品　黄瓜生产技术规程》（NY/T 5075—2002）；而在其他标准中明确表明适用"黄瓜"的标准还有9个，即《农副产品绿色批发市场》（GB/T 19220—2003）、《农副产品绿色零售市场》（GB/T 19221—2003）、《超市销售生鲜农产品基本要求》（GB/T 22502—2008）、《新鲜蔬菜贮藏与运输准则》（GB/T 26432—2010）、《水果和蔬菜　气调贮藏技术规范》（GB/T 23244—2009）、《农产品追溯要求　果蔬》（GB/T 29373—2012）、《新鲜水果、蔬菜包装和冷链运输通用操作规程》（GB/T 33129—2016）、《农产品批发市场管理技术规范》（GB/T 19575—2004）、《鲜食果蔬城市配送中心服务规范》（GB/T 35105—2017）等。通过对比可以看出，我国黄瓜的标准只针对黄瓜全供应链的其中一

个环节，因此造成中国农产品标准交叉比较多，标准执行难度较高。并且在这 13 个"黄瓜"相关标准中，最早的是 2001 年的标准，最新的是 2016 年的标准，而目前英国农产品果蔬采用的标准 90% 是 2017 年版，其标准的更新速度比中国快很多。

（四）中国农产品没有明确使用对象，部分农产品标准仍处于试点阶段

英国农产品明确了标准的使用对象，如主要是适用该农产品全供应链的所有商家，不同的产品有不同的市场标准与之一一对应。英国的农产品标准分为两种，一种是特定的市场标准（SMS），适用于桃、梨、草莓、甜椒、葡萄等 10 种新鲜农产品；另一种是一般市场标准（GMS），适用于大多数其他新鲜水果、蔬菜、坚果等农产品。而中国的标准中并没有明确使用对象，仅仅是说明标准的"范围"。以《大蒜等级规格》（NY/T 1791—2009）为例，在标准主体的第一部分指出，标准范围是"本标准规定了大蒜的术语和定义、要求、抽样、包装等"，适用于"干燥大蒜的分等分级"；《茄果类蔬菜贮藏保鲜技术规程》（NY/T 1203—2006）亦是如此。中国农产品标准化仍处于试点阶段，以冷链农产品为例，2017 年公布了 285 家农产品冷链流通标准化试点企业名单。标准市场认可度比较低。

三、对我国农产品标准化的启示

（一）出台标准制定扶持政策，合理化农产品标准布局

通过对比中英农产品标准的数量和质量可以看出，虽然我国是农产品生产大国，但是农产品标准覆盖范围小，标准的应用范围也比较小。因此，要借鉴英国经验，加快农产品标准化步伐；围绕提升农产品层次、增加农产品覆盖面，高起点建立健全农产品标准化体系；积极开展农产品标准化试点示范，促进标准化与技术创新、产业发展同步；分门别类出台具体的国家和地方政府农产品标准制定的资金扶持政策，加快农产品标准的制定速度；以农产品主产区为优先考虑因素，合理加快布局农产品标准；加快我国农产品标准化发展，为提高我国农产品质量服务。

（二）提高农产品包装标准化普及率，降低农产品损耗

包装是农产品物流的重要环节，我国要根据消费者需求采用合理的包装原则、合格的包装技术对农产品进行包装，从而保证农产品质量，减少损耗，便于消费者识别和选购。我国需要全面提高农产品合理化包装，实现农产品高品质、高价格的市场格局；不断提高农产品包装标准化的普及率，加强标准化管理部门与农产品主管理部门、

行业协会、企业、消费者代表等利益相关方有益协调沟通；鼓励以龙头企业为引领，实施农产品包装标准化，从而实实在在降低农产品的损耗。

（三）加快农产品标准的更新速度，力争实现"一品一标"

我国国家标准化管理委员会在《标准化事业发展"十二五"规划》中就明确要求，加快标准制修订步伐，国家标准平均标龄由原来 10.2 年缩短至 5 年；制修订周期缩短至 3 年。要加快农产品标准的更新速度，就要切实实行强制性国家标准和推荐标准相结合的标准化发展战略，支持行业、企业、高校科研机构联合，充分利用自主创新技术制定标准；还要支持企业与企业、企业与科研机构、高等学校组成联盟，通过原始创新、集成创新和引进消化吸收再创新，共同研制农产品标准，从而加快农产品标准的更新和制定速度；还要优化农产品标准审批流程，明确标准审查时各个环节的时限要求，有效衔接农产品标准的技术审查、审批发布和出版各项工作，提高标准审查审批效率。并逐步实现一种农产品只有一个标准的"一品一标"的，面向市场消费环节为主的农产品标准。

（四）明确农产品标准的服务对象，提高市场认可度

逐渐完善农产品标准的统一管理与分工负责相结合的标准化管理体系，科学界定不同主体在标准化工作中的职责，增强标准化发展质量和活力。在新出台标准中明确界定标准的服务对象和应用范围，使标准执行更加清晰明确，提高农产品全供应链各个主体对农产品标准的认可度。

第九章　农产品供应链资料汇编

第一节　政策文件

表 9 – 1　　　2019 年国家有关部门出台的农产品相关政策汇总

序号	发布时间	部门	发文号	政策名称	政策概要	关键词
1	2019 – 01 – 03	中共中央、国务院	—	《中共中央国务院关于坚持农业农村优先发展做好"三农"工作的若干意见》	调整优化农业结构。大力发展紧缺和绿色优质农产品生产，推进农业由增产导向转向提质导向。加快突破农业关键核心技术。加快推进并支持农业走出去，加强"一带一路"农业国际合作，主动扩大国内紧缺农产品进口，拓展多元化进口渠道，培育一批跨国农业企业集团，提高农业对外合作水平。加大农产品反走私综合治理力度	绿色农产品、跨国农业
2	2019 – 11	中共中央、国务院	—	《中共中央国务院关于推进贸易高质量发展的指导意见》	拓宽贸易领域，推动优质农产品、制成品和服务进口，促进贸易平衡发展	农产品、贸易
3	2019 – 12	中共中央、国务院	—	《中共中央国务院印发〈长江三角洲区域一体化发展规划纲要〉》	加强农产品质量安全追溯体系建设和区域公用品牌、企业品牌、产品品牌等农业品牌创建，建立区域一体化的农产品展销展示平台，促进农产品加工、休闲农业与乡村旅游和相关配套服务融合发展，发展精而美的特色乡村经济	农业品牌

序号	发布时间	部门	发文号	政策名称	政策概要	关键词
4	2019 – 12	中共中央办公厅、国务院办公厅	—	《关于做好2020年元旦春节期间有关工作的通知》	保障市场供应，满足群众节日消费需求。全面落实"菜篮子"市长负责制，扎实做好猪肉等重要农产品生产保供稳价工作，切实保障城乡居民"菜篮子"产品需求，注意防止物价联动上涨。严格落实食品安全主体责任，保障人民群众"舌尖上的安全"	农产品生产保供
5	2019 – 04 – 09	国务院	国发〔2019〕8号	《国务院关于落实〈政府工作报告〉重点工作部门分工的意见》	稳定生猪等畜禽生产，加快农业科技改革创新，推进农业全程机械化。培育家庭农场、农民合作社等新型经营主体，加强面向小农户的社会化服务，发展多种形式规模经营。实施地理标志农产品保护工程	家庭农场、农业机械化、地理标志农产品
6	2019 – 05 – 14	国务院	国函〔2019〕46号	《国务院关于同意承德市建设国家可持续发展议程创新示范区的批复》	承德市建设国家可持续发展议程创新示范区，应用绿色农产品标准化生产加工，实施绿色产业培育	绿色农产品标准化生产
7	2019 – 06 – 28	国务院	国发〔2019〕12号	《国务院关于促进乡村产业振兴的指导意见》	做精乡土特色产业；发展乡村信息产业，深入推进"互联网＋"现代农业；培育多元融合主体；健全绿色质量标准体系；强化科技创新引领，大力培育乡村产业创新主体；提升农产品加工流通业；统筹农产品产地、集散地、销地批发市场建设，加强农产品物流骨干网络和冷链物流体系建设	特色农产品、农产品流通加工、"互联网＋"农业
8	2019 – 08 – 26	国务院	国发〔2019〕16号	《国务院关于印发6个新设自由贸易试验区总体方案的通知》	探索食品农产品等检验检疫和追溯标准国际互认机制，扩大第三方检验结果采信商品和机构范围。支持设立食品农产品进口指定监管作业场地，打造食品农产品、葡萄酒进出口集散中心。对毗邻国家输入的农产品、水产品、种子种苗及花卉苗木等产品实行快速检验检疫模式。支持建设境外农业经贸合作区，稳步解决跨境农业合作返销农产品检验检疫准入。建设沿边资源储备基地	食品农产品安全、检疫、进口

序号	发布时间	部门	发文号	政策名称	政策概要	关键词
9	2019－11－26	国务院	国函〔2019〕114号	《国务院关于同意建设江苏南京国家农业高新技术产业示范区的批复》	江苏南京国家农业高新技术产业示范区以绿色智慧农业为主题，以生物农业为主导产业，努力建设国际农业科技合作示范区、长三角农业科技创新策源地、科技振兴乡村样板区，协同推进农产品特色加工、农业智能装备制造、农业科技服务业发展，在建立规模化种植示范基地等先进技术和生产模式示范体系、探索东部发达地区现代农业高质量发展和产城产镇产村融合发展系统解决方案等方面探索示范，努力创造出可复制、可推广的经验	农产品特色加工、绿色智慧农业
10	2019－11－26	国务院	国函〔2019〕113号	《国务院关于同意建设山西晋中国家农业高新技术产业示范区的批复》	山西晋中国家农业高新技术产业示范区要以有机旱作农业为主题，以农副食品加工为主导产业，努力建设全国健康食品和功能农业综合示范区、科技产业孵化示范区、特色农产品优势区、农产品加工物流集散地，在北方旱作农业区农业提质增效、做大特优农产品、做优设施农业、做强现代农业服务业等方面探索示范，努力创造出可复制、可推广的经验	特色农产品、农产品加工
11	2019－01－14	国务院办公厅	国办发〔2018〕129号	《国务院办公厅关于深入开展消费扶贫助力打赢脱贫攻坚战的指导意见》	大力拓宽贫困地区农产品流通和销售渠道。全面提升贫困地区农产品供给水平和质量，加快农产品标准化体系建设，提升农产品规模化供给水平，打造区域性特色农产品品牌。完善利益机制	农产品流通和销售
12	2019－05－10	国务院办公厅	国办发〔2019〕20号	《国务院办公厅关于对2018年落实有关重大政策措施真抓实干成效明显地方予以督查激励的通报》	推进农产品流通现代化、积极发展农村电商和产销对接成效明显的地方：山西省临猗县，吉林省梅河口市，江苏省东海县，浙江省永康市，福建省德化县，山东省曹县，湖南省浏阳市，广东省英德市，广西壮族自治区凭祥市，四川省都江堰市。2019年对上述地方在电子商务进农村综合示范中优先支持，并给予专项资金扶持（商务部、财政部组织实施）	电子商务进农村

续　表

序号	发布时间	部门	发文号	政策名称	政策概要	关键词
13	2019－05－21	国务院办公厅	国办发〔2019〕23号	《国务院办公厅关于印发深化收费公路制度改革取消高速公路省界收费站实施方案的通知》	（司法部负责，交通运输部配合）出台优化鲜活农产品运输"绿色通道"等通行费减免政策的具体实施意见	鲜活农产品运输
14	2019－07－03	国务院办公厅	国办发〔2019〕31号	《国务院办公厅关于加强非洲猪瘟防控工作的意见》	市场监管部门要加强对猪肉制品加工企业、食用农产品集中交易市场、销售企业和餐饮企业的监督检查，并依法依规组织对生猪产品和猪肉制品开展抽检。市场监管部门和畜牧兽医部门要加强沟通联系，明确非洲猪瘟病毒检测方法和相关要求	食用农产品安全、猪肉抽检
15	2019－08－27	国务院办公厅	国办发〔2019〕42号	《国务院办公厅关于加快发展流通促进商业消费的意见》	加快农产品产地市场体系建设，实施"互联网＋"农产品出村进城工程，加快发展农产品冷链物流，完善农产品流通体系，加大农产品分拣、加工、包装、预冷等一体化集配设施建设支持力度，加强特色农产品优势区生产基地现代流通基础设施建设。拓宽绿色、生态产品线上线下销售渠道，丰富城乡市场供给，扩大鲜活农产品消费（发展改革委、财政部、农业农村部、商务部按职责分工负责）	农产品产地市场建设、"互联网＋"农产品、农产品冷链物流、农产品消费
16	2019－09－10	国务院办公厅	国办发〔2019〕44号	《国务院办公厅关于稳定生猪生产促进转型升级的意见》	将仔猪及冷鲜猪肉纳入鲜活农产品运输"绿色通道"政策范围。2020年6月30日前，对整车合法运输种猪及冷冻猪肉的车辆，免收车辆通行费。严格落实畜牧法、动物防疫法、农产品质量安全法、食品安全法等法律法规。依法查处生猪养殖、运输、屠宰、无害化处理等环节的违法违规行为	农产品质量安全、猪肉运输

续　表

序号	发布时间	部门	发文号	政策名称	政策概要	关键词
17	2019-09-19	国务院办公厅	国办函〔2019〕89号	《国务院办公厅关于做好优化营商环境改革举措复制推广借鉴工作的通知》	在全国复制推广的改革举措的主要内容；高度重视复制推广借鉴工作；切实做好组织实施	复制推广借鉴
18	2019-11-21	国务院办公厅	国办发〔2019〕50号	《国务院办公厅关于切实加强高标准农田建设提升国家粮食安全保障能力的意见》	确保重要农产品特别是粮食供给。夯实基础，确保产能。突出粮食和重要农产品优势区，着力完善农田基础设施，提升耕地质量，持续改善农业生产条件。把高效节水灌溉作为高标准农田建设重要内容，统筹规划，同步实施。在永久基本农田保护区、粮食生产功能区、重要农产品生产保护区，集中力量建设高标准农田	农产品供给、高标准农田
19	2019-01	中央农村工作领导小组办公室、农业农村部	中农发〔2019〕1号	《中央农村工作领导小组办公室农业农村部关于做好2019年农业农村工作的实施意见》	一、推进农业高质量发展，提高农业供给体系的保障能力和质量效率。（一）调整优化农业结构。（二）实施奶业振兴行动。（三）大力推进高标准农田建设。（四）持续推进农业绿色发展。（五）提升农产品质量安全水平。（六）强化农业科技创新推广。（七）推进农机化转型升级。（八）加快发展现代种业。（九）实施数字乡村战略。（十）推进农业走出去。二、发展壮大乡村产业，拓宽农民增收渠道。（十一）加快发展现代农产品加工业。（十二）加快发展乡村特色产业和新型服务业。（十三）加快发展农业生产性服务业。（十四）深入推进品牌强农	高标准农田、农产品加工、品牌强农
20	2019-04	财政部办公厅、商务部办公厅、国务院扶贫办综合司	财办建〔2019〕58号	《财政部办公厅 商务部办公厅 国务院扶贫办关于开展2019年电子商务进农村综合示范工作的通知》	以电子商务进农村综合示范为抓手，加强农村流通设施建设，提升公共服务水平，促进产销对接，探索数据驱动，打造综合示范"升级版"，构建普惠共享、线上线下融合、工业品下乡和农产品进城畅通的农村现代流通体系	电子商务进农村

序号	发布时间	部门	发文号	政策名称	政策概要	关键词
21	2019－09	中共农办、农业农村部、发展改革委等11部门	中农发〔2019〕18号	《关于开展农民合作社规范提升行动的若干意见》	（一）发展乡村产业。提高标准化生产能力，保障农产品质量安全，壮大优势特色产业。培育农业品牌，积极开展绿色食品、有机农产品认证，加强地理标志保护和商标注册，强化品牌营销推介，提高品牌知名度和市场认可度。（二）强化服务功能。鼓励农民合作社加强农产品初加工、仓储物流、技术指导、市场营销等关键环节能力建设	农产品质量安全、地理标志、农产品初加工
22	2019－12－18	农业农村部	农质发〔2019〕6号	《农业农村部关于印发〈全国试行食用农产品合格证制度实施方案〉的通知》	进一步创新完善农产品质量安全制度体系，在全国范围试行合格证制度，督促种植养殖生产者落实主体责任，提高农产品质量安全意识，探索构建以合格证管理为核心的农产品质量安全监管新模式，形成自律国律相结合的农产品质量管理新格局，全面提升农产品质量安全治理能力和水平，为推动农业高质量发展、促进乡村振兴提供有力支撑。（一）坚持整体推进、因地制宜。（二）坚持突出重点、逐步完善。（三）坚持部门协作、形成合力	农产品质量安全
23	2019－02	农业农村部办公厅	农办质〔2019〕7号	《农业农村部办公厅关于印发〈2019年农产品质量安全工作要点〉的通知》	一、推进标准化生产，着力增加绿色优质农产品供给。（一）加大标准制修订力度。（二）加强标准制度平台建设。（三）推进农业绿色生产方式。（四）开展对标达标提质行动。（五）推动绿色有机地理标志农产品发展。二、加强监测评估，打好风险防控主动仗。（六）加强风险监测。（七）强化风险评估。（八）健全应急处置机制。三、实施靶向监管，守住农产品质量安全底线。（九）深入开展专项整治。（十）集中开展农资打假专项行动。（十一）加强	农产品质量安全

序号	发布时间	部门	发文号	政策名称	政策概要	关键词
23					追溯平台推广应用。（十二）深化国家农产品质量安全县创建。四、推进依法监管，健全监管长效制度机制。（十三）加快修订《农产品质量安全法》。（十四）推行食用农产品合格证制度。（十五）加强信用体系建设。（十六）强化协调联动。五、强化队伍作风，为监管工作提供有力保障。（十七）健全监管体系队伍。（十八）强化检测人才队伍。（十九）助力脱贫攻坚。（二十）加强宣传引导。（二十一）强化科技支撑。（二十二）加强作风建设	
24	2019－02	农业农村部办公厅	农办市〔2019〕4号	《农业农村部办公厅关于做好2019年贫困地区农产品产销对接工作的通知》	一、拓宽对接渠道，扩大贫困地区农产品产销对接规模。（一）组织参与产销对接活动。（二）充分利用农产品电子商务平台。（三）动员引导社会各界消费扶贫。二、夯实对接基础，促进贫困地区农产品产销对接提质增效。（四）不断提高农产品供给质量。（五）大力提升农产品流通效率。（六）培育壮大特色农业品牌。三、加强对接服务，培育贫困地区农产品产销对接内生动力。（七）加快打通产销信息渠道。（八）丰富创新营销推介方式。（九）健全完善长效对接机制。四、强化对接指导，提升贫困地区农产品产销对接保障能力（十）加强组织协调。（十一）做好跟踪研究。（十二）加大政策激励	农产品产销对接、农产品流通、特色农产品
25	2019－06	农业农村部办公厅	农办机〔2019〕9号	《农业农村部办公厅关于组织开展"全程机械化＋综合农事"服务中心典型案例征集活动的通知》	在农机服务的基础上，积极向农资统购、新装备新技术示范、信息咨询、培训指导、农产品初加工、农产品销售对接、金融保险服务对接等"一站式"综合农事服务发展，在解决小农户生产难题、推动适度规模经营、带动生产经营主体节本增效、促进农业现代化水平提升等方面成效显著	农机、农产品初加工、农产品销售对接

序号	发布时间	部门	发文号	政策名称	政策概要	关键词
26	2019-07	农业农村部办公厅	农办市〔2019〕12号	《农业农村部办公厅关于全面推进信息进村入户工程的通知》	支持运营商、县级中心站（运营中心）和益农信息社参与"互联网+"农产品出村进城工程，探索益农信息社升级改造为优质特色农产品产销合作社，推动农产品上网销售、实现优质优价。要重点提升公益服务和农产品上行的服务能力。要推进益农信息社与基层农业服务体系结合	"互联网+"农产品、农产品上行
27	2019-09	农业农村部办公厅	农办质〔2019〕32号	《农业农村部办公厅关于稳定和加强基层农产品质量安全检验检测体系的通知》	一、充分认识稳定和加强基层农产品质量安全检验检测体系的重要意义。（一）稳定和加强农产品质量安全检验检测体系是农业农村部门贯彻落实中央决策部署的必然要求。（二）稳定和加强农产品质量安全检验检测体系是农业农村部门依法履行的重要职责。（三）稳定和加强农产品质量安全检验检测体系是农产品质量安全监管和农业高质量发展的客观需要。二、切实稳定基层农产品质量安全检验检测体系。（一）明确稳定基层农产品质量安全检验检测体系的原则。（二）明晰基层农产品质量安全检验检测机构的功能定位。（三）强化基层农产品质量安全检验检测机构的运行保障。三、进一步加强基层农产品质量安全检验检测体系建设管理。（一）加强对基层农产品质量安全检验检测机构的指导。（二）探索构建农产品质量安全检验检测体系新模式。（三）抓住有利机遇强化基层农产品质量安全检验检测机构能力建设	农产品质量安全检验检测
28	2019-11	农业农村部办公厅	—	《农业农村部办公厅关于印发〈农业绿色发展先行先试支撑体系建设管理办法（试行）〉的通知》	一、建立和完善绿色农业技术体系。二、建立和完善绿色农业标准体系。三、建立和完善绿色农业产业体系。四、建立和完善绿色农业经营体系。五、建立和完善绿色农业政策体系。六、建立和完善绿色农业数字体系。七、编制建设方案。八、明确年度任务。九、开展综合试验。十、建立长期固定观测试验站。十一、总结农业绿色发展模式。十二、加强绩效评估	农产品质量安全、农产品加工

续 表

序号	发布时间	部门	发文号	政策名称	政策概要	关键词
29	2019-02	农业农村部等7部门	农发〔2019〕1号	《农业农村部 国家发展改革委 科技部 财政部 商务部 国家市场监督管理总局 国家粮食和物资储备局关于印发〈国家质量兴农战略规划（2018—2022年）〉的通知》	一、加快农业绿色发展。（一）调整完善农业生产力布局。（二）节约高效利用水土资源。（三）科学使用农业投入品。（四）全面加强产地环境保护与治理。二、推进农业全程标准化。（一）健全完善农业全产业链标准体系。（二）引进转化国际先进农业标准。（三）全面推进农业标准化生产。三、促进农业全产业链融合。（一）深入推进产加销一体化。（二）强化产地市场体系建设。（三）加快建设冷链仓储物流设施。（四）创新农产品流通方式。（五）培育新产业新业态。四、培育提升农业品牌。（一）构建农业品牌体系。（二）完善品牌发展机制。（三）加强品牌宣传推介。（四）打造国际知名农业品牌。五、提高农产品质量安全水平。（一）加强农产品质量安全监测。（二）提高农产品质量安全执法监管能力。（三）强化农产品质量安全风险评估及预警。六、强化农业科技创新。（一）加强质量导向型科技攻关。（二）加快提升农机装备质量水平。（三）大力推广绿色高效设施装备和技术。（四）加快数字农业建设	农产品加工、农产品质量安全、绿色有机农产品
30	2019-04	农业农村部、财政部	—	《农业农村部 财政部发布2019年重点强农惠农政策》	1. 耕地地力保护补贴。2. 农机购置补贴。3. 优势特色主导产业发展。4. 国家现代农业产业园。5. 农业产业强镇示范。6. 信息进村入户整省推进示范。7. 奶业振兴行动。8. 畜牧良种推广。9. 重点作物绿色高质高效行动。10. 农业生产社会化服务。11. 农机深松整地。12. 高标准农田建设。13. 农民合作社和家庭农场能力建设	农产品生产、家庭农场

序号	发布时间	部门	发文号	政策名称	政策概要	关键词
31	2019－04	农业农村部、财政部	农计财发〔2019〕6号	《农业农村部 财政部关于做好2019年农业生产发展等项目实施工作的通知》	提升农产品质量安全水平，增加绿色优质农产品供给。深入实施乡村振兴战略，深化农业供给侧结构性改革，对标全面建成小康社会"三农"工作必须完成的硬任务，加大脱贫攻坚力度，提升农业发展质量，推进农业农村现代化，2019年中央财政继续安排农业生产发展资金、农业资源及生态保护补助资金、动物防疫等补助经费、农业生产救灾资金，进一步夯实粮食生产能力和农业基础，调整优化农业结构，加大农业资源生态保护，强化农业风险防范，加快培育农村发展新功能	农产品质量安全、农民合作社、家庭农场
32	2019－12	农业农村部等4部门	农市发〔2019〕5号	《农业农村部 国家发展改革委 财政部 商务部关于实施"互联网＋"农产品出村进城工程的指导意见》	（一）建立市场导向的农产品生产体系。（二）加强产地基础设施建设。（三）加强农产品物流体系建设。（四）完善农产品网络销售体系。（五）强化网络销售农产品质量安全监管。（六）加强农产品品牌建设。（七）加强农产品标准体系建设。（八）加强网络应用技能培训。（九）运用互联网发展新业态新模式。（十）发挥多元市场主体带动作用	"互联网＋"农产品、特色农产品
33	2019－03	农业农村部办公厅、财政部办公厅	农办规〔2019〕3号	《农业农村部办公厅 财政部办公厅关于开展2019年国家现代农业产业园创建工作的通知》	各地要综合考虑农业资源禀赋、特色产业发展、一二三产业融合、带动农民增收机制等因素，统筹推进国家现代农业产业园建设。2019年重点支持创建优质粮油、现代种业、健康养殖（牛羊、水产）、中药材等产业园，优先支持符合条件的贫困县、粮食生产功能区、重要农产品生产保护区、特色农产品优势区、国家现代农业示范区等申请创建	农业产业园、特色农产品优势区
34	2019－07	农业农村部办公厅、财政部办公厅	农办计财〔2019〕44号	《农业农村部办公厅 财政部办公厅关于支持做好新型农业经营主体培育的通知》	一是支持开展农产品初加工。二是提升产品质量安全水平。三是加强优质特色品牌创建	农产品加工、家庭农场、特色农产品

序号	发布时间	部门	发文号	政策名称	政策概要	关键词
35	2019－01	中国人民银行等 5 部门	银发〔2019〕11 号	《中国人民银行 银保监会 证监会 财政部 农业农村部关于金融服务乡村振兴的指导意见》	聚焦产业兴旺，推动农村一二三产业融合发展。积极满足农田水利、农业科技研发、高端农机装备制造、农产品加工业、智慧农业产品技术研发推广、农产品冷链仓储物流及烘干等现代农业重点领域的合理融资需求，促进发展节水农业、高效农业、智慧农业、绿色农业。支持农业产业化龙头企业及联合体发展，延伸农业产业链，提高农产品附加值。加快推动农产品期货品种开发上市，创新推出大宗畜产品、经济作物等期货交易，丰富农产品期货品种	智慧农业、绿色农业、农产品期货
36	2019－09	中央农村工作领导小组办公室等 11 部门	中农发〔2019〕16 号	《关于实施家庭农场培育计划的指导意见》	以开展家庭农场示范创建为抓手，以建立健全指导服务机制为支撑，以完善政策支持体系为保障，实施家庭农场培育计划，按照"发展一批、规范一批、提升一批、推介一批"的思路，加快培育出一大批规模适度、生产集约、管理先进、效益明显的家庭农场，为促进乡村全面振兴、实现农业农村现代化夯实基础	家庭农场
37	2019－12	农业农村部	农质发〔2019〕6 号	《农业农村部关于印发〈全国试行食用农产品合格证制度实施方案〉的通知》	在全国范围试行合格证制度，督促种植养殖生产者落实主体责任、提高农产品质量安全意识，探索构建以合格证管理为核心的农产品质量安全监管新模式，形成自律国律相结合的农产品质量安全管理新格局，全面提升农产品质量安全治理能力和水平，为推动农业高质量发展、促进乡村振兴提供有力支撑	农产品质量安全、食用农产品
38	2019－12	农业农村部、中央网络安全和信息化委员会办公室	农规发〔2019〕33 号	《农业农村部 中央网络安全和信息化委员会办公室关于印发〈数字农业农村发展规划（2019—2025 年）〉的通知》	一、构建基础数据资源体系。（一）建设农业自然资源大数据。（二）建设重要农业种质资源大数据。（三）建设农村集体资产大数据。（四）建设农村宅基地大数据。（五）健全农户和新型农业经营主体大数据。二、加快生产经营数字化改造。（一）种植业信息化。（二）畜牧业智能化。（三）渔业智慧化。（四）种业数字	数字农业、农产品电子商务

序号	发布时间	部门	发文号	政策名称	政策概要	关键词
38					化。（五）新业态多元化。（六）质量安全管控全程化。三、推进管理服务数字化转型。（一）建立健全农业农村管理决策支持技术体系。（二）健全重要农产品全产业链监测预警体系。（三）建设数字农业农村服务体系。（四）建立农村人居环境智能监测体系。（五）建设乡村数字治理体系。四、强化关键技术装备创新。（一）加强关键共性技术攻关。（二）强化战略性前沿性技术超前布局。（三）强化技术集成应用与示范。（四）加快农业人工智能研发应用。五、加强重大工程设施建设。（一）国家农业农村大数据中心建设工程。（二）农业农村天空地一体化观测体系建设工程。（三）国家数字农业农村创新工程。六、保障措施。（一）加强组织领导。（二）加大政策支持。（三）强化数据采集管理。（四）强化科技人才支撑	

表 9 – 2　　　　　　2020 年国家有关部门出台的农产品相关政策汇总

序号	发布时间	部门	发文号	政策名称	政策概要	关键词
1	2020 – 01	中共中央、国务院	—	《中共中央国务院关于抓好"三农"领域重点工作确保如期实现全面小康的意见》	加快恢复生猪生产。逐步减少活猪长距离调运，引导优化肉类消费结构，推进水产绿色健康养殖。加强现代农业设施建设。启动农产品仓储保鲜冷链物流设施建设工程。加强农产品冷链物流统筹规划、分级布局和标准制定。依托现有资源建设农业农村大数据中心。继续调整优化农业结构，加强绿色食品、有机农产品、地理标志农产品认证和管理，打造地方知名农产品品牌，增加优质绿色农产品供给。有效开发农村市场。强化全过程农产品质量安全和食品安全监管，建立健全追溯体系	生猪生产、农产品冷链物流、农产品品牌、追溯

序号	发布时间	部门	发文号	政策名称	政策概要	关键词
2	2020－05	中共中央、国务院	—	《中共中央国务院关于新时代推进西部大开发形成新格局的指导意见》	加快推进高标准农田、现代化生态牧场、粮食生产功能区和棉油糖等重要农产品生产保护区建设，支持发展生态集约高效、用地规范的设施农业。加快高端、特色农机装备生产研发和推广应用	农产品生产保护区建设
3	2020－06	国务院	国发〔2020〕6号	《国务院关于落实〈政府工作报告〉重点工作部门分工的意见》	（农业农村部牵头，年内持续推进）加强非洲猪瘟等疫病防控，恢复生猪生产，发展畜禽水产养殖，健全农产品流通体系，支持农产品深加工	农产品流通加工
4	2020－05	国务院办公厅	国办发〔2020〕9号	《国务院办公厅关于对2019年落实有关重大政策措施真抓实干成效明显地方予以督查激励的通报》	推进农产品流通现代化、积极发展农村电商和产销对接成效明显的地方：黑龙江省五常市，江苏省沭阳县，浙江省义乌市，山东省寿光市，河南省正阳县，湖北省潜江市，湖南省湘潭县，广东省遂溪县，四川省蒲江县，陕西省眉县。2020年对上述地方在电子商务进农村综合示范中优先支持，并给予专项资金扶持。（商务部、财政部组织实施）	农产品流通现代化
5	2020－06	国务院办公厅	国办发〔2020〕10号	《国务院办公厅转发国家发展改革委 交通运输部关于进一步降低物流成本实施意见的通知》	严格落实鲜活农产品运输"绿色通道"政策，切实降低冷鲜猪肉等鲜活农产品运输成本。（国家发展改革委、自然资源部负责）布局建设一批国家骨干冷链物流基地，有针对性补齐城乡冷链物流设施短板，整合冷链物流以及农产品生产、流通资源，提高冷链物流规模化、集约化、组织化、网络化水平，降低冷链物流成本。（国家发展改革委负责）加强县乡村共同配送基础设施建设，推广应用移动冷库等新型冷链物流设施设备	农产品运输、冷链物流设施

序号	发布时间	部门	发文号	政策名称	政策概要	关键词
6	2020－07	国务院办公厅	国办发明电〔2020〕21号	《国务院办公厅关于切实做好长江流域禁捕有关工作的通知》	在全国范围内开展水产品专项市场排查。以农产品批发市场、农贸市场、商超、餐饮单位为重点，加大市场排查和监督检查力度，重点检查水产品经营者是否严格落实进货查验记录要求，采购的水产品特别是捕捞水产品是否具有合法来源凭证等文件，是否存在采购、经营来源不明或者无法提供合法来源凭证水产品的违法违规行为	水产品、监管
7	2020－03	中央应对新型冠状病毒感染肺炎疫情工作领导小组	国发明电〔2020〕7号	《中央应对新型冠状病毒感染肺炎疫情工作领导小组关于印发当前春耕生产工作指南的通知》	在采取必要防控措施的同时，保证农资、农产品正常流通，根据疫情防控实际，合理安排春耕生产，组织农民错时下田、错峰作业，做到疫情防控与春耕生产统筹推进	疫情、农产品、流通
8	2020－03	农业农村部	农政改发〔2020〕2号	《农业农村部关于印发〈新型农业经营主体和服务主体高质量发展规划（2020—2022年）〉的通知》	充分发挥家庭农场、农民合作社、社会化服务组织在农业产前、产中、产后等领域的不同优势，以加快构建以农户家庭经营为基础、合作与联合为纽带、社会化服务为支撑的立体式复合型现代农业经营体系为目标，坚持不断提升经营服务能力和加强条件建设，促进各类经营主体和服务主体融合，切实保障和维护农民权益，加快培育高质量新型农业经营主体和服务主体，发挥其建设现代农业的引领推动作用，为实现乡村全面振兴和农业农村现代化提供有力支撑	家庭农场

序号	发布时间	部门	发文号	政策名称	政策概要	关键词
9	2020 - 04	农业农村部	农市发〔2020〕2号	《农业农村部关于加快农产品仓储保鲜冷链设施建设的实施意见》	紧紧围绕保供给、减损耗、降成本、强产业、惠民生，聚焦鲜活农产品产地"最初一公里"，以鲜活农产品主产区、特色农产品优势区和贫困地区为重点，坚持"农有、农用、农享"的原则，依托家庭农场、农民合作社开展农产品仓储保鲜冷链设施建设，进一步降低农产品损耗和物流成本，推动农产品提质增效和农业绿色发展，促进农民增收和乡村振兴，持续巩固脱贫攻坚成果，更好地满足城乡居民对高质量农产品的消费需求	农产品产地、特色农产品
10	2020 - 04	农业农村部	农市发〔2020〕2号	《农业农村部关于加快农产品仓储保鲜冷链设施建设的实施意见》	以鲜活农产品主产区、特色农产品优势区和贫困地区为重点，到2020年年底在村镇支持一批新型农业经营主体加强仓储保鲜冷链设施建设，推动完善一批由新型农业经营主体运营的田头市场，实现鲜活农产品产地仓储保鲜冷链能力明显提升，产后损失率显著下降；商品化处理能力普遍提升，产品附加值大幅增长；仓储保鲜冷链信息化与品牌化水平全面提升，产销对接更加顺畅；主体服务带动能力明显增强；"互联网＋"农产品出村进城能力大幅提升	农产品仓储保鲜冷链设施建设
11	2020 - 05	农业农村部	农法发〔2020〕2号	《农业农村部关于印发〈农业综合行政执法事项指导目录（2020年版）〉的通知》	一、对农产品生产企业、农民专业合作经济组织以及从事农产品收购的单位或者个人销售的农产品未按照规定进行包装、标识逾期不改正的行政处罚。二、对食用农产品进入批发、零售市场或者生产加工企业前使用的保鲜剂、防腐剂、添加剂等材料不符合国家有关强制性的技术规范的行政处罚。三、对农产品生产企业、农民专业合作经济组织销售不合格农产品的行政处罚。四、对冒用农产品质量标志的行政处罚。五、对生产经营者不按照法定条件、要求从事食用农产品生产经营活动等行为的行政处罚。	农产品、行政处罚

序号	发布时间	部门	发文号	政策名称	政策概要	关键词
11					六、对生产食用农产品所使用的原料、辅料、添加剂、农业投入品等不符合法律、行政法规的规定和国家强制性标准的行政处罚。七、对生产企业发现其生产的食用农产品存在安全隐患，可能对人体健康和生命安全造成损害，不履行向社会公布有关信息，不向有关监督管理部门报告等行为的行政处罚。八、对农产品质量安全检测机构伪造检测结果或者出具检测结果不实的行政处罚。九、对伪造、冒用、转让、买卖无公害农产品产地认定证书、产品认证证书和标志行为的行政处罚	
12	2020－07	农业农村部	农明字〔2020〕64号	《农业农村部关于加强海参养殖用药监管的紧急通知》	在深入推进农产品质量安全专项整治"利剑"行动的基础上，自本通知发布之日起至8月底，开展一次全国范围的海参养殖违法违规用药专项整治行动，水产养殖生产过程中除合法使用水产养殖用兽药、水产养殖饲料以外，不得使用其他投入品	农产品质量安全、海参
13	2020－01	农业农村部办公厅	—	《农业农村部办公厅关于稳定和加强基层农产品质量安全检验检测体系的通知》	一、充分认识稳定和加强基层农产品质量安全检验检测体系的重要意义。二、切实稳定基层农产品质量安全检验检测体系。（一）明确稳定基层农产品质量安全检验检测体系的原则。（二）明晰基层农产品质量安全检验检测机构的功能定位。（三）强化基层农产品质量安全检验检测机构的运行保障。三、进一步加强基层农产品质量安全检验检测体系建设管理。（一）加强对基层农产品质量安全检验检测机构的指导。（二）探索构建农产品质量安全检验检测体系新模式。（三）抓住有利机遇强化基层农产品质量安全检验检测机构能力建设	农产品质量安全

序号	发布时间	部门	发文号	政策名称	政策概要	关键词
14	2020-03	农业农村部办公厅	—	《农业农村部办公厅关于印发〈2020年农业农村绿色发展工作要点〉的通知》	积极推进农业绿色生产，增加绿色优质农产品供给。（一）优化种养业结构。（二）推行标准化生产。（三）发展生态健康养殖。（四）提高农产品质量安全水平	绿色农产品、农产品质量安全
15	2020-03	农业农村部办公厅	—	《农村农业①办公厅关于在全国试行〈农产品质量安全追溯管理专用术语〉等11项技术规范的通知（3）》	本标准规定了农产品质量安全追溯风险预警数据源、农产品质量安全风险预警指标体系、农产品质量安全风险预警算法及农产品质量安全风险预警信息发布。本标准适用于国家农产品质量安全追溯管理信息平台分析决策系统风险预警子系统的建设，以及农产品的质量安全风险预警业务的开展	农产品质量安全追溯
16	2020-03	农业农村部办公厅	农办牧〔2020〕18号	《农业农村部办公厅关于印发〈2020年畜牧产业扶贫和援藏援疆行动方案〉的通知》	加强特色黑猪养殖帮扶。在湖北省咸丰县和贵州省剑河县联学共建点做好黑猪绿色发展技术成果转化及应用推广工作，延伸生猪特色产业链条，助力培育"恩施黑猪"等特色农产品品牌，打造"猪—茶""猪—果"和"猪—菜"种养循环结合模式	黑猪特色产业链
17	2020-03	农业农村部办公厅	农办渔〔2020〕11号	《农业农村部办公厅关于印发〈稻渔综合种养生产技术指南〉的通知》	积极打造地理标志农产品、水产品和区域公共产品品牌，促进稻渔综合种养"农、渔、旅"充分融合，提升经济效益和发展质量	地理标志农产品、水产品和区域公共产品品牌
18	2020-04	农业农村部办公厅	农办渔〔2020〕8号	《农业农村部办公厅关于实施2020年水产绿色健康养殖"五大行动"的通知》	2020年通过开展生态健康养殖模式推广行动，建立"水产生态健康养殖技术模式推广基地"200个以上，推广技术模式9个以上，打造一批可复制、可推广的技术模式样板，辐射带动生态健康养殖技术模式广泛应用，促进水产养殖业绿色发展。研究制定适应各地产业发展需	水产品绿色健康养殖

① 应为"农业农村部"。

序号	发布时间	部门	发文号	政策名称	政策概要	关键词
18					要的水产生态健康养殖技术模式系列标准和操作规范并汇编成册。（一）池塘工程化循环水养殖技术模式。（二）工厂化循环水养殖技术模式。（三）稻渔综合种养技术模式。（四）深水抗风浪网箱养殖技术模式。（五）大水面生态增殖养殖技术模式。（六）盐碱水绿色养殖技术模式。（七）多营养层级综合养殖技术模式。（八）鱼菜共生生态种养技术模式。（九）集装箱式循环水养殖技术模式	
19	2020 - 02	农业农村部办公厅	—	《农业农村部办公厅关于印发〈2020年农产品质量安全工作要点〉的通知》	一、加强风险防范。（一）全力守好农产品质量安全底线。（二）强化风险监测。（三）深化风险评估。（四）完善应急机制。（五）加强科普宣传。二、强化执法监管。（一）深入开展专项整治。（二）加强监督检查。（三）开展农资打假专项治理。三、健全标准体系。（一）构建高质量发展标准体系。（二）开展对标达标提质行动。（三）深入实施地理标志农产品保护工程。四、完善监管制度。（一）试行农产品合格证制度。（二）加快质量追溯推广应用。（三）完善质检机构管理制度。（四）加快农产品质量安全信用体系建设。五、提高监管能力。（一）做好"十四五"规划编制工作。（二）大力推动智慧监管。（三）深化国家农产品质量安全县创建。（四）切实增强基层监管能力。六、切实转变作风。（一）巩固"不忘初心、牢记使命"主题教育活动成果。（二）助力脱贫攻坚。强化党建促脱贫攻坚，动员各方力量积极参与结对帮扶工作。（三）科学制定绩效考核指标体系	农产品质量安全

序号	发布时间	部门	发文号	政策名称	政策概要	关键词
20	2020-05	农业农村部办公厅	农办市〔2020〕7号	《农业农村部办公厅关于开展"互联网＋"农产品出村进城工程试点工作的通知》	优先选择包括贫困地区、特色农产品优势区在内的100个县开展试点，到2021年年底，基本完成试点建设任务。发挥"互联网＋"在推进农产品生产、加工、储运、销售各环节高效协同和产业化运营中的作用，培育出一批具有较强竞争力的县级农产品产业化运营主体，建立完善适应农产品网络销售的供应链体系、运营服务体系和支持保障体系，实现优质特色农产品产销顺畅衔接、优质优价，供给能力和供应效率得到显著提升，农民就业增收渠道进一步拓宽。通过试点，探索形成一批符合各地实际、可复制可推广的推进模式和标准规范，向全国推广应用	"互联网＋"农产品、特色农产品
21	2020-06	农业农村部办公厅	农办市〔2020〕8号	《农业农村部办公厅关于进一步加强农产品仓储保鲜冷链设施建设工作的通知》	一、统筹推进设施建设。（一）切实做好实施方案。（二）积极开展政策宣贯。（三）尽快启动申报审核工作。二、加强建设过程管理。（四）全程公开建设信息。（五）加大技术服务力度。（六）加快建设验收办理。三、加大政策扶持力度。（七）统筹用好支持资金。（八）主动争取地方政府专项债。（九）落实用电用地政策。四、强化风险防控机制。（十）落实风险防控责任。（十一）切实加强监督管理	农产品仓储保鲜冷链设施建设
22	2020-05	农业农村部办公厅	—	《农业农村部办公厅关于做好2020年地理标志农产品保护工程实施工作的通知》	聚焦粮油、果茶、蔬菜、中药材、畜牧、水产六大品类，围绕特色资源发掘、特色产业发展和农耕文化发扬，重点建设以下内容。（一）增强综合生产能力。（二）提升产品质量和特色品质。（三）加强品牌建设。（四）推动身份标识化和全程数字化	地理标志农产品

续 表

序号	发布时间	部门	发文号	政策名称	政策概要	关键词
23	2020 - 05	农业农村部办公厅	—	《农业农村部办公厅关于印发〈2020年农产品质量安全专项整治"利剑"行动方案〉的通知》	（一）规范种植养殖屠宰行为。一是落实主体责任。二是指导种植养殖者加强风险防控。（二）加强风险隐患排查。一是实施农产品质量安全网格化监管。二是排查未按规定使用"三剂"以及使用所谓"非药品""动保产品"中添加兽药和禁用药品及其他化合物的安全隐患。（三）加大监督抽查力度。（四）开展飞行检查。（五）加大案件查办力度	农产品质量安全
24	2020 - 05	农业农村部、财政部	农产发〔2020〕2号	《农业农村部 财政部关于公布2020年优势特色产业集群建设名单的通知》	要建设优势特色标准化生产基地。要发展优势特色农产品加工营销。要健全经营组织体系。要加强要素集聚支撑。搭建信息服务平台。要建立健全利益联结机制。培育布局合理、功能互补的农业产业化联合体	特色农产品
25	2020 - 03	农业农村部办公厅、财政部办公厅	农办规〔2020〕10号	《农业农村部办公厅 财政部办公厅关于开展2020年国家现代农业产业园创建工作的通知》	各地要围绕保障重要农产品有效供给和促进农民持续增收，综合考虑农业资源禀赋、特色产业发展、一二三产业融合等因素，统筹推进国家产业园建设。2020年重点支持创建优质粮油、健康养殖、现代种业产业园，鼓励结合产业发展需要创建中药材产业园。优先支持符合条件的贫困县、粮食生产功能区、重要农产品生产保护区、特色农产品优势区、国家现代农业示范区等申请创建。产业园应布局在县以下	农产品生产保护区、特色农产品优势区
26	2020 - 03	农业农村部办公厅、人力资源社会保障部办公厅	农办产〔2020〕2号	《农业农村部办公厅 人力资源社会保障部办公厅关于印发〈扩大返乡留乡农民工就地就近就业规模实施方案〉的通知》	引导返乡留乡农民工投入农业生产，领办合办农民合作社、农机服务社，开办家庭农场，兴办特色种植业和规模养殖业，推进农产品产业链、物流体系建设，扩大农业生产和服务领域的就业机会	家庭农场、农产品产业链

续　表

序号	发布时间	部门	发文号	政策名称	政策概要	关键词
27	2020-07	农业农村部办公厅等7部门	农办市〔2020〕9号	《农业农村部办公厅 国家林业和草原局办公室 国家发展改革委办公厅 财政部办公厅 科技部办公厅 自然资源部办公厅 水利部办公厅关于印发〈中国特色农产品优势区管理办法（试行）〉的通知》	特色农产品优势区具备以下特征：比较优势明显，现代要素集聚，利益链条完整，运行机制完善。中国特优区所在地政府应加强组织领导，鼓励农业产业化龙头企业、林业重点龙头企业、农民合作社和协会等主体积极参与，承担相关工作，推进特色产业高效发展，构建紧密型的利益联结机制，有效带动农民增收致富。建立中国特优区综合评估制度，每四年评估一次	特色农产品

第二节　标准文件

表 9-3　　　　　　　　　　　　农产品供应链相关标准

序号	种类	标准编号	标准名称	发布日期	实施日期	发布机构	规定范围
1	保鲜	NY/T 3026—2016	鲜食浆果类水果采后预冷保鲜技术规程	2016-12-23	2017-04-01	原农业部	本标准规定了鲜食浆果类果品的术语和定义、基本要求、预冷和储藏。本标准适用于葡萄、猕猴桃、草莓、蓝莓、树莓、蔓越莓、无花果、石榴、番石榴、醋栗、穗醋栗、阳桃、番木瓜、人心果等鲜食浆果类果品的采后预冷和储藏保鲜
2		NY/T 3570—2020	多年生蔬菜储藏保鲜技术规程	2020-03-20	2020-07-01	农业农村部	本标准规定了多年生蔬菜储藏保鲜的采收和质量要求、储藏设施、预冷、分级与包装、堆码、储藏、出库及运输等技术要求。本标准适用于芦笋、黄秋葵、食用百合、香椿的储藏保鲜

序号	种类	标准编号	标准名称	发布日期	实施日期	发布机构	规定范围
3	保鲜	GH/T 1131—2017	油菜冷链物流保鲜技术规程	2017－02－28	2017－07－01	中华全国供销合作总社	本标准规定了油菜采收、产品质量、预冷、包装与标识、冷藏、出库、运输与销售等要求。 本标准适用于叶用油菜的冷链物流
4		T/MYX GY 006—2018	蒙阴蜜桃贮藏保鲜操作规程	2018－12－15	2018－12－30	蒙阴县果业协会	本标准规定了蒙阴蜜桃的参照贮藏条件、贮藏场所和方式选择、贮藏场所温度、湿度调控及工艺流程。 本标准适用于蒙阴蜜桃贮藏保鲜
5		T/CQL C 003—2018	保鲜花椒冷链作业规范	2019－01－28	2019－04－01	重庆市冷藏冷链行业协会	本标准规定了保鲜花椒的原料、加工、贮藏、运输要求。 本标准适用于保鲜花椒的冷链储运
6		T/JCJX LJ 02—2019	生姜采收、贮藏及保鲜技术规程	2019－12－10	2019－12－31	河池市金城江区兴隆生姜发展协会	本标准规定了贮运保鲜用姜的术语和定义、要求、贮藏与管理，运输方式与条件、方法与规则
7		NY/T 1202—2020	豆类蔬菜贮藏保鲜技术规程	2020－07－27	2020－11－01	农业农村部	无
8		NY/T 1203—2020	茄果类蔬菜贮藏保鲜技术规程	2020－07－27	2020－11－01	农业农村部	无
9		T/ZZB 1283—2019	环保型塑料保鲜盒	2019－10－30	2019－11－30	浙江省品牌建设联合会	本标准规定了环保型塑料保鲜盒（以下简称保鲜盒）的分类、基本要求、技术要求、试验方法、检验规则、标志、标签、包装、运输、贮存和质量承诺。 本标准适用于以聚丙烯（PP）、聚丙烯腈－苯乙烯（AS）、聚乙烯（PE）、聚苯乙烯（PS）、聚甲基丙烯酸甲酯（PMMA）、改性聚对苯二甲酸1，4－环己烷二甲醇酯（改性PCT）作为盒体和盒盖的主要原料，以乙丙烯共聚物热塑性弹性体材料作为密封材料，经注射成型的日用塑料保鲜盒。 本标准不适用于真空塑料保鲜盒

序号	种类	标准编号	标准名称	发布日期	实施日期	发布机构	规定范围
10		T/CGCC 26—2018	食品用酒精保鲜剂	2018－12－28	2019－01－01	中国商业联合会	本标准规定了食品用酒精保鲜剂产品的术语和定义、产品分类、技术要求、生产要求、检验方法、检验规则、标签和标志、包装、运输、贮存等要求。本标准适用于食品用酒精保鲜剂产品的生产、检验和销售
11		T/ZWAZJ SXH 002—2019	冷藏保鲜库管理标准	2019－04－05	2019－06－01	中卫市矮砧密植有机苹果种植协会	保证冷藏保鲜库管理规范、操作合理，特制定管理标准
12		T/CAS 293—2017	水果保鲜柜通用要求	2017－12－29	2017－12－29	中国标准化协会	本标准规定了水果保鲜柜的术语和定义、要求、试验方法、检验规则及标志、包装、运输和贮存。本标准适用于具有水果保鲜功能的间室。本标准适用于具有水果保鲜功能的保鲜柜。与水果存储要求一致的蔬菜保鲜功能的间室或蔬菜保鲜柜也可参照本标准
13	保鲜	T/CFPMA 0005—2019	食品气调保鲜包装机	2019－09－01	2019－10－01	中国食品和包装机械工业协会	本标准规定了食品气调保鲜包装机的术语和定义、产品分类、技术要求、试验方法、检验规则、标志、包装、运输和贮存。本标准适用于采用二氧化碳、氮气、氧气等保护性混合气体，按被包装食品特性配比混合，对包装盒/袋内的空气进行置换，抑制食品微生物的生长繁殖，延长食品的保质期，从而达到保鲜效果的食品气调保鲜包装机（以下简称包装机）
14		GB/T 32094—2015	塑料保鲜盒	2015－10－09	2016－11－01	原国家质量监督检验检疫总局、国家标准化管理委员会	本标准规定了塑料保鲜盒的术语和定义、分类、要求、试验方法、检验规则、标志、标签、包装、运输和贮存。本标准适用于以聚丙烯（PP）、聚丙烯腈－苯乙烯（AS）、聚乙烯（PE）、聚苯乙烯（PS）、聚碳酸酯（PC）为主要原料，以硅橡胶为密封材料，经注射成型的日用塑料保鲜盒
15		GB 20371—2016	食品安全国家标准食品加工用植物蛋白	2016－12－23	2017－06－23	原国家卫生和计划生育委员会、原国家食品药品监督管理总局	本标准适用于食品加工用途的植物蛋白产品。本标准不适用于棉籽蛋白和菜籽蛋白

序号	种类	标准编号	标准名称	发布日期	实施日期	发布机构	规定范围
16		GB 12694—2016	食品安全国家标准 畜禽屠宰加工卫生规范	2016－12－23	2017－12－23	原国家卫生和计划生育委员会、原国家食品药品监督管理总局	本标准规定了畜禽屠宰加工过程中畜禽验收、屠宰、分割、包装、贮存和运输等环节的场所、设施设备、人员的基本要求和卫生控制操作的管理准则。 本标准适用于规模以上畜禽屠宰加工企业
17	保鲜	GB 31639—2016	食品安全国家标准 食品加工用酵母	2016－12－23	2017－06－23	原国家卫生和计划生育委员会、原国家食品药品监督管理总局	本标准适用于食品加工用酵母
18		GB 18524—2016	食品安全国家标准 食品辐照加工卫生规范	2016－12－23	2017－12－23	原国家卫生和计划生育委员会、原国家食品药品监督管理总局	本标准规定了食品辐照加工的辐照装置、辐照加工过程、人员和记录等基本卫生要求和管理准则。 本标准适用于食品的辐照加工
19	加工	GB 13122—2016	食品安全国家标准 谷物加工卫生规范	2016－12－23	2017－12－23	原国家卫生和计划生育委员会、原国家食品药品监督管理总局	本标准规定了谷物经机械等物理方式加工成大米、小麦粉、玉米糁、玉米面等初级产品过程中原料采购、加工、包装、储存和运输等环节的场所、设施、人员的基本要求和管理准则。 本标准适用于谷物经机械等物理方式加工成大米、小麦粉、玉米糁、玉米面等初级产品的加工
20		GB 14932—2016	食品安全国家标准 食品加工用粕类	2016－12－23	2017－06－23	原国家卫生和计划生育委员会、原国家食品药品监督管理总局	本标准适用于食品加工用途的粕类产品。 本标准不适用于菜籽粕和棉籽粕

续　表

序号	种类	标准编号	标准名称	发布日期	实施日期	发布机构	规定范围
21	加工	GB/T 36395—2018	冷冻鱼糜加工技术规范	2018－06－07	2019－01－01	国家市场监督管理总局、国家标准化管理委员会	本标准规定了冷冻鱼糜加工的基本要求、加工技术要点及生产记录。本标准适用于以鲜、活鱼为原料，经前处理、清洗、采肉、漂洗、精滤、脱水、混合、充填和冻结等加工而成冷冻鱼糜的生产。以冻鱼为原料加工而成的冷冻鱼糜的生产和以其他动物性水产品为原料加工而成的冷冻水产品肉糜的生产可参照执行
22		GB/T 34238—2017	清洁蛋加工流通技术规范	2017－09－07	2018－04－01	原国家质量监督检验检疫总局、国家标准化管理委员会	本标准规定了清洁蛋加工流通规范的术语和定义、加工、包装、贮存、运输、销售和可追溯等要求。本标准适用于专营或兼营蛋类批发市场、超市、配送中心和农贸市场等销售清洁蛋的场所。本标准亦适用于清洁蛋电子商务的物流
23		GB/T 33305—2016	易腐食品加工储运过程信息采集与工艺优化指南	2016－12－13	2017－07－01	原国家质量监督检验检疫总局、国家标准化管理委员会	本标准规定了易腐食品加工储运过程质量安全信息的采集要求，以及依据过程信息进行工艺优化与评审的流程和内容。本标准适用于易腐食品加工储运过程的信息采集和工艺优化
24		GB/T 32744—2016	茶叶加工良好规范	2016－06－14	2017－01－01	原国家质量监督检验检疫总局、国家标准化管理委员会	本标准规定了茶叶加工企业的厂区环境、厂房及设施、加工设备与工具、卫生管理、加工过程管理、产品管理、检验、产品追溯与召回、机构与人员、记录和文件管理。本标准适用于茶叶初制、精制和再加工
25		GB/T 34264—2017	熏烧焙烤盐焗肉制品加工技术规范	2017－09－07	2018－04－01	原国家质量监督检验检疫总局、国家标准化管理委员会	本标准规定了熏烧焙烤盐焗肉制品的术语和定义、原辅料要求、加工要求、产品要求、检验方法、检验规则、标签与标志、储存、运输和销售、包装等要求。本标准适用于熏烧焙烤盐焗肉制品的生产、销售和检验

序号	种类	标准编号	标准名称	发布日期	实施日期	发布机构	规定范围
26	加工	GB/T 32743—2016	白茶加工技术规范	2016–06–14	2017–01–01	原国家质量监督检验检疫总局、国家标准化管理委员会	本标准规定了白茶的术语和定义、加工基本条件、加工工艺流程、初制技术、精制技术、质量管理、标志标签、运输和贮存等。 本标准适用于白茶的初加工和精加工
27		GB/T 34779—2017	茉莉花茶加工技术规范	2017–11–01	2018–05–01	国家标准化管理委员会、原国家质量监督检验检疫总局	本标准规定了茉莉花茶加工的术语和定义、原料要求、加工基本条件、加工工艺流程、加工技术要求、质量管理、标志、运输和贮存。 本标准适用于茉莉花茶的加工
28		GB/T 31766—2015	野山参加工及储藏技术规范	2015–07–03	2015–11–02	国家标准化管理委员会、原国家质量监督检验检疫总局	本标准规定了野山参加工技术的术语和定义、采收、加工前产品感官鉴定、产品加工、感官检查、包装、鉴定、产品流通和储藏。 本标准适用于野山参加工的全过程
29		NY/T 2783—2015	腊肉制品加工技术规范	2015–05–21	2015–08–01	原农业部	本标准规定了腊肉制品加工的术语和定义、产品分类、加工企业基本条件要求、原辅料要求、加工技术要求、标识与标志、储存和运输、召回等要求。 本标准适用于腊肉制品的加工
30		NY/T 3104—2017	仁果类水果（苹果和梨）采后预冷技术规范	2017–06–12	2017–10–01	原农业部	本标准规定了仁果类水果（苹果和梨）采后预冷技术的术语和定义、基本要求、入库、预冷、出库。 本标准适用于仁果类水果（苹果和梨）采后预冷
31		JB/T 12365—2015	禽类屠宰加工机械螺旋预冷机	2015–10–10	2016–03–01	工业和信息化部	本标准规定了螺旋预冷机的术语和定义、型号与基本参数、技术要求、试验方法、检验规则、标志、包装、运输和贮存。 本标准适用于利用螺旋流态化原理将脱毛去除内脏后的禽类胴体在冷水中进行排酸、消毒的螺旋预冷机

序号	种类	标准编号	标准名称	发布日期	实施日期	发布机构	规定范围
32	加工	JB/T 12327—2015	预冷式热回收型新风机组	2015－10－10	2016－03－01	工业和信息化部	本标准规定了预冷式热回收型新风机组的术语和定义、型式和基本参数、要求、试验、检验规则及标志、包装、运输和贮存等。 本标准适用于带有预冷装置和机械制冷除湿装置、以冷凝热为再热方式的新风（除湿）机组
33		GH/T 1239—2019	果蔬风冷预冷装备	2019－03－21	2019－10－01	中华全国供销合作总社	本标准规定了果蔬风冷预冷装备的术语和定义、型号、型式和基本参数、技术要求、试验方法、检验规则、标志、包装、运输和贮存等要求。 本标准适用于果品、蔬菜、食用菌等产品的风冷预冷设备
34		GH/T 1279—2019	农民专业合作社农产品包装要求	2019－11－28	2020－03－01	中华全国供销合作总社	本标准规定了农产品包装的术语和定义、包装材料、包装、标识和包装管理要求。 本标准适用于农民专业合作社农产品的包装
35		GB/T 34344—2017	农产品物流包装材料通用技术要求	2017－10－14	2018－05－01	原国家质量监督检验检疫总局、国家标准化管理委员会	本标准规定了农产品物流包装材料的基本要求、质量要求等内容。 本标准适用于农产品物流过程相关包装材料的制造、销售和检测
36		GB/T 37060—2018	农产品流通信息管理技术通则	2018－12－28	2019－07－01	国家市场监督管理总局、国家标准化管理委员会	本标准规定了农产品流通信息管理的一般要求、信息内容、采集要求、存储要求、交换要求、使用要求和归档要求。 本标准适用于农产品流通过程中收购、初加工、交易、储运等环节信息的管理
37		SB/T 11097—2014	农产品批发市场信息中心建设与管理技术规范	2014－07－30	2015－03－01	商务部	本标准规定了农产品批发市场信息中心建设的术语和定义、基本要求、硬件设施设备、信息系统建设和管理要求。 本标准适用于正式运营的农产品批发市场

序号	种类	标准编号	标准名称	发布日期	实施日期	发布机构	规定范围
38	加工	T/SMTA 0001—2019	农产品批发市场信息追溯管理规程 第一部分：白条猪肉	2019－11－18	2019－11－28	上海市肉类行业协会	无
39		GB/T 38738—2020	病媒生物防制操作规程 农贸市场	2020－04－28	2020－11－01	国家市场监督管理总局、国家标准化管理委员会	本标准规定了城镇室内农贸市场病媒生物防制的原则、操作程序和技术方法。本标准适用于城镇室内农贸市场的病媒生物防制
40		T/GDID 2012—2018	农贸市场通用管理规范	2018－12－15	2019－01－01	广东省企业创新发展协会	本标准规定了农贸市场的经营环境要求、经营设施设备要求和经营管理要求。本标准适用于申请开业和运营的农贸市场
41		T/NTAS 002—2019	农贸市场行业计量示范创建规范	2019－07－08	2019－07－08	南通市标准化协会	本标准规定了农贸市场行业计量示范创建规范的术语和定义、创建主体、创建要求、评价。本标准适用于农贸市场行业计量示范的创建活动
42		T/GDFCA 021—2019	农贸市场食品追溯系统数据接口规范	2019－12－11	2019－12－25	广东省食品流通协会	本标准规定了农贸市场食品追溯系统数据接口的术语和定义、数据接口及认证方式、数据接口说明以及接口验收标准。本标准适用于农贸市场食品追溯系统的接入与应用，也可用于指导农贸市场食品追溯系统的开发
43		GB/T 33659—2017	农贸市场计量管理与服务规范	2017－05－12	2017－12－01	原国家质量监督检验检疫总局、国家标准化管理委员会	本标准规定了农贸市场计量管理和服务的要求。本标准适用于农贸市场的计量管理与服务

序号	种类	标准编号	标准名称	发布日期	实施日期	发布机构	规定范围
44	加工	JJF 1729—2018	农药残留检测仪校准规范	2018-12-25	2019-03-25	国家市场监督管理总局	本规范适用于胆碱酯酶试剂盒比色法原理农药残留检测仪的校准
45		T/GZTPA 0003-2020	茶青中多种农药残留测定	2020-08-13	2020-09-01	贵州省绿茶品牌发展促进会	本标准规定了茶青中88种农药残留的气相色谱—质谱联用法分析法。 本标准适用于茶青中88种农药残留量的测定
46		CAC/GL 90—2017	食品和饲料中农药残留测定分析方法的性能标准指南	2017-09-22	2017-09-22	CAC农药残留法典委员会（CCPR）	无
47		T/CAPSCA 001-2020	农产品配送服务规范	2020-01-20	2020-02-20	成都农产品供应链协会	本标准规定了农产品配送商要求、配送服务、农产品质量要求、追溯、处理和召回、评价与改进。 本标准适用于农产品配送
48		T/GDFCA 015—2019	校园食品配送中心冷链管理规范	2019-12-11	2019-12-25	广东省食品流通协会	本标准规定了校园食品在配送中心流通过程中冷藏运输、冷藏存储、质量管理要求、追溯标识及编码、追溯监管要求、冷链信息管理、实施追溯的管理要求
49		T/GDFCA 019—2019	食品配送企业食品追溯系统数据接口规范	2019-12-18	2019-12-25	广东省食品流通协会	本标准规定了食品配送企业食品追溯系统数据接口的术语和定义、数据接口及认证方式、数据接口说明以及接口验收标准。 本标准适用于食品配送企业食品追溯系统的接入与应用，也可用于指导食品配送企业食品追溯系统的开发
50		GB/T 36192—2018	活水产品运输技术规范	2018-05-14	2018-12-01	国家市场监督管理总局、国家标准化管理委员会	本标准规定了活水产品运输的基本要求、运输工具、运输管理和暂养。 本标准适用于活鱼、活虾、活贝、活蟹的运输，其他活水产品可参照执行

续　表

序号	种类	标准编号	标准名称	发布日期	实施日期	发布机构	规定范围
51	加工	NY/T 2843—2015	动物及动物产品运输兽医卫生规范	2015 - 10 - 09	2015 - 12 - 01	原农业部	本标准规定了动物及动物产品运输前、运输中、运输后的兽医卫生要求。本标准适用于动物及动物产品的运输
52		T/CCCCIA 010—2017	流动群宴产品运输标准	2017 - 07 - 30	2017 - 09 - 01	成都乡厨餐饮行业协会	本标准规定流动厨师所承办的群宴所使用产品冷藏运输的规则，保障菜品的品质

第三节　中物联 A 级、星级物流企业评估工作介绍

A 级物流企业评估是依据《物流企业分类与评估指标》（GB/T 19680—2013）国家标准，分为运输型、仓储型、综合型三种类型，按照各自的评估指标体系，进行规范、标准的物流企业综合评估认证工作（申报网址：http：//cele. chinawuliu. com. cn）。A 级物流企业得到了政府的大力扶持，目前已有 60 多个地方政府针对物流 A 级企业出台相应补贴政策，资金扶持力度从 5 万元到 500 万元不等（因补贴政策内容较多，获取详情请联系办公室）。

星级冷链物流企业评估是依据《物流企业冷链服务要求与能力评估指标》（GB/T 31086—2014）国家标准，分为运输型、仓储型、综合型三种类型，按照各自的评估指标体系，以规范、标准的流程进行冷链物流企业综合评估认证工作（申报网址：http：//ll. chinawuliu. com. cn）。星级评估需为 A 级企业，A 级、星级可同评。星级冷链物流企业得到了政府的大力扶持。目前已有山东、大连、广州、合肥等 10 多个地方政府出台相应补贴政策，支持星级冷链物流企业的发展，资金扶持力度从 10 万元到 100 万元不等（具体政策见表 9 - 4）。

申报流程：自检→申报→审核→现场评估→审定→公示→通告→授牌。

具体申报方式，请咨询中物联冷链与医药评估工作办公室，联系方式如下所示（微信同号）。

王晓晓：15911188972

郭月：13051173305

E - mail：standard@ lenglian. org. cn

表 9 - 4   部分省市关于"星级冷链物流企业"扶持政策

序号	地区	文件名	发文号	文件内容
1	赣州市	《赣州市本级物流发展专项资金管理暂行办法》	赣市财建字〔2016〕38 号	获得中国物流与采购联合会认定为国家1A（星）、2A（星）、3A（星）、4A（星）、5A（星）级的市本级物流企业，在评选当年分别给予 5 万元、10 万元、20 万元、30 万元、40 万元奖励。以上奖励以最高奖励档次计算，不累加。从低级别奖励档次提升至高级别奖励档次的，只追补奖励档次差
2	泉州市	《泉州市人民政府办公室关于促进冷链物流加快发展的实施意见》	泉政办〔2017〕1 号	积极鼓励冷链物流企业纳入上市后备企业，积极参评星级企业。对新建低温物流园区、集中区和中转基地，市商务局按不高于投资额 20%、最高 500 万元并按进度予以补助；对在园区内建设冷库的，由市商务局按不高于投资额 20%、最高不超过 150 万元予以补助
3	山东省	《山东省人民政府办公厅关于促进内贸流通供给侧结构性改革的意见》	鲁政办字〔2017〕108 号	支持企业开展"星级"冷链物流企业创建，鼓励国内外大型冷链物流企业布局山东。2019 年年底前，对注册地在山东的新获三星以上星级认定的冷链物流企业，有条件的地方可分档给予奖励，培育壮大一批冷链物流主体
4	大连市	《大连市港口与口岸局 大连市财政局关于印发〈大连市物流业发展专项资金暂行管理办法〉的通知》	大港口发〔2017〕159 号	根据相关国家标准评定的 3A 级以上物流企业，3A、4A、5A 级的物流企业分别给予 10 万元、20 万元、30 万元奖励
5	济南市	《济南市人民政府关于调整补充济南市加快物流业发展若干政策的通知》	济政字〔2017〕68 号	新评为国家三星、四星、五星级的冷链物流企业，分别给予 10 万元、50 万元和 100 万元一次性补助
6	焦作市	《焦作市人民政府办公室关于印发焦作市物流业转型发展三个工作方案的通知》	焦政办〔2017〕153 号	积极引导冷链物流企业参加国家冷链物流企业星级评估、A 级物流企业综合评估、物流企业信用评价等项工作
7	云南省	《云南省人民政府办公厅关于印发云南省加快推进现代物流产业发展10 条措施的通知》	云政办发〔2018〕10 号	鼓励大型制造企业、商贸企业整体剥离物流业务，面向社会提供公共物流服务。支持大型物流企业申评国家 5A 级物流企业及五星级冷链物流企业资质

序号	地区	文件名	发文号	文件内容
8	胶州市	《胶州市人民政府关于加快现代物流产业发展的意见》	胶政发〔2018〕66号	按照国家《冷链物流企业星级评估办法》，被评为国家三星、四星、五星级且纳入规模以上服务业统计的冷链物流企业，分别奖励20万元、30万元、50万元。由三星升四星、四星升五星的，补差计奖
9	福州市	《福州市商务局　福州市财政局关于组织申报福州市2018年现代物流业发展专项资金项目的通知》	榕商务物流〔2018〕45号	对被评为国家4A、5A级的物流企业，分别给予30万元、50万元一次性奖励；对被评为四星、五星级的冷链物流企业，分别给予30万元、50万元一次性奖励，对升级企业给予补差奖励
10	广州市	《广州市商务委员会关于印发促进食品冷链物流发展若干措施的函》	穗商务函〔2019〕57号	按照有关标准，通过鼓励、引导和扶持等手段，推动企业开展质量认证、信用等级评定和国家A级物流企业、星级冷链物流企业评估
11	龙岩市	《龙岩市人民政府关于加快现代服务业发展十五条政策措施（修订）的通知》	龙政综〔2019〕21号	首次获评国家"三星""四星""五星"级冷链物流企业，分别给予10万元、20万元、30万元奖励，等级提升企业给予补差奖励
12	合肥市	《合肥市人民政府办公室关于印发2020年合肥市培育新动能促进产业转型升级推动经济高质量发展若干政策实施细则的通知》	合政办〔2020〕6号	对新晋升国家5A和4A级的物流企业，分别给予100万元、50万元一次性奖补。对首次评为国家五星、四星级的冷链物流企业，分别给予100万元、50万元一次性奖补
13	湖南省	《湖南省人民政府办公厅印发〈关于促进冷链物流业高质量发展的若干政策措施〉的通知》	湘政办发〔2020〕13号	对注册地在湖南且首次获评或复核通过的国家五星级冷链物流企业，以及全国冷链物流业100强企业，由省财政给予一次性奖励50万元。对注册地在湖南且首次获评或复核通过的国家三星、四星级冷链物流企业，各地可分档给予奖励

第四节　各地特色农产品

表9-5 　　　　　　　　　　中国各省市地理标志农产品

北京市（15个）				
产品名称	产地	产品编号	证书持有者	登记年份
延庆国光苹果	北京	AGI00161	延庆县果品服务中心	2009年
昌平草莓	北京	AGI00410	北京市昌平区农业服务中心	2010年
安定桑葚	北京	AGI00374	北京市大兴区安定镇农业发展服务中心	2010年
通州大樱桃	北京	AGI00444	北京市通州区林业技术推广站	2010年
延庆葡萄	北京	AGI00750	延庆县果品服务中心	2011年
妙峰山玫瑰	北京	AGI00751	北京市门头沟区妙峰山镇农业发展服务中心	2011年
海淀玉巴达杏	北京	AGI01377	北京市海淀区农业科学研究所	2014年
延怀河谷葡萄	北京	AGI01456	北京市延庆县葡萄与葡萄酒协会	2014年
泗家水红头香椿	北京	AGI01497	北京市门头沟区雁翅镇泗家水村香椿协会	2014年
京西稻	北京	AGI01590	北京市海淀区上庄镇农业综合服务中心	2015年
庞各庄金把黄鸭梨	北京	AGI01591	北京市大兴区庞各庄镇农业综合服务中心	2015年
茅山后佛见喜梨	北京	AGI01794	北京市平谷区茅山后梨产销协会	2016年
北京鸭	北京	AGI02119	北京市畜牧总站	2017年
上方山香椿	北京	AGI02780	北京市房山区农业环境和生产监测站	2020年
北京油鸡	北京	AGI02781	北京市畜牧总站	2020年
天津市（9个）				
产品名称	产地	产品编号	证书持有者	登记年份
宝坻大葱	天津	AGI00752	天津市宝坻区种植业发展服务中心	2011年
宝坻天鹰椒	天津	AGI00753	天津市宝坻区种植业发展服务中心	2011年
大港冬枣	天津	AGI00754	天津市滨海新区大港农业服务中心	2011年
静海金丝小枣	天津	AGI01049	天津市静海县西翟庄小枣协会	2013年
徐堡大枣	天津	AGI01050	天津市徐堡枣种植专业合作社	2013年
桑梓西瓜	天津	AGI01592	天津市蓟县农业蔬菜技术服务站	2015年
宝坻大蒜	天津	AGI01795	天津市宝坻区种植业发展服务中心	2016年
茶淀玫瑰香葡萄	天津	AGI02244	天津市滨海新区葡萄种植业协会	2018年
小站稻	天津	AGI02782	天津市津南区农业技术推广服务中心	2020年

河北省（47 个）

产品名称	产地	产品编号	证书持有者	登记年份
灵寿金针菇	河北	AGI00446	灵寿县灵洁食用菌专业合作社	2010 年
平泉香菇	河北	AGI00447	平泉县利达食用菌专业合作社	2010 年
威县三白西瓜	河北	AGI00448	威县甲琳三白西瓜专业合作社	2010 年
崇礼蚕豆	河北	AGI00587	崇礼县志忠蚕豆专业合作社	2011 年
任县高脚白大葱	河北	AGI00588	任县宜采蔬菜种植专业合作社	2011 年
隆尧泽畔藕	河北	AGI00755	隆尧县莲藕发展服务中心	2011 年
隆尧大葱	河北	AGI00756	隆尧县隆郭大葱专业合作社	2011 年
围场胡萝卜	河北	AGI00757	围场满族蒙古族自治县新鑫胡萝卜生产经营合作社	2011 年
安次甜瓜	河北	AGI00758	廊坊市安次区甜源瓜菜专业合作社	2011 年
漫河西瓜	河北	AGI00759	阜城县农林局蔬菜办公室	2011 年
胜芳蟹	河北	AGI00760	霸州市胜芳蟹养殖协会	2011 年
滏河贡白菜	河北	AGI00837	平乡县滏河贡蔬菜种植协会	2012 年
平泉滑子菇	河北	AGI00869	平泉县兴科食用菌专业合作社	2012 年
磁州白莲藕	河北	AGI00870	磁县禾下土种植专业合作社	2012 年
冀州天鹰椒	河北	AGI01051	冀州市富农辣椒专业合作社	2013 年
迁西栗蘑	河北	AGI01052	迁西县食用菌协会	2013 年
曲周小米	河北	AGI01053	曲周县巨桥谷子种植专业合作社	2013 年
祁紫菀	河北	AGI01054	安国市中药材标准化生产协会	2013 年
遵化香菇	河北	AGI01196	遵化市宝伞食用菌专业合作社	2013 年
南和金米	河北	AGI01250	南和县惠华金米专业合作社	2013 年
高碑店黄桃	河北	AGI01457	高碑店市黄桃协会	2014 年
涉县柴胡	河北	AGI01458	涉县农业技术推广中心	2014 年
黄粱梦小米	河北	AGI01498	邯郸黄粱美梦谷类种植协会	2014 年
柏各庄大米	河北	AGI01499	滦南县柏各庄镇农村专业技术协会	2014 年
肥乡圆葱	河北	AGI01593	河北省肥乡县农业技术推广中心	2015 年
黑沿子毛蚶	河北	AGI01735	唐山市丰南区水产服务中心	2015 年
满城草莓	河北	AGI01935	保定市满城区农业技术推广服务中心	2016 年
丰南胭脂稻	河北	AGI01936	唐山市丰南区农业服务中心	2016 年
石洞彩苹果	河北	AGI02006	小南辛堡镇农业综合服务中心	2017 年

河北省（47 个）

产品名称	产地	产品编号	证书持有者	登记年份
黄骅梭子蟹	河北	AGI02063	黄骅市水产技术推广站	2017 年
南宫黄韭	河北	AGI02120	南宫市农业技术推广中心	2017 年
玉田甲鱼	河北	AGI02161	玉田县鑫龙养殖专业合作社	2017 年
南口供佛杏	河北	AGI02245	阳原县高墙乡农业综合服务中心	2018 年
张北马铃薯	河北	AGI02246	张北坝上马铃薯产业协会	2018 年
阳原鹦哥绿豆	河北	AGI02379	阳原县农业管理中心	2018 年
祁菊花	河北	AGI02452	安国市中药材标准化生产协会	2018 年
祁山药	河北	AGI02453	安国市中药材标准化生产协会	2018 年
成安草莓	河北	AGI02525	成安县农业技术推广中心	2019 年
唐山河鲀	河北	AGI02596	唐山市水产技术推广站	2019 年
草庙子国光苹果	河北	AGI02640	存瑞镇农业综合服务中心	2019 年
西下营板栗	河北	AGI02641	遵化市农业技术推广中心	2019 年
鸡泽辣椒	河北	AGI02642	鸡泽县农业技术推广中心	2019 年
张北莜麦	河北	AGI02783	张北县家庭农场协会	2020 年
赵县黄冠梨	河北	AGI02784	赵县绿色梨果产业协会	2020 年
阜城杏梅	河北	AGI02785	阜城县农业环境与农产品质量监督管理站	2020 年
马营西瓜	河北	AGI02786	赤城县无公害农产品管理站	2020 年
赤城赤芍	河北	AGI02787	赤城县农业技术推广站	2020 年

山西省（161 个）

产品名称	产地	产品编号	证书持有者	登记年份
黎城核桃	山西	AGI00001	黎城县核桃产业办公室	2008 年
芮城花椒	山西	AGI00029	山西省芮城县花椒产业协会	2008 年
红山荞麦	山西	AGI00030	朔州市平鲁区红山荞麦协会	2008 年
长子大青椒	山西	AGI00031	山西省长子县椒王蔬菜营销合作社	2008 年
孝义核桃	山西	AGI00032	山西省孝义市农业技术推广中心	2008 年
交城骏枣	山西	AGI00002	交城县农业技术推广中心	2008 年
天镇唐杏	山西	AGI00072	天镇县绿宝无公害杏菜专业合作社	2008 年
应县胡萝卜	山西	AGI00073	应县南河种镇绿色蔬菜开发中心	2008 年
交城梨枣	山西	AGI00074	山西省交城县农业技术推广中心	2008 年
孝义柿子	山西	AGI00106	山西省孝义市农业技术推广中心	2008 年

山西省（161 个）

产品名称	产地	产品编号	证书持有者	登记年份
应县青椒	山西	AGI00107	应县南河种镇绿色蔬菜开发中心	2008 年
柳林红枣	山西	AGI00212	柳林县红枣产销协会	2010 年
晋祠大米	山西	AGI00213	太原市晋祠区王郭种植专业合作社	2010 年
隆化小米	山西	AGI00214	翼城县隆化小米专业合作社	2010 年
古县核桃	山西	AGI00215	古县农业技术推广中心	2010 年
吉县苹果	山西	AGI00216	吉县吉昌镇绿之源苹果专业合作社	2010 年
官滩枣	山西	AGI00217	襄汾县新城新茂干鲜果菜购销专业合作社	2010 年
寿阳小米	山西	AGI00218	寿阳县天田香杂粮种植专业合作社	2010 年
沁水黑木耳	山西	AGI00219	沁水县土特产原产地保护协会	2010 年
右玉羊肉	山西	AGI00344	右玉县雁门关生态畜牧产业化经营合作社	2010 年
榆社洋槐蜜	山西	AGI00345	榆社县花茂养蜂专业合作社	2010 年
西回小米	山西	AGI00437	平定县东回镇西回村经济合作社	2010 年
沁州南瓜子	山西	AGI00438	沁县惠农科技职业培训中心	2010 年
大同小明绿豆	山西	AGI00508	大同县特色农产品协会	2010 年
沁水黄小米	山西	AGI00509	沁水县土特产原产地保护协会	2010 年
沁州核桃	山西	AGI00510	沁县惠农科技职业培训中心	2010 年
义井甜瓜	山西	AGI00511	忻州市忻府区大地红种植专业合作社	2010 年
永济大樱桃	山西	AGI00512	永济市鑫阳大樱桃专业合作社	2010 年
长凝大蒜	山西	AGI00513	榆次区蔬菜开发服务中心	2010 年
河峪小米	山西	AGI00514	榆社县河峪小米专业合作社	2010 年
襄陵莲藕	山西	AGI00537	襄汾县兴农源种植专业合作社	2011 年
大宁西瓜	山西	AGI00538	大宁县名优产品种植专业合作社	2011 年
熬脑大葱	山西	AGI00539	潞城市桂枝农产品专业合作社	2011 年
大宁红皮小米	山西	AGI00540	大宁县永丰农业专业合作社	2011 年
梧桐山药	山西	AGI00541	孝义市梧桐玉龙山药专业合作社	2011 年
平顺潞党参	山西	AGI00542	平顺县统一种植专业合作社	2011 年
永和条枣	山西	AGI00543	永和县打石腰红枣农民专业合作社	2011 年
乡宁翅果	山西	AGI00589	乡宁县隆康翅果油树种植专业合作社	2011 年
平遥长山药	山西	AGI00590	平遥晋伟中药材综合开发专业合作社	2011 年
洪井三皇小米	山西	AGI00591	黎城县洪井乡农村综合服务中心	2011 年

山西省（161 个）

产品名称	产地	产品编号	证书持有者	登记年份
神池莜麦	山西	AGI00592	山西省神池县农业技术推广中心	2011 年
神池胡麻	山西	AGI00593	山西省神池县农业技术推广中心	2011 年
神池羊肉	山西	AGI00594	神池县羊业协会	2011 年
临晋江石榴	山西	AGI00645	临猗县临晋江石榴种植专业合作社	2011 年
芮城苹果	山西	AGI00646	芮城县果业发展中心	2011 年
北景柿子	山西	AGI00647	临猗县腾远柿子种植专业合作社	2011 年
中阳柏籽羊肉	山西	AGI00648	吕梁中阳东山生态环境保护协会	2011 年
蒲县马铃薯	山西	AGI00761	蒲县红西马铃薯种植专业合作社	2011 年
蒲县核桃	山西	AGI00762	蒲县兴农核桃专业合作社	2011 年
阳曲小米	山西	AGI00763	阳曲县农业技术推广中心	2011 年
阳城山茱萸	山西	AGI00764	阳城县天然山茱萸农民专业合作社	2011 年
南林交莲藕	山西	AGI00765	曲沃县南林交龙王池莲菜种植专业合作社	2011 年
临县开阳大枣	山西	AGI00871	临县曲峪镇绿色开阳红枣专业合作社	2012 年
忻州糯玉米	山西	AGI00872	忻州区农业产业化协会	2012 年
析城山小米	山西	AGI00873	阳城县惠农小杂粮农民专业合作社	2012 年
霍州苹果	山西	AGI01003	霍州市康益达苹果专业合作社	2012 年
斗山杏仁	山西	AGI01004	广灵县斗山杏仁协会	2012 年
清徐葡萄	山西	AGI01055	清徐县马峪乡葡果农科协会	2013 年
贺家庄鲜桃	山西	AGI01056	临汾市尧都区卧源种植专业合作社	2013 年
冀村长山药	山西	AGI01057	汾阳市农业技术综合开发协会	2013 年
广灵画眉驴	山西	AGI01058	广灵画眉驴养殖协会	2013 年
陵川黑山羊	山西	AGI01059	陵川县养羊协会	2013 年
汾阳酿酒高粱	山西	AGI01060	汾阳市农业技术综合开发协会	2013 年
泽州红山楂	山西	AGI01061	泽州县晋丰源种植专业合作社	2013 年
隰县梨	山西	AGI01062	隰县吉祥精品果业专业合作社	2013 年
洪洞莲藕	山西	AGI01063	洪洞县四季鲜莲菜种植专业合作社	2013 年
七里坡山楂	山西	AGI01064	闻喜县半山腰山楂种植专业合作社	2013 年
吴王渡黄河鳖	山西	AGI01197	临猗县黄河甲鱼养殖专业合作社	2013 年
同川酥梨	山西	AGI01251	原平市同川酥梨合作社	2013 年
万荣三白瓜	山西	AGI01252	万荣县明月三白瓜专业合作社	2013 年

续 表

山西省（161 个）

产品名称	产地	产品编号	证书持有者	登记年份
临县红枣	山西	AGI01253	临县黄河红枣协会	2013 年
定襄甜瓜	山西	AGI01254	定襄县经济作物协会	2013 年
王过酥梨	山西	AGI01255	运城市盐湖区泓芝驿智平仓酥梨专业合作社	2013 年
临猗苹果	山西	AGI01256	临猗县果业发展中心	2013 年
阳城桑葚	山西	AGI01257	阳城县高优蚕茧农民专业合作社	2013 年
清徐沙金红杏	山西	AGI01258	清徐县马峪乡葡果农科协会	2013 年
孙家湾香椿	山西	AGI01259	忻州市忻府区孙家湾香椿生产合作社	2013 年
赵康辣椒	山西	AGI01260	襄汾县晋绿三樱椒专业合作社	2013 年
杜马百合	山西	AGI01261	平陆县杜马百合专业合作社	2013 年
闻喜莲藕	山西	AGI01262	闻喜县苏村晋玉莲菜专业合作社	2013 年
万泉大葱	山西	AGI01263	万荣县万泉孤峰大葱科技专业合作社	2013 年
巴公大葱	山西	AGI01264	泽州县巴公双丰园大葱专业合作社	2013 年
连伯韭菜	山西	AGI01265	河津市新耿高新科学技术研究所	2013 年
泗交黑木耳	山西	AGI01266	夏县咱老家土特产专业合作社	2013 年
仙人红薯	山西	AGI01267	盂县贞祥红薯种植专业合作社	2013 年
神池黑豆	山西	AGI01268	山西省神池县农业技术推广中心	2013 年
神池黍子	山西	AGI01269	山西省神池县农业技术推广中心	2013 年
上党土蜂蜜	山西	AGI01270	长治市蜜蜂产品研究所	2013 年
沁水黑山羊	山西	AGI01271	沁水县养羊协会	2013 年
绛县大樱桃	山西	AGI01594	绛县特色农产品发展协会	2015 年
绛县山楂	山西	AGI01595	绛县特色农产品发展协会	2015 年
岚县马铃薯	山西	AGI01596	岚县农业技术站	2015 年
平定荆花蜂蜜	山西	AGI01597	平定县蜂业协会	2015 年
太谷壶瓶枣	山西	AGI01663	山西省太谷县木本粮油站	2015 年
芮城芦笋	山西	AGI01664	芮城县瓜菜技术推广站	2015 年
广灵大尾羊	山西	AGI01665	广灵大尾羊科学养殖协会	2015 年
阳高长城羊肉	山西	AGI01666	阳高县惠农牛羊养殖协会	2015 年
涔山芥菜	山西	AGI01736	宁武县农业技术推广站	2015 年
偏关小米	山西	AGI01737	偏关县农产品质量安全检验检测中心	2015 年

山西省（161 个）

产品名称	产地	产品编号	证书持有者	登记年份
偏关羊肉	山西	AGI01738	偏关县农产品质量安全检验检测中心	2015 年
万荣苹果	山西	AGI01897	万荣县科普惠农服务协会	2016 年
沁水刺槐蜂蜜	山西	AGI01900	沁水县蜂业协会	2016 年
平陆苹果	山西	AGI01898	平陆县果业局	2016 年
灵石荆条蜂蜜	山西	AGI01901	灵石县飞翔农蜂业科技开发中心	2016 年
灵丘荞麦	山西	AGI00071	山西省大同市灵丘农业技术推广中心	2008 年
忻州香瓜	山西	AGI01899	忻府区农业产业化协会	2016 年
芮城屯屯枣	山西	AGI01937	芮城县农业技术推广站	2016 年
古县小米	山西	AGI01938	古县金米协会	2016 年
代县酥梨	山西	AGI02064	代县雁丰农产品协会	2017 年
霍州核桃	山西	AGI02065	霍州市核桃产业协会	2017 年
汾西梨	山西	AGI02066	汾西县梨果产业协会	2017 年
北董大蒜	山西	AGI02067	曲沃县北董乡果蔬协会	2017 年
襄垣手工挂面	山西	AGI02068	襄垣县手工挂面协会	2017 年
沁州黄小米	山西	AGI02069	沁县沁州黄产业开发服务中心	2017 年
宁武莜麦	山西	AGI02070	宁武县农业环境保护监测站	2017 年
广灵苦荞	山西	AGI02071	广灵县荞麦协会	2017 年
繁峙黄米	山西	AGI02072	繁峙县农业技术推广中心	2017 年
繁峙胡麻油	山西	AGI02073	繁峙县农业技术推广中心	2017 年
曲沃麦茬羊肉	山西	AGI02074	曲沃县知名品牌协会	2017 年
晋城荆条花蜂蜜	山西	AGI02075	晋城市蜂业协会	2017 年
王官屯京杏	山西	AGI02162	阳高县王官屯农业技术推广中心站	2017 年
翼城苹果	山西	AGI02163	翼城县苹果产业协会	2017 年
平遥酥梨	山西	AGI02164	平遥县柒雨椿果业协会	2017 年
繁峙大杏	山西	AGI02165	繁峙县农业技术推广中心	2017 年
运城苹果	山西	AGI02166	运城市果业发展中心	2017 年
夏县西瓜	山西	AGI02167	夏乐精品瓜业协会	2017 年
昔阳小米	山西	AGI02168	昔阳谷物协会	2017 年
榆社小麻油	山西	AGI02169	榆社县小麻研究所	2017 年
石楼枣花蜂蜜	山西	AGI02170	石楼县养蜂产业协会	2017 年

山西省（161 个）

产品名称	产地	产品编号	证书持有者	登记年份
安泽蜂蜜	山西	AGI02171	安泽县养蜂协会	2017 年
曲沃葡萄	山西	AGI02247	曲沃县葡萄协会	2018 年
娄烦山药蛋	山西	AGI02248	娄烦县同福种养协会	2018 年
清德铺红薯	山西	AGI02249	清徐县清德铺村红薯协会	2018 年
平顺连翘	山西	AGI02250	平顺县农业技术推广中心	2018 年
武乡小米	山西	AGI02251	武乡县良种推广服务中心	2018 年
汾州小米	山西	AGI02252	汾阳市农业技术推广站	2018 年
右玉燕麦米	山西	AGI02253	右玉燕麦产业协会	2018 年
五寨红芸豆	山西	AGI02254	五寨县农业机械技术推广站	2018 年
定襄糯玉米	山西	AGI02255	定襄县经济作物协会	2018 年
泽州黄小米	山西	AGI02380	泽州县高都镇农业技术服务中心	2018 年
兴县小米	山西	AGI02381	吕梁市杂粮行业协会	2018 年
代县小米	山西	AGI02454	代县雁丰农产品协会	2018 年
五寨马铃薯	山西	AGI02455	五寨县农业机械技术推广站	2018 年
芮城香椿	山西	AGI02526	芮城县香椿产业协会	2019 年
介休绵芪	山西	AGI02527	介休市绵芪种植协会	2019 年
上党高粱	山西	AGI02597	长治市农业良种推广站	2019 年
绛县连翘	山西	AGI02598	绛县果业发展中心	2019 年
绛县黄芩	山西	AGI02599	绛县果业发展中心	2019 年
义城红薯	山西	AGI02643	泽州县北义城镇农业综合服务中心	2019 年
榆次苹果	山西	AGI02644	榆次区果树农技推广中心	2019 年
浮山苹果	山西	AGI02645	浮山县果业发展促进协会	2019 年
东赵小白梨	山西	AGI02646	榆次区果树技术推广中心	2019 年
阳城花椒	山西	AGI02647	阳城县干果经济协会	2019 年
新绛远志	山西	AGI02648	新绛县峨眉中药材产业协会	2019 年
灵丘大青背山羊	山西	AGI02649	灵丘县大青背山羊协会	2019 年
右卫土豆	山西	AGI02788	右玉县古风土豆种植协会	2020 年
代县大米	山西	AGI02789	代县雁丰农产品协会	2020 年
广灵黑豆	山西	AGI02790	广灵县豆制品协会	2020 年
平顺花椒	山西	AGI02792	平顺县农业技术推广中心	2020 年

续　表

山西省（161 个）

产品名称	产地	产品编号	证书持有者	登记年份
绛县柴胡	山西	AGI02793	绛县果业发展中心	2020 年
涑川茼蒿	山西	AGI02791	闻喜县蔬菜产业协会	2020 年

内蒙古自治区（127 个）

产品名称	产地	产品编号	证书持有者	登记年份
天山大明绿豆	内蒙古	AGI00033	内蒙古赤峰市阿鲁科尔沁旗农业环保能源工作站	2008 年
乌兰察布马铃薯	内蒙古	AGI00034	乌兰察布市农畜产品质量安全中心	2008 年
乌珠穆沁羊肉	内蒙古	AGI00035	锡林郭勒盟农牧业科学研究所	2008 年
乌海葡萄	内蒙古	AGI00003	乌海市植保植检站	2008 年
鄂尔多斯细毛羊	内蒙古	AGI00067	内蒙古乌审旗农牧业产业化办公室	2008 年
敖汉旗荞麦	内蒙古	AGI00100	敖汉旗农产品质量安全中心	2008 年
苏尼特羊肉	内蒙古	AGI00101	锡林郭勒盟农牧业科学研究所	2008 年
阿尔巴斯白绒山羊	内蒙古	AGI00068	内蒙古鄂托克旗阿尔巴斯绒山羊协会	2008 年
夏家店小米	内蒙古	AGI00188	赤峰市松山区夏家店乡特色农产品协会	2009 年
扎兰屯大米	内蒙古	AGI00125	扎兰屯绿色产业发展中心	2009 年
扎兰屯葵花	内蒙古	AGI00126	扎兰屯绿色产业发展中心	2009 年
扎兰屯沙果	内蒙古	AGI00181	扎兰屯市绿色产业发展中心	2009 年
扎兰屯黑木耳	内蒙古	AGI00182	扎兰屯市绿色产业发展中心	2009 年
莫力达瓦大豆	内蒙古	AGI00233	莫力达瓦达斡尔族自治旗绿色食品产业协会	2010 年
莫力达瓦菇娘	内蒙古	AGI00234	莫力达瓦达斡尔族自治旗绿色食品产业协会	2010 年
达里湖鲫鱼	内蒙古	AGI00368	达里诺尔国家级自然保护区管理处	2010 年
达里湖华仔鱼	内蒙古	AGI00369	达里诺尔国家级自然保护区管理处	2010 年
扎兰屯榛子	内蒙古	AGI00375	扎兰屯市绿色产业发展中心	2010 年
扎兰屯白瓜子	内蒙古	AGI00433	扎兰屯市绿色产业发展中心	2010 年
阿荣旗柞蚕	内蒙古	AGI00466	阿荣旗农业技术推广中心	2010 年
阿荣旗白鹅	内蒙古	AGI00467	阿荣旗农业技术推广中心	2010 年
阿荣旗白瓜子	内蒙古	AGI00468	阿荣旗农业技术推广中心	2010 年
莫力达瓦苏子	内蒙古	AGI00544	莫力达瓦达斡尔族自治旗绿色食品产业协会	2011 年

续 表

内蒙古自治区（127 个）

产品名称	产地	产品编号	证书持有者	登记年份
阿尔山黑木耳	内蒙古	AGI00545	阿尔山市绿色农畜产品发展协会	2011 年
阿拉善双峰驼	内蒙古	AGI00546	阿拉善白绒山羊协会	2011 年
莫力达瓦黄烟	内蒙古	AGI00595	莫旗绿色食品产业协会	2011 年
阿拉善白绒山羊	内蒙古	AGI00547	阿拉善白绒山羊协会	2011 年
阿拉善锁阳	内蒙古	AGI00596	阿拉善左旗苁蓉行业协会	2011 年
呼伦贝尔油菜籽	内蒙古	AGI00649	海拉尔农牧场管理局	2011 年
三河马	内蒙古	AGI00650	海拉尔农牧场管理局	2011 年
三河牛	内蒙古	AGI00651	海拉尔农牧场管理局	2011 年
鄂托克螺旋藻	内蒙古	AGI00766	鄂托克旗螺旋藻行业协会	2011 年
根河卜留克	内蒙古	AGI00767	根河市野生资源开发研究所	2011 年
阿拉善肉苁蓉	内蒙古	AGI00874	阿拉善左旗苁蓉行业协会	2012 年
牛家营子北沙参	内蒙古	AGI00875	喀喇沁旗牛家营子镇农民中药材协会	2012 年
牛家营子桔梗	内蒙古	AGI00876	喀喇沁旗牛家营子镇农民中药材协会	2012 年
阿荣玉米	内蒙古	AGI01065	阿荣旗农业技术推广中心	2013 年
阿荣大豆	内蒙古	AGI01066	阿荣旗农业技术推广中心	2013 年
四子王旗杜蒙羊肉	内蒙古	AGI01067	四子王旗家畜改良工作站	2013 年
阿荣马铃薯	内蒙古	AGI01068	阿荣旗农业技术推广中心	2013 年
阿尔山卜留克	内蒙古	AGI01272	阿尔山市绿色农畜产品发展协会	2013 年
河套番茄	内蒙古	AGI01273	巴彦淖尔市绿色食品发展中心	2013 年
呼伦贝尔芸豆	内蒙古	AGI01274	呼伦贝尔市农业种子管理站	2013 年
河套巴美肉羊	内蒙古	AGI01275	巴彦淖尔市绿色食品发展中心	2013 年
阿巴嘎黑马	内蒙古	AGI01276	阿巴嘎旗畜牧工作站	2013 年
乌冉克羊	内蒙古	AGI01277	阿巴嘎旗畜牧工作站	2013 年
河套向日葵	内蒙古	AGI01378	巴彦淖尔市绿色食品发展中心	2014 年
呼伦湖秀丽白虾	内蒙古	AGI01459	呼伦贝尔市水产技术推广站	2014 年
五原灯笼红香瓜	内蒙古	AGI01500	五原县蔬菜办公室	2014 年
五原黄柿子	内蒙古	AGI01501	五原县蔬菜办公室	2014 年
呼伦湖鲤鱼	内蒙古	AGI01460	呼伦贝尔市水产技术推广站	2014 年
五原小麦	内蒙古	AGI01502	五原县农业技术推广中心	2014 年
鄂尔多斯黄河鲤鱼	内蒙古	AGI01503	鄂尔多斯市水产管理站	2014 年

内蒙古自治区（127 个）

产品名称	产地	产品编号	证书持有者	登记年份
鄂尔多斯黄河鲶鱼	内蒙古	AGI01504	鄂尔多斯市水产管理站	2014 年
呼伦湖白鱼	内蒙古	AGI01505	呼伦贝尔市水产技术推广站	2014 年
呼伦湖小白鱼	内蒙古	AGI01506	呼伦贝尔市水产技术推广站	2014 年
鄂托克阿尔巴斯山羊肉	内蒙古	AGI01379	鄂托克旗农牧业产业化综合服务中心	2014 年
化德大白菜	内蒙古	AGI01667	化德县农产品质量安全检验检测站	2015 年
商都西芹	内蒙古	AGI01668	商都县农产品质量安全检验检测站	2015 年
林东毛毛谷小米	内蒙古	AGI01669	巴林左旗供销合作社联合社	2015 年
赤峰荞麦	内蒙古	AGI01739	赤峰市农业技术服务中心	2015 年
根河黑木耳	内蒙古	AGI01740	根河市野生资源开发研究所	2015 年
昭乌达肉羊	内蒙古	AGI01741	赤峰市家畜改良工作站	2015 年
四子王旗戈壁羊	内蒙古	AGI01742	四子王旗农牧业合作社发展协会	2015 年
赤峰绿豆	内蒙古	AGI01798	赤峰市农业技术服务中心	2016 年
赤峰小米	内蒙古	AGI01799	赤峰市农业技术服务中心	2016 年
黑柳子白梨脆甜瓜	内蒙古	AGI01902	乌拉特前旗农牧业综合行政执法大队	2016 年
扎赉特大米	内蒙古	AGI01796	扎赉特旗农业技术推广中心	2016 年
五家户小米	内蒙古	AGI01797	扎赉特旗新谷园杂粮产业协会	2016 年
吐列毛杜小麦粉	内蒙古	AGI01939	吐列毛杜农场种植养殖业协会	2016 年
巴林大米	内蒙古	AGI01940	巴林右旗农业技术推广站	2016 年
巴彦淖尔河套枸杞	内蒙古	AGI01941	巴彦淖尔市绿色食品发展中心	2016 年
巴彦淖尔河套肉苁蓉	内蒙古	AGI01942	巴彦淖尔市绿色食品发展中心	2016 年
巴林牛肉	内蒙古	AGI01943	巴林右旗家畜改良工作站	2016 年
巴林羊肉	内蒙古	AGI01944	巴林右旗家畜改良工作站	2016 年
杭锦旗塔拉沟山羊肉	内蒙古	AGI01945	杭锦旗羚丰农牧业发展协会	2016 年
科尔沁牛	内蒙古	AGI01946	通辽市农畜产品质量安全中心	2016 年
乌审旗皇香猪	内蒙古	AGI01947	内蒙古乌审旗农牧业产业化办公室	2016 年
风水梁獭兔	内蒙古	AGI01948	达拉特旗农畜产品质量安全检验检测中心	2016 年
巴图湾甲鱼	内蒙古	AGI01949	内蒙古乌审旗农牧业产业化办公室	2016 年
巴图湾鲤鱼	内蒙古	AGI01950	内蒙古乌审旗农牧业产业化办公室	2016 年
陈旗鲫	内蒙古	AGI01951	陈巴尔虎旗渔政渔港监督管理所	2016 年
凉城 123 苹果	内蒙古	AGI02007	凉城县农产品质量安全监管站	2017 年

续　表

内蒙古自治区（127 个）

产品名称	产地	产品编号	证书持有者	登记年份
鄂伦春蓝莓	内蒙古	AGI02008	鄂伦春自治旗绿色食品发展中心	2017 年
鄂伦春黑木耳	内蒙古	AGI02009	鄂伦春自治旗绿色食品发展中心	2017 年
乌兰察布莜麦	内蒙古	AGI02010	乌兰察布市农畜产品质量安全监督管理中心	2017 年
鄂伦春北五味子	内蒙古	AGI02011	鄂伦春自治旗绿色食品发展中心	2017 年
扎兰屯鸡	内蒙古	AGI02012	扎兰屯绿色产业发展中心	2017 年
固阳黄芪	内蒙古	AGI02121	固阳县农牧业研究中心	2017 年
额济纳蜜瓜	内蒙古	AGI02172	额济纳旗农业技术推广中心	2017 年
三道桥西瓜	内蒙古	AGI02173	杭锦后旗绿色食品发展中心	2017 年
杭锦后旗甜瓜	内蒙古	AGI02174	杭锦后旗绿色食品发展中心	2017 年
通辽黄玉米	内蒙古	AGI02175	通辽市农畜产品质量安全中心	2017 年
阿拉善沙葱	内蒙古	AGI02176	阿拉善盟农业技术推广中心	2017 年
河套西瓜	内蒙古	AGI02256	巴彦淖尔市绿色食品发展中心	2018 年
河套蜜瓜	内蒙古	AGI02257	巴彦淖尔市绿色食品发展中心	2018 年
固阳马铃薯	内蒙古	AGI02258	固阳县农牧业研究中心	2018 年
喀喇沁青椒	内蒙古	AGI02259	喀喇沁旗农业产业联合会	2018 年
喀喇沁番茄	内蒙古	AGI02260	喀喇沁旗农业产业联合会	2018 年
喀喇沁苹果梨	内蒙古	AGI02261	喀喇沁旗农业产业联合会	2018 年
乌审草原红牛	内蒙古	AGI02262	内蒙古乌审旗农牧业产业化办公室	2018 年
乌拉特后旗戈壁红驼	内蒙古	AGI02263	乌拉特后旗绿色食品发展中心	2018 年
巴彦淖尔二狼山白绒山羊	内蒙古	AGI02264	巴彦淖尔市绿色食品发展中心	2018 年
河套黄河鲤鱼	内蒙古	AGI02265	巴彦淖尔市绿色食品发展中心	2018 年
固阳荞麦	内蒙古	AGI02382	固阳县农牧业研究中心	2018 年
库伦荞麦	内蒙古	AGI02383	库伦旗农产品质量安全监督管理站	2018 年
察右前旗甜菜	内蒙古	AGI02384	察右前旗农畜产品质量安全检验检测站	2018 年
固阳羊肉	内蒙古	AGI02528	固阳县农牧业研究中心	2019 年
兴安盟小米	内蒙古	AGI02600	兴安盟农牧业产业化龙头企业协会	2019 年
土默特羊肉	内蒙古	AGI02601	土默特右旗畜牧业技术推广中心	2019 年
开鲁红干椒	内蒙古	AGI02650	开鲁县绿色食品发展中心	2019 年

内蒙古自治区（127 个）

产品名称	产地	产品编号	证书持有者	登记年份
海岱蒜	内蒙古	AGI02651	包头市东河区农牧业技术服务推广中心	2019 年
毕克齐大葱	内蒙古	AGI02652	土默特左旗农产品质量安全检测中心	2019 年
新华韭菜	内蒙古	AGI02653	巴彦淖尔市临河区绿色食品发展中心	2019 年
兴安盟牛肉	内蒙古	AGI02654	兴安盟产业化龙头企业协会	2019 年
兴安盟羊肉	内蒙古	AGI02655	兴安盟产业化龙头企业协会	2019 年
哈素海鲤鱼	内蒙古	AGI02656	上默特左旗农产品质量安全检测中心	2019 年
牙克石马铃薯	内蒙古	AGI02794	牙克石市农业技术推广中心	2020 年
克什克腾亚麻籽	内蒙古	AGI02795	克什克腾旗亚麻籽种植协会	2020 年
丰镇胡麻	内蒙古	AGI02796	丰镇市农产品质量安全监管站	2020 年
溪柳紫皮蒜	内蒙古	AGI02797	突泉县农畜产品质量安全管理站	2020 年
克旗黄芪	内蒙古	AGI02798	克什克腾旗经济作物工作站	2020 年
喀喇沁山葡萄	内蒙古	AGI02799	喀喇沁旗农业产业联合会	2020 年
清水河花菇	内蒙古	AGI02800	清水河县食用菌协会	2020 年
阿拉善蒙古牛	内蒙古	AGI02801	阿拉善白绒山羊协会	2020 年
阿拉善蒙古羊	内蒙古	AGI02802	阿拉善白绒山羊协会	2020 年
乌审马	内蒙古	AGI02803	乌审旗红土地魅力草原农畜产品推广协会	2020 年

辽宁省（97 个）

产品名称	产地	产品编号	证书持有者	登记年份
丹东杜鹃	辽宁	AGI00036	丹东市花卉协会	2008 年
小梁山西瓜	辽宁	AGI00037	新民市梁山镇西瓜协会	2008 年
彰武黑豆	辽宁	AGI00004	彰武县农业发展服务中心	2008 年
黑山锦丰梨	辽宁	AGI00005	黑山县农业技术推广中心	2008 年
岫岩滑子蘑	辽宁	AGI00006	岫岩满族自治县生态产业服务局	2008 年
耿庄大蒜	辽宁	AGI00231	海城市耿庄镇农业科技服务站	2010 年
朝阳大枣	辽宁	AGI00232	朝阳市农业产业化龙头企业协会	2010 年
朝阳小米	辽宁	AGI00308	朝阳市农业产业化龙头企业协会	2010 年
鞍山君子兰	辽宁	AGI00309	鞍山市农民君子兰花卉专业合作社	2010 年
旅顺大樱桃	辽宁	AGI00322	旅顺口区农业技术推广中心	2010 年
大连裙带菜	辽宁	AGI00340	大连裙带菜海带菜协会	2010 年
大连虾夷扇贝	辽宁	AGI00341	大连市海洋渔业协会	2010 年

续 表

辽宁省（97 个）

产品名称	产地	产品编号	证书持有者	登记年份
大连红鳍东方鲀	辽宁	AGI00342	大连市海洋渔业协会	2010 年
辽宁绒山羊	辽宁	AGI00343	辽宁省家畜家禽遗传资源保存利用中心	2010 年
庄河杂色蛤	辽宁	AGI00414	庄河市水产技术推广站	2010 年
大连紫海胆	辽宁	AGI00415	大连市海洋渔业协会	2010 年
盖州生姜	辽宁	AGI00597	盖州市农业技术推广中心	2011 年
抚顺单片黑木耳	辽宁	AGI00598	抚顺县农业技术推广中心	2011 年
盖州西瓜	辽宁	AGI00599	盖州市农业技术推广中心	2011 年
东港梭子蟹	辽宁	AGI00600	东港市黄海水产品行业协会	2011 年
东港杂色蛤	辽宁	AGI00601	东港市黄海水产品行业协会	2011 年
东港大黄蚬	辽宁	AGI00602	东港市黄海水产品行业协会	2011 年
旅顺鲍鱼	辽宁	AGI00652	大连市旅顺口区渔业协会	2011 年
旅顺赤贝	辽宁	AGI00653	大连市旅顺口区水产技术推广站	2011 年
庄河牡蛎	辽宁	AGI00654	庄河市水产技术推广站	2011 年
阜新花生	辽宁	AGI00710	阜新蒙古族自治县现代农业发展服务中心	2011 年
彰武花生	辽宁	AGI00768	彰武县农业发展服务中心	2011 年
庄河滑子菇	辽宁	AGI00739	庄河市农业技术推广中心	2011 年
瓦房店红富士苹果	辽宁	AGI00740	大连兴业源福乐多果菜专业合作社	2011 年
庄河山牛蒡	辽宁	AGI00741	庄河市农业技术推广中心	2011 年
宽甸石柱人参	辽宁	AGI00877	宽甸满族自治县柱参协会	2012 年
北镇葡萄	辽宁	AGI00878	北镇市果树技术服务总站	2012 年
大洼肉鸭	辽宁	AGI00879	大洼县鸭业协会	2012 年
北票番茄	辽宁	AGI01005	北票市蔬菜站	2012 年
北票红干椒	辽宁	AGI01006	北票市农业技术推广中心	2012 年
本溪林下参	辽宁	AGI01007	本溪满族自治县林业产业发展局	2012 年
本溪辽五味	辽宁	AGI01008	本溪满族自治县林业产业发展局	2012 年
凌源百合	辽宁	AGI01009	凌源市蔬菜花卉管理局	2012 年
黑山褐壳鸡蛋	辽宁	AGI01010	辽宁省黑山县畜牧技术推广站	2012 年
辽宁辽育白牛	辽宁	AGI01011	辽宁省畜牧业经济管理站	2012 年
庄河草莓	辽宁	AGI01012	庄河市农业技术推广中心	2012 年
庄河蓝莓	辽宁	AGI01013	庄河市农业技术推广中心	2012 年

辽宁省（97 个）

产品名称	产地	产品编号	证书持有者	登记年份
台安肉鸭	辽宁	AGI01069	台安县畜牧技术推广站	2013 年
绥中核桃	辽宁	AGI01070	绥中县核桃协会	2013 年
瓦房店葡萄	辽宁	AGI01071	瓦房店市盟田农业联合会	2013 年
瓦房店闫店地瓜	辽宁	AGI01072	瓦房店禾信蔬菜专业合作社	2013 年
旅顺脉红螺	辽宁	AGI01073	大连市旅顺口区渔业协会	2013 年
金州毛蚶	辽宁	AGI01074	大连金州新区水产服务管理站	2013 年
普兰店蚆蛸	辽宁	AGI01075	普兰店市水产技术推广站	2013 年
盖州葡萄	辽宁	AGI01278	盖州市果树技术研究推广中心	2013 年
旅顺洋梨	辽宁	AGI01279	大连金果果业专业合作社	2013 年
盖州尖把梨	辽宁	AGI01380	盖州市果树技术研究推广中心	2014 年
盖州桃	辽宁	AGI01381	盖州市果树技术研究推广中心	2014 年
海洋岛海参	辽宁	AGI01382	长海县海洋乡渔农业服务站	2014 年
普兰店黄蚬	辽宁	AGI01383	普兰店市水产技术推广站	2014 年
旅顺海虾米	辽宁	AGI01384	大连市旅顺口区渔业协会	2014 年
金州海蛎子	辽宁	AGI01385	大连金州新区渔业协会	2014 年
营口蚕蛹鸡蛋	辽宁	AGI01461	营口市种畜禽监督管理站	2014 年
锦州苹果	辽宁	AGI01507	锦州市果树工作总站	2014 年
化石戈小米	辽宁	AGI01508	阜新蒙古族自治县现代农业发展服务中心	2014 年
辽阳大果榛子	辽宁	AGI01509	辽阳县榛子产业协会	2014 年
瓦房店黄元帅苹果	辽宁	AGI01510	瓦房店市许屯镇水果储藏协会	2014 年
庄河大米	辽宁	AGI01511	庄河市农业技术推广中心	2014 年
桓仁京租大米	辽宁	AGI01598	桓仁满族自治县农业技术推广中心	2015 年
大伙房水库鲤鱼	辽宁	AGI01599	抚顺市水产学会	2015 年
虎平岛海参	辽宁	AGI01601	大连市旅顺口区渔业协会	2015 年
大伙房水库鳙鱼	辽宁	AGI01600	抚顺市水产学会	2015 年
新宾辽细辛	辽宁	AGI01903	新宾满族自治县现代农业技术推广服务中心	2016 年
赵屯小米	辽宁	AGI01803	大连瓦房店市赵屯金谷小米协会	2016 年
瓦房店虾皮	辽宁	AGI01804	瓦房店市海参协会	2016 年
锦州毛蚶	辽宁	AGI01800	锦州市水产品质量安全监督管理处	2016 年

辽宁省（97个）

产品名称	产地	产品编号	证书持有者	登记年份
锦州毛虾	辽宁	AGI01801	锦州市水产品质量安全监督管理处	2016 年
宽甸鸭绿江鲤鱼	辽宁	AGI01802	宽甸满族自治县渔业协会	2016 年
北票荆条蜜	辽宁	AGI01952	北票市农业产业化办公室	2016 年
瓦房店海参	辽宁	AGI01953	瓦房店市海参协会	2016 年
盘锦碱地柿子	辽宁	AGI02013	盘锦市农业技术推广站	2017 年
黑山地瓜	辽宁	AGI02014	黑山县农业技术推广中心	2017 年
黑山花生	辽宁	AGI02015	黑山县农业技术推广中心	2017 年
北镇鸭梨	辽宁	AGI02122	北镇市常宏鸭梨协会	2017 年
丹东草莓	辽宁	AGI02123	辽宁草莓科学技术研究院	2017 年
得利寺大樱桃	辽宁	AGI02177	大连瓦房店市得利寺镇精樱荟大樱桃产业协会	2017 年
旅顺海带	辽宁	AGI02178	大连市旅顺口区渔业协会	2017 年
大连大樱桃	辽宁	AGI02266	大连市现代农业生产发展服务中心	2018 年
大连苹果	辽宁	AGI02267	大连市现代农业生产发展服务中心	2018 年
大连栉孔扇贝	辽宁	AGI02268	大连市水产研究所	2018 年
本溪软枣猕猴桃	辽宁	AGI02385	本溪满族自治县农业技术推广中心	2018 年
兴城蜂蜜	辽宁	AGI02386	兴城市畜牧技术推广站	2018 年
灯塔葡萄	辽宁	AGI02456	灯塔市葡萄产业协会	2018 年
灯塔大米	辽宁	AGI02457	灯塔市农业技术推广中心	2018 年
辽西驴	辽宁	AGI02458	辽宁省家畜家禽遗传资源保存利用中心	2018 年
新宾大米	辽宁	AGI02529	新宾满族自治县现代农业技术推广服务中心	2019 年
锦州海蜇	辽宁	AGI02530	锦州市水产品质量安全监督管理处	2019 年
大连油桃	辽宁	AGI02531	大连市现代农业生产发展服务中心	2019 年
闾山鸡蛋	辽宁	AGI02602	北镇市畜产品安全监察所	2019 年
本溪蜂蜜	辽宁	AGI02657	本溪市畜产品安全监察所	2019 年
铁岭榛子	辽宁	AGI02804	铁岭市榛子产业管理办公室	2020 年
岫岩软枣猕猴桃	辽宁	AGI02805	岫岩满族自治县软枣猕猴桃协会	2020 年

吉林省（24 个）

产品名称	产地	产品编号	证书持有者	登记年份
集安五味子	吉林	AGI00038	吉林省集安北五味子产业协会	2008 年
洮南辣椒	吉林	AGI00039	洮南市辣椒产业协会	2008 年
洮南绿豆	吉林	AGI00007	洮南市杂粮杂豆经销协会	2008 年
新开河贡米	吉林	AGI00008	集安绿色食品产业协会	2008 年
集安边条参	吉林	AGI00009	集安绿色食品产业协会	2008 年
集安山葡萄	吉林	AGI00069	吉林省集安绿色食品产业协会	2008 年
万昌大米	吉林	AGI00102	永吉县粮食行业协会	2008 年
靖宇林下参	吉林	AGI00268	靖宇县特产协会	2010 年
靖宇西洋参	吉林	AGI00459	靖宇县特产协会	2010 年
靖宇平贝母	吉林	AGI00460	靖宇县特产协会	2010 年
集安蜂蜜	吉林	AGI01280	吉林省集安市蜂业协会	2013 年
黄松甸灵芝	吉林	AGI01670	蛟河市黄松甸食（药）用菌协会	2015 年
舒兰大米	吉林	AGI01671	舒兰市大米协会	2015 年
永吉柞蚕蛹虫草	吉林	AGI01743	永吉县珍稀植物保护协会	2015 年
汪清黑木耳	吉林	AGI01904	汪清县乡镇企业暨农产品加工企业协会	2016 年
大安黄菇娘	吉林	AGI02387	大安市农业产业化服务中心	2018 年
吉林长白山香菇	吉林	AGI02459	吉林省园艺特产协会	2018 年
吉林长白山黑木耳	吉林	AGI02460	吉林省园艺特产协会	2018 年
吉林长白山灵芝	吉林	AGI02461	吉林省园艺特产协会	2018 年
大安花生	吉林	AGI02532	大安市农业产业化服务中心	2019 年
大安香瓜	吉林	AGI02533	大安市农业产业化服务中心	2019 年
华家甜瓜	吉林	AGI02658	农安县华家镇长寿瓜菜协会	2019 年
哈拉海珠葱	吉林	AGI02659	农安县农业技术推广中心	2019 年
白山蓝莓	吉林	AGI02806	白山市蓝莓协会	2020 年

黑龙江省（149 个）

产品名称	产地	产品编号	证书持有者	登记年份
巴彦猪肉	黑龙江	AGI00040	巴彦县农产品质量安全协会	2008 年
阿城大蒜	黑龙江	AGI00041	哈尔滨市阿城区金源绿色农畜产品协会	2008 年
呼兰大葱	黑龙江	AGI00042	哈尔滨市呼兰区兰河街道办事处社区服务中心	2008 年

黑龙江省（149 个）

产品名称	产地	产品编号	证书持有者	登记年份
嘉荫大豆	黑龙江	AGI00043	嘉荫县绿色食品协会	2008 年
巴彦大豆	黑龙江	AGI00010	巴彦县质量安全协会	2008 年
嘉荫木耳	黑龙江	AGI00011	嘉荫县绿色食品协会	2008 年
阿城大米	黑龙江	AGI00012	哈尔滨市阿城金京稻米专业合作社	2008 年
巴彦玉米	黑龙江	AGI00070	巴彦县农产品质量安全协会	2008 年
克山马铃薯	黑龙江	AGI00103	克山县绿色食品协会	2008 年
呼兰韭菜	黑龙江	AGI00104	哈尔滨市呼兰区蒲井蔬菜专业合作社	2008 年
嘉荫水稻	黑龙江	AGI00105	嘉荫县绿色食品协会	2008 年
伊春红松籽	黑龙江	AGI00124	伊春市绿色食品协会	2009 年
拜泉芸豆	黑龙江	AGI00138	拜泉县兴国乡芸豆协会	2009 年
富锦大豆	黑龙江	AGI00139	富锦市绿色食品协会	2009 年
兰岗西瓜	黑龙江	AGI00140	宁安市兰岗镇西瓜协会	2009 年
伊春黑木耳	黑龙江	AGI00141	伊春市绿色食品协会	2009 年
伊春榛蘑	黑龙江	AGI00142	伊春市绿色食品协会	2009 年
肇源大米	黑龙江	AGI00143	肇源县富农水稻标准化生产专业合作社	2009 年
延寿大米	黑龙江	AGI00144	延寿县亮珠稻米生产专业合作社	2009 年
穆棱晒烟	黑龙江	AGI00145	穆棱市晒烟协会	2009 年
兰西西瓜	黑龙江	AGI00162	兰西县光煜瓜类种植专业合作社	2009 年
五大连池鲤鱼	黑龙江	AGI00163	五大连池风景区矿泉渔业协会	2009 年
兰西香瓜	黑龙江	AGI00183	兰西县红光乡瓜菜产业协会	2009 年
方正银鲫	黑龙江	AGI00184	方正县龙凤银鲫科学经济技术专业合作社	2009 年
梅里斯油豆角	黑龙江	AGI00189	齐齐哈尔市梅里斯达斡尔族区农业技术推广中心	2009 年
龙江小米	黑龙江	AGI00376	龙江县易兴谷子种植合作社	2010 年
新立胡萝卜	黑龙江	AGI00377	哈尔滨市新立胡萝卜专业合作社	2010 年
阿城大白菜	黑龙江	AGI00378	哈尔滨市阿城区金源绿色农畜产品协会	2010 年
甘南葵花籽	黑龙江	AGI00379	黑龙江省甘南县向日葵研究所	2010 年
东宁黑木耳	黑龙江	AGI00380	东宁县食用菌协会	2010 年
克山大豆	黑龙江	AGI00381	克山县绿色食品协会	2010 年
延寿大豆	黑龙江	AGI00382	延寿县同安农产品产业开发专业合作社	2010 年

黑龙江省（149个）

产品名称	产地	产品编号	证书持有者	登记年份
虎林椴树蜜	黑龙江	AGI00383	虎林市蜂业协会	2010年
兴凯湖大白鱼	黑龙江	AGI00384	密山市畜牧水产技术服务中心	2010年
五大连池鲢鱼	黑龙江	AGI00385	五大连池风景区矿泉渔业协会	2010年
连环湖鳙鱼	黑龙江	AGI00386	杜尔伯特蒙古族自治县渔业协会	2010年
红星水库鲢鱼	黑龙江	AGI00455	哈尔滨市阿城区红星水库管理处	2010年
兰西民猪	黑龙江	AGI00456	兰西县东北民猪产业协会	2010年
扎龙鲫鱼	黑龙江	AGI00603	扎龙水产养殖协会	2011年
阿城黏玉米	黑龙江	AGI00604	哈尔滨市阿城区金源绿色农畜产品协会	2011年
梧桐河大米	黑龙江	AGI00605	黑龙江省农垦总局宝泉岭分局农产品质量管理协会	2011年
尚志红树莓	黑龙江	AGI00655	尚志市农产品质量安全协会	2011年
古龙小米	黑龙江	AGI00656	肇源县农业技术推广中心	2011年
尚志黑木耳	黑龙江	AGI00657	尚志市农产品质量安全协会	2011年
兰西亚麻	黑龙江	AGI00658	兰西县亚麻产业协会	2011年
抚远大马哈鱼	黑龙江	AGI00659	抚远县绿色食品产业协会	2011年
抚远鳇鱼	黑龙江	AGI00660	抚远县绿色食品产业协会	2011年
抚远鲤鱼	黑龙江	AGI00661	抚远县绿色食品产业协会	2011年
抚远鲟鱼	黑龙江	AGI00662	抚远县绿色食品产业协会	2011年
一面坡酒花	黑龙江	AGI00711	尚志市农产品质量安全协会	2011年
依安芸豆	黑龙江	AGI00712	依安县依龙东风芸豆农民专业合作社	2011年
亚布力晒烟	黑龙江	AGI00713	尚志市农产品质量安全协会	2011年
呼玛黑木耳	黑龙江	AGI00714	呼玛县农业技术推广中心	2011年
海林猴头菇	黑龙江	AGI00715	海林北味有机食用菌协会	2011年
桦川大米	黑龙江	AGI00769	桦川县米业协会	2011年
长林岛金红苹果	黑龙江	AGI00838	五九七农场寒疆果都果农协会	2012年
桦南白瓜	黑龙江	AGI00839	桦南县绿色食品协会	2012年
五大连池草鱼	黑龙江	AGI00840	五大连池风景区矿泉渔业协会	2012年
石人沟鲤鱼	黑龙江	AGI00841	杜尔伯特蒙古族自治县渔业协会	2012年
抚远鳘花鱼	黑龙江	AGI00880	抚远县绿色食品产业协会	2012年
抚远哲罗鱼	黑龙江	AGI00881	抚远县绿色食品产业协会	2012年

黑龙江省（149 个）

产品名称	产地	产品编号	证书持有者	登记年份
海林黑木耳	黑龙江	AGI00882	海林北味有机食用菌协会	2012 年
托古小米	黑龙江	AGI00883	肇州县托古小米专业合作社	2012 年
穆棱大豆	黑龙江	AGI00884	穆棱市康天源农产品专业合作社	2012 年
五大连池鲫鱼	黑龙江	AGI00885	五大连池风景区矿泉渔业协会	2012 年
伊春蓝莓	黑龙江	AGI00886	伊春市森林食品产业协会	2012 年
甘南小米	黑龙江	AGI00887	甘南县红古杂粮种植专业合作社	2012 年
呼玛马铃薯	黑龙江	AGI00888	呼玛县农业技术推广中心	2012 年
阿城香瓜	黑龙江	AGI01014	哈尔滨市阿城区金源绿色农畜产品协会	2012 年
镜泊湖红尾鱼	黑龙江	AGI01015	镜泊湖风景名胜区渔政监督管理站	2012 年
黑垦二九〇红小豆	黑龙江	AGI01076	黑龙江省农垦总局宝泉岭分局农产品质量安全管理协会	2013 年
兴凯湖大米	黑龙江	AGI01077	黑龙江省农垦牡丹江管理局农产品质量安全检测站	2013 年
兰西玉米	黑龙江	AGI01078	兰西县厚博玉米种植专业合作社	2013 年
桦南白瓜子	黑龙江	AGI01079	桦南县绿色食品协会	2013 年
勃利蓝靛果	黑龙江	AGI01080	勃利县蓝靛果行业协会	2013 年
泰来绿豆	黑龙江	AGI01081	泰来县农业技术推广中心	2013 年
泰来花生	黑龙江	AGI01082	泰来县农业技术推广中心	2013 年
双城玉米	黑龙江	AGI01083	双城市农业技术推广中心	2013 年
穆棱肉牛	黑龙江	AGI01084	穆棱市兴牧肉牛养殖专业合作社	2013 年
他拉哈大米	黑龙江	AGI01085	杜尔伯特蒙古族自治县兴平水稻种植专业合作社	2013 年
东宁大米	黑龙江	AGI01198	东宁县宏伟稻谷生产农民种植专业合作社	2013 年
宁安虹鳟鱼	黑龙江	AGI01199	宁安市华亭虹鳟鱼养殖专业合作社	2013 年
双城甜瓜	黑龙江	AGI01281	双城市希英甜瓜种植专业合作社	2013 年
双城西瓜	黑龙江	AGI01282	双城市三盈两瓜种植专业合作社	2013 年
勃利梅花鹿	黑龙江	AGI01283	勃利县汇丰养鹿专业合作社	2013 年
勃利葡萄	黑龙江	AGI01386	勃利县联友葡萄种植专业合作社	2014 年
东宁苹果梨	黑龙江	AGI01462	东宁县果树蔬菜管理总站	2014 年
林口滑子蘑	黑龙江	AGI01512	林口县农业技术推广中心	2014 年

黑龙江省（149 个）

产品名称	产地	产品编号	证书持有者	登记年份
杨树小米	黑龙江	AGI01513	哈尔滨市阿城区金源绿色农畜产品协会	2014 年
牡丹江油豆角	黑龙江	AGI01514	牡丹江市农业技术推广总站	2014 年
穆棱黑木耳	黑龙江	AGI01515	穆棱市食用菌协会	2014 年
穆棱冻蘑	黑龙江	AGI01516	穆棱市食用菌协会	2014 年
五大连池大米	黑龙江	AGI01517	五大连池市种子管理站	2014 年
五大连池大豆	黑龙江	AGI01518	五大连池市种子管理站	2014 年
牡丹江金红苹果	黑龙江	AGI01602	牡丹江市农业技术推广总站	2015 年
五大连池面粉	黑龙江	AGI01603	五大连池市种子管理站	2015 年
佳木斯大米	黑龙江	AGI01604	佳木斯市优质农产品行业协会	2015 年
萝北大米	黑龙江	AGI01672	萝北县多种经营办公室	2015 年
延寿黏玉米	黑龙江	AGI01673	延寿县瓜菜协会	2015 年
五大连池鸭蛋	黑龙江	AGI01674	五大连池市动物疫病预防与控制中心	2015 年
双城菇娘	黑龙江	AGI01744	双城市经济作物指导站	2015 年
萝北黑木耳	黑龙江	AGI01745	萝北县多种经营办公室	2015 年
长林岛龙垦杏	黑龙江	AGI01746	五九七农场寒疆果都果农协会	2015 年
香磨山鲢鱼	黑龙江	AGI01747	木兰县渔业协会	2015 年
桦南紫苏	黑龙江	AGI01806	桦南县绿色食品协会	2016 年
居仁大米	黑龙江	AGI01909	宾县居仁水稻种植技术协会	2016 年
饶河大米	黑龙江	AGI01907	饶河县农业技术推广中心	2016 年
肇州大瓜子	黑龙江	AGI01905	肇州县老街基特色杂粮协会	2016 年
肇州糯玉米	黑龙江	AGI01906	肇州县老街基特色杂粮协会	2016 年
双城小米	黑龙江	AGI01908	双城市经济作物指导站	2016 年
勃利红松籽	黑龙江	AGI01805	勃利县农村合作经济经营管理总站	2016 年
佳木斯大豆	黑龙江	AGI02076	佳木斯市优质农产品行业协会	2017 年
九三大豆	黑龙江	AGI02077	黑龙江省农垦九三管理局农产品质量安全检测站	2017 年
萝北红小豆	黑龙江	AGI02078	萝北县多种经营办公室	2017 年
七台河大米	黑龙江	AGI02079	七台河市大米行业协会	2017 年
交界木耳	黑龙江	AGI02080	哈尔滨市阿城区交界街道办事处农业综合服务中心	2017 年

续 表

黑龙江省（149 个）

产品名称	产地	产品编号	证书持有者	登记年份
兴凯湖梅花鹿	黑龙江	AGI02081	黑龙江省农垦牡丹江管理局鹿业协会	2017 年
东宁椴树蜜	黑龙江	AGI02082	东宁市蚕蜂业管理站	2017 年
连环湖鳜鱼	黑龙江	AGI02083	杜尔伯特蒙古族自治县渔业协会	2017 年
连环湖麻鲢鱼	黑龙江	AGI02124	杜尔伯特蒙古族自治县渔业协会	2017 年
黑垦友谊西瓜	黑龙江	AGI02388	友谊农场绿色食品协会	2018 年
集贤大豆	黑龙江	AGI02389	集贤县农业技术推广中心	2018 年
佳木斯木耳	黑龙江	AGI02390	佳木斯市食用菌产业发展办公室	2018 年
呼兰马铃薯	黑龙江	AGI02391	哈尔滨市呼兰区农业技术推广中心	2018 年
万宝镇大米	黑龙江	AGI02392	哈尔滨市松北区稻米协会	2018 年
雁窝岛黑猪肉	黑龙江	AGI02393	黑龙江雁窝岛生猪养殖协会	2018 年
绥化鲜食玉米	黑龙江	AGI02462	绥化市鲜食玉米·速冻果蔬联合会	2018 年
黑垦友谊香瓜	黑龙江	AGI02603	友谊农场绿色食品协会	2019 年
黑河马	黑龙江	AGI02604	黑河市家禽繁育指导站	2019 年
牡丹江龙丰苹果	黑龙江	AGI02660	黑龙江省农业科学院牡丹江分院	2019 年
刁翎甜瓜	黑龙江	AGI02661	林口县种子管理站	2019 年
集贤友好香瓜	黑龙江	AGI02662	集贤县升昌镇农业技术服务中心	2019 年
庆安大米	黑龙江	AGI02663	庆安县米业协会	2019 年
呼玛大豆	黑龙江	AGI02664	呼玛县农业技术推广中心	2019 年
宁安马铃薯	黑龙江	AGI02665	宁安市农业技术推广中心	2019 年
萝北蜂蜜	黑龙江	AGI02666	萝北县多种经营办公室	2019 年
绥滨白鹅	黑龙江	AGI02667	绥滨县畜牧兽医局	2019 年
二龙湖鲢鱼	黑龙江	AGI02668	宾县二龙山风景区管理处	2019 年
镜泊湖胖头鱼	黑龙江	AGI02669	镜泊湖风景名胜区渔政监督管理站	2019 年
呼玛细鳞鲑	黑龙江	AGI02670	呼玛县水产管理站	2019 年
瑗珲大豆	黑龙江	AGI02807	黑河市爱辉区农业技术推广中心	2020 年
瑗珲面粉	黑龙江	AGI02808	黑河市爱辉区农业技术推广中心	2020 年
穆棱沙棘	黑龙江	AGI02809	穆棱市农业技术推广中心	2020 年
穆棱红豆杉果	黑龙江	AGI02810	穆棱市农业技术推广中心	2020 年
友谊大豆	黑龙江	AGI02811	友谊农场绿色食品协会	2020 年
天问山黄精	黑龙江	AGI02812	哈尔滨市阿城区金源绿色农畜产品协会	2020 年

黑龙江省（149 个）

产品名称	产地	产品编号	证书持有者	登记年份
萝北五味子	黑龙江	AGI02813	萝北县多种经营办公室	2020 年
杜尔伯特小蒿子防风	黑龙江	AGI02814	杜蒙县中草药产业协会	2020 年
绥滨江鲤	黑龙江	AGI02815	绥滨县水产技术服务中心	2020 年

上海市（15 个）

产品名称	产地	产品编号	证书持有者	登记年份
崇明白山羊	上海	AGI00663	上海崇明白山羊协会	2011 年
枫泾猪	上海	AGI00889	上海市金山区农学会	2012 年
金山蟠桃	上海	AGI01086	上海市蟠桃研究所	2013 年
三林崩瓜	上海	AGI01284	上海市浦东新区农协会	2013 年
崇明沙乌头猪	上海	AGI01285	上海崇明县种畜场	2013 年
嘉定梅山猪	上海	AGI01286	上海市嘉定区梅山猪育种中心	2013 年
崇明金瓜	上海	AGI01387	崇明县农产品质量安全学会	2014 年
马陆葡萄	上海	AGI01605	上海市嘉定区马陆镇农业服务中心	2015 年
亭林雪瓜	上海	AGI01606	上海市金山区亭林镇农业技术推广服务站	2015 年
崇明水仙	上海	AGI01675	崇明县农产品质量安全学会	2015 年
庄行蜜梨	上海	AGI01676	上海市奉贤区庄行镇农业服务中心	2015 年
奉贤黄桃	上海	AGI01748	上海市奉贤区青村镇农业服务中心	2015 年
彭镇青扁豆	上海	AGI01910	上海浦东新区泥城农业发展中心	2016 年
白鹤草莓	上海	AGI02463	上海市青浦区白鹤镇农业综合服务中心	2018 年
青浦薄稻米	上海	AGI02816	上海市青浦区稻米协会	2020 年

江苏省（98 个）

产品名称	产地	产品编号	证书持有者	登记年份
金山翠芽	江苏	AGI00122	镇江市茶业协会	2009 年
兴化大青虾	江苏	AGI00123	兴化市大青虾行业协会	2009 年
兴化大闸蟹	江苏	AGI00146	兴化市大闸蟹行业协会	2009 年
吴江香青菜	江苏	AGI00190	吴江市蔬菜协会	2009 年
裕华大蒜	江苏	AGI00191	大丰市裕华镇大蒜协会	2009 年
沙塘韭黄	江苏	AGI00192	铜山县农业技术推广中心	2009 年
沛县狗肉	江苏	AGI00210	沛县肉制品加工协会	2010 年

续 表

江苏省（98 个）

产品名称	产地	产品编号	证书持有者	登记年份
泗洪大米	江苏	AGI00220	泗洪县稻米协会	2010 年
阳羡雪芽	江苏	AGI00287	宜兴市茶业协会	2010 年
天目湖白茶	江苏	AGI00288	溧阳市园艺技术推广站	2010 年
焦溪二花脸猪	江苏	AGI00235	常州市焦溪二花脸猪专业合作社	2010 年
淮安黑猪	江苏	AGI00461	淮安市生猪产业协会	2010 年
溧阳白芹	江苏	AGI00462	溧阳市园艺技术推广站	2010 年
泰兴花生	江苏	AGI00463	泰兴市花生协会	2010 年
邵伯菱	江苏	AGI00606	江都市邵伯镇农业农机服务中心	2011 年
建昌红香芋	江苏	AGI00607	金坛市直溪镇农业综合服务站	2011 年
贾汪大洞山石榴	江苏	AGI00664	徐州市贾汪区林业工作站	2011 年
宝应慈姑	江苏	AGI00665	宝应县慈姑行业协会	2011 年
滨海白何首乌	江苏	AGI00666	江苏省白首乌产业协会	2011 年
仪征绿杨春茶	江苏	AGI00667	仪征市绿杨春茶叶协会	2011 年
淮安黄瓜	江苏	AGI00770	淮安市蔬菜流通协会	2011 年
谢湖大樱桃	江苏	AGI00771	赣榆县大樱桃协会	2011 年
白马黑莓	江苏	AGI00772	溧水县黑莓专业协会	2011 年
八集小花生	江苏	AGI00773	泗阳县八集乡农业经济技术服务中心	2011 年
海门山羊	江苏	AGI00774	海门市畜牧兽医站	2011 年
靖江香沙芋	江苏	AGI00842	靖江市香沙芋产销协会	2012 年
海门黄鸡	江苏	AGI00843	海门市绿源肉鸡专业合作社	2012 年
溧阳鸡	江苏	AGI00890	溧阳市园艺技术推广站	2012 年
南京盐水鸭	江苏	AGI00891	南京鸭业协会	2012 年
宝应核桃乌青菜	江苏	AGI01016	宝应县农业技术推广中心	2012 年
如皋黄鸡	江苏	AGI01087	如皋市畜牧兽医站	2013 年
白马湖青虾	江苏	AGI01088	白马湖水产协会	2013 年
白马湖大闸蟹	江苏	AGI01089	白马湖水产协会	2013 年
邵店板栗	江苏	AGI01090	新沂市农业技术推广中心	2013 年
建湖青虾	江苏	AGI01200	建湖县华盛河虾养殖专业合作社	2013 年
泰兴荞麦	江苏	AGI01287	泰兴市农业科学研究所	2013 年
淮安蒲菜	江苏	AGI01388	淮安市淮安区农副产品协会	2014 年

江苏省（98 个）

产品名称	产地	产品编号	证书持有者	登记年份
海门香芋	江苏	AGI01389	海门市蔬菜生产技术指导站	2014 年
阜宁西瓜	江苏	AGI01390	阜宁县蔬菜协会	2014 年
阳山水蜜桃	江苏	AGI01391	无锡市惠山区阳山水蜜桃桃农协会	2014 年
泰兴元麦	江苏	AGI01392	泰兴市农业科学研究所	2014 年
镇江江蟹	江苏	AGI01607	镇江市江鲜产业协会	2015 年
启东青皮长茄	江苏	AGI01677	启东市高效设施农业协会	2015 年
如东狼山鸡	江苏	AGI01678	如东县狼山鸡协会	2015 年
洪泽湖河蚬	江苏	AGI01679	江苏省洪泽湖渔业协会	2015 年
洪泽湖青虾	江苏	AGI01749	江苏省洪泽湖渔业协会	2015 年
丁嘴金菜	江苏	AGI01807	宿迁市宿豫区丁嘴镇农业经济技术服务中心	2016 年
洪泽湖大闸蟹	江苏	AGI01808	江苏省洪泽湖渔业协会	2016 年
泰兴香荷芋	江苏	AGI01913	泰兴市泰兴香荷芋协会	2016 年
启东洋扁豆	江苏	AGI01911	启东市高效设施农业协会	2016 年
万年香沙芋艿	江苏	AGI01912	海门市蔬菜生产技术指导站	2016 年
洋北西瓜	江苏	AGI01954	宿迁市宿城区洋北镇农业经济技术服务中心	2016 年
吴中鸡头米	江苏	AGI02125	吴中澄湖水八仙水生蔬菜行业协会	2017 年
启东绿皮蚕豆	江苏	AGI02179	启东市高效设施农业协会	2017 年
射阳大米	江苏	AGI02180	射阳县大米协会	2017 年
灌云豆丹	江苏	AGI02181	灌云县杨集镇豆丹养殖协会	2017 年
林苗圃早酥梨	江苏	AGI02269	宿迁市宿豫区顺河街道林苗圃优质农产品协会	2018 年
花园酥梨	江苏	AGI02394	宿迁市宿城区王官集镇农业经济技术服务中心	2018 年
海门大红袍赤豆	江苏	AGI02395	海门市作物栽培技术指导站	2018 年
启东沙地山药	江苏	AGI02396	启东市高效设施农业协会	2018 年
新街女贞	江苏	AGI02464	东台市新街镇苗木协会	2018 年
罗圩香茄	江苏	AGI02534	宿迁市宿城区罗圩乡农业经济技术服务中心	2019 年

江苏省（98 个）

产品名称	产地	产品编号	证书持有者	登记年份
杉荷园莲藕	江苏	AGI02535	宿迁市宿豫区新庄镇农业经济技术服务中心	2019 年
启东芦稷	江苏	AGI02536	启东市高效设施农业协会	2019 年
海门大白皮蚕豆	江苏	AGI02537	海门市作物栽培技术指导站	2019 年
横溪西瓜	江苏	AGI02538	南京市江宁区横溪街道办事处农业服务中心	2019 年
泗阳鲜桃	江苏	AGI02539	泗阳县农业技术推广中心	2019 年
高墟大米	江苏	AGI02605	沭阳县高墟镇农业经济技术服务中心	2019 年
姜堰大米	江苏	AGI02671	泰州市姜堰区大米协会	2019 年
东台大米	江苏	AGI02672	东台市农业技术推广中心	2019 年
沈灶青椒	江苏	AGI02673	东台市南沈灶镇农业技术推广综合服务中心	2019 年
无锡毫茶	江苏	AGI02674	无锡市滨湖区茶叶产业协会	2019 年
桑墟榆叶梅	江苏	AGI02817	沭阳县桑墟镇榆叶梅协会	2020 年
利民芦蒿	江苏	AGI02818	宿迁市宿豫区陆集镇农业经济技术服务中心	2020 年
四河青萝卜	江苏	AGI02819	泗洪县四河乡农业经济技术服务中心	2020 年
茅山长青	江苏	AGI02820	句容市茶叶协会	2020 年
东台西瓜	江苏	AGI02821	东台市农业技术推广中心	2020 年
潼阳西瓜	江苏	AGI02822	沭阳县潼阳镇农业经济技术服务中心	2020 年
大兴瓜蒌	江苏	AGI02823	宿迁市宿豫区大兴镇农业经济技术服务中心	2020 年
土桥大米	江苏	AGI02824	南京市江宁区淳化街道办事处农业服务中心	2020 年
宿迁籼米	江苏	AGI02825	宿迁市农业技术综合服务中心	2020 年
董浜筒管玉丝瓜	江苏	AGI02826	常熟市董浜镇农技推广服务中心	2020 年
王庄西瓜	江苏	AGI02827	常熟市尚湖镇农技推广服务中心	2020 年
马山杨梅	江苏	AGI02828	无锡市滨湖区马山杨梅产业协会	2020 年
铜山金杏	江苏	AGI02829	徐州市铜山区果桑技术指导站	2020 年
陈集葡萄	江苏	AGI02830	宿迁市宿城区陈集镇农业经济技术服务中心	2020 年

江苏省（98 个）				
产品名称	产地	产品编号	证书持有者	登记年份
东山白沙枇杷	江苏	AGI02831	苏州市吴中区东山镇农林服务站	2020 年
响水西蓝花	江苏	AGI02832	响水县西兰花产业协会	2020 年
弶港甜叶菊	江苏	AGI02833	东台市弶港镇农业技术推广综合服务中心	2020 年
仪征紫菜薹	江苏	AGI02834	仪征市蔬菜行业协会	2020 年
泗阳白酥梨	江苏	AGI02835	泗阳县农业技术推广中心	2020 年
魏营西瓜	江苏	AGI02836	泗洪县魏营镇农业经济技术服务中心	2020 年
龙集莲子	江苏	AGI02837	泗洪县龙集镇农业经济技术服务中心	2020 年
下原襄荷	江苏	AGI02838	如皋市下原镇农业服务中心	2020 年
凤凰水蜜桃	江苏	AGI02839	张家港市凤凰镇农业服务中心	2020 年
埠子蚕茧	江苏	AGI02840	宿迁市宿城区埠子镇农业经济技术服务中心	2020 年
阳澄湖大闸蟹	江苏	AGI02841	苏州市阳澄湖大闸蟹行业协会	2020 年
溱湖簖蟹	江苏	AGI02842	泰州市姜堰区水产技术指导站	2020 年
浙江省（115 个）				
产品名称	产地	产品编号	证书持有者	登记年份
奉化水蜜桃	浙江	AGI00236	奉化市水蜜桃研究所	2010 年
长兴紫笋茶	浙江	AGI00352	长兴县茶叶行业协会	2010 年
鄞州雪菜	浙江	AGI00372	宁波市鄞州区雪菜协会	2010 年
慈溪葡萄	浙江	AGI00434	慈溪市葡萄协会	2010 年
余姚瀑布仙茗	浙江	AGI00469	余姚市余姚瀑布仙茗协会	2010 年
千岛银珍	浙江	AGI00531	建德市千岛银珍茶叶专业合作社	2010 年
缙云麻鸭	浙江	AGI00532	缙云县麻鸭养殖技术协会	2010 年
路桥枇杷	浙江	AGI00533	台州市路桥区林特总站	2010 年
泰顺三杯香茶	浙江	AGI00534	泰顺县茶业协会	2010 年
桐乡槜李	浙江	AGI00535	桐乡市果树科学技术协会	2010 年
舟山晚稻杨梅	浙江	AGI00536	舟山市农学会	2010 年
秀洲槜李	浙江	AGI00548	嘉兴市秀洲区吴越槜李专业合作社	2011 年
同康竹笋	浙江	AGI00608	绍兴县同康竹笋专业合作社	2011 年
建德草莓	浙江	AGI00609	建德市草莓产业协会	2011 年
温岭高橙	浙江	AGI00668	温岭市名特优农产品行业协会	2011 年

浙江省（115 个）

产品名称	产地	产品编号	证书持有者	登记年份
武义铁皮石斛	浙江	AGI00775	浙江寿仙谷珍稀植物药研究所	2011 年
桐庐雪水云绿茶	浙江	AGI00776	桐庐县雪水云绿茶产业协会	2011 年
普陀佛茶	浙江	AGI00777	舟山市农学会	2011 年
象山红柑橘	浙江	AGI00749	象山县象山红柑橘专业合作社	2011 年
慈溪杨梅	浙江	AGI00844	慈溪市林特技术推广中心	2012 年
天目青顶	浙江	AGI00892	临安市茶叶产业协会	2012 年
义乌红糖	浙江	AGI00893	义乌市红糖产业协会	2012 年
长街蛏子	浙江	AGI01002	宁海县水产技术推广站	2012 年
浦江葡萄	浙江	AGI01091	浦江县农业局经济特产站	2013 年
临海西蓝花	浙江	AGI01092	临海市农产品营销行业协会	2013 年
湖州太湖鹅	浙江	AGI01093	湖州建旺禽业专业合作社	2013 年
金华两头乌猪	浙江	AGI01094	金华市畜牧兽医局	2013 年
宁波岱衢族大黄鱼	浙江	AGI01095	宁波市海洋与渔业研究院	2013 年
缙云米仁	浙江	AGI01288	缙云县米仁产业协会	2013 年
余姚甲鱼	浙江	AGI01289	余姚市水产技术推广中心	2013 年
平阳黄汤茶	浙江	AGI01393	平阳县茶叶产业协会	2014 年
里叶白莲	浙江	AGI01394	建德市莲子产业协会	2014 年
龙泉金观音	浙江	AGI01519	龙泉市茶叶产业协会	2014 年
庆元灰树花	浙江	AGI01520	庆元县食用菌管理局	2014 年
金华佛手	浙江	AGI01521	金华佛手产业协会	2014 年
湖州湖羊	浙江	AGI01608	湖州市畜牧兽医局	2015 年
兰溪小萝卜	浙江	AGI01681	兰溪市小萝卜产业协会	2015 年
常山猴头菇	浙江	AGI01750	常山县食用菌办公室	2015 年
绍兴兰花	浙江	AGI01751	绍兴市柯桥区兰花协会	2015 年
永康方山柿	浙江	AGI01680	永康市经济特产站	2015 年
云和雪梨	浙江	AGI01809	云和县经济作物站	2016 年
塘栖枇杷	浙江	AGI01810	杭州市余杭区塘栖镇农业技术推广站	2016 年
兰溪杨梅	浙江	AGI01955	兰溪市经济特产技术推广站	2016 年
黄岩红糖	浙江	AGI01956	台州市黄岩区农业技术推广中心	2016 年
永康五指岩生姜	浙江	AGI02016	永康市经济特产站	2017 年

浙江省（115个）

产品名称	产地	产品编号	证书持有者	登记年份
雁荡山铁皮石斛	浙江	AGI02017	乐清市铁皮石斛产业协会	2017年
莫干黄芽	浙江	AGI02182	德清县农业技术推广中心	2017年
鸠坑茶	浙江	AGI02183	淳安县农业技术推广中心	2017年
兰溪毛峰	浙江	AGI02184	兰溪市经济特产技术推广站	2017年
武阳春雨	浙江	AGI02185	武义县农学会	2017年
泰顺猕猴桃	浙江	AGI02186	泰顺县猕猴桃专业技术协会	2017年
兰溪枇杷	浙江	AGI02187	兰溪市经济特产技术推广站	2017年
诸暨短柄樱桃	浙江	AGI02188	诸暨市经济特产站	2017年
溪口雷笋	浙江	AGI02189	宁波市奉化区竹笋专业技术协会	2017年
凤桥水蜜桃	浙江	AGI02270	嘉兴市南湖区凤桥镇农业技术服务中心	2018年
黄岩东魁杨梅	浙江	AGI02271	台州市黄岩区果树技术推广总站	2018年
金塘李	浙江	AGI02272	舟山市定海区农业技术推广中心站	2018年
雁荡毛峰	浙江	AGI02273	乐清市种植业站	2018年
江山绿牡丹茶	浙江	AGI02274	江山市茶叶技术推广中心	2018年
景宁惠明茶	浙江	AGI02275	景宁畲族自治县惠明茶行业协会	2018年
遂昌菊米	浙江	AGI02276	遂昌县中药材开发研究所	2018年
仙居鸡	浙江	AGI02277	仙居县畜牧兽医局	2018年
慈溪蜜梨	浙江	AGI02278	慈溪市梨业协会	2018年
永康舜芋	浙江	AGI02397	永康市舜芋技术协会	2018年
建德西红花	浙江	AGI02465	建德市中药材产业协会	2018年
淳安覆盆子	浙江	AGI02466	淳安县农业技术推广中心	2018年
嵊州香榧	浙江	AGI02467	嵊州市香榧产业协会	2018年
玉环文旦	浙江	AGI02468	玉环市文旦研究所	2018年
黄岩蜜橘	浙江	AGI02469	台州市黄岩区果树技术推广总站	2018年
杨庙雪菜	浙江	AGI02541	嘉善杨庙雪菜产业管理协会	2019年
平水日铸茶	浙江	AGI02540	绍兴市柯桥区茶叶产业协会	2019年
径山茶	浙江	AGI02542	杭州市余杭区径山茶行业协会	2019年
安吉白茶	浙江	AGI02543	安吉县农业局茶叶站	2019年
青田杨梅	浙江	AGI02544	青田县经济作物管理站	2019年
枫桥香榧	浙江	AGI02545	诸暨市香榧博物馆（诸暨市林业科学研究所）	2019年

续　表

浙江省（115个）

产品名称	产地	产品编号	证书持有者	登记年份
宁海白枇杷	浙江	AGI02546	宁海县水果产业协会	2019 年
余姚榨菜	浙江	AGI02547	余姚市榨菜协会	2019 年
慈溪麦冬	浙江	AGI02606	慈溪市农业技术推广中心	2019 年
余姚杨梅	浙江	AGI02607	余姚市林业特产技术推广总站	2019 年
庆元甜橘柚	浙江	AGI02675	庆元县农业产业发展服务中心	2019 年
常山胡柚	浙江	AGI02676	常山县胡柚产销行业协会	2019 年
临安山核桃	浙江	AGI02677	杭州市临安区山核桃产业协会	2019 年
岱山沙洋晒生	浙江	AGI02678	岱山县岱东海岛生态农业协会	2019 年
杭白菊	浙江	AGI02679	桐乡市农业技术推广服务中心	2019 年
遂昌三叶青	浙江	AGI02680	遂昌县中药材开发研究所	2019 年
温栀子	浙江	AGI02681	温州市特产站	2019 年
缙云茭白	浙江	AGI02682	缙云县蔬菜协会	2019 年
武义宣莲	浙江	AGI02683	武义县农学会	2019 年
永康灰鹅	浙江	AGI02684	永康市畜牧兽医局	2019 年
董家茭白	浙江	AGI02843	桐乡市乌镇镇农业经济服务中心	2020 年
天目笋干	浙江	AGI02844	杭州市临安区竹产业协会	2020 年
萧山萝卜干	浙江	AGI02845	杭州市萧山区农产品加工业行业协会	2020 年
胥仓雪藕	浙江	AGI02846	长兴县农业技术推广服务总站	2020 年
开化龙顶茶	浙江	AGI02847	开化县农业特色产业发展中心	2020 年
磐安云峰	浙江	AGI02848	磐安县茶业协会	2020 年
温州早茶	浙江	AGI02849	温州市特产站	2020 年
大佛龙井	浙江	AGI02850	新昌县名茶协会	2020 年
淳安白花前胡	浙江	AGI02851	淳安县农业技术推广中心	2020 年
丽水枇杷	浙江	AGI02852	丽水市莲都区农业技术推广中心	2020 年
二都杨梅	浙江	AGI02853	绍兴市上虞区二都杨梅协会	2020 年
仙居杨梅	浙江	AGI02854	仙居县果品产销协会	2020 年
嵊州桃形李	浙江	AGI02855	嵊州市剡溪果业协会	2020 年
处州白莲	浙江	AGI02856	丽水市莲都区农业特色产业办公室	2020 年
缙云黄花菜	浙江	AGI02857	缙云县蔬菜协会	2020 年
婺州蜜梨	浙江	AGI02858	金华市金东区婺州蜜梨专业技术协会	2020 年

浙江省（115个）

产品名称	产地	产品编号	证书持有者	登记年份
桐琴蜜梨	浙江	AGI02859	武义县农学会	2020 年
江山猕猴桃	浙江	AGI02860	江山市猕猴桃产业化协会	2020 年
临海蜜橘	浙江	AGI02861	临海市特产技术推广总站	2020 年
青田御茶	浙江	AGI02862	青田县经济作物管理站	2020 年
遂昌龙谷茶	浙江	AGI02863	遂昌县茶叶技术推广站	2020 年
遂昌土蜂蜜	浙江	AGI02864	遂昌县畜牧兽医局	2020 年
温州大黄鱼	浙江	AGI02865	温州市渔业技术推广站	2020 年
湖州桑基塘鱼	浙江	AGI02866	湖州市桑基鱼塘产业协会	2020 年
嵊泗贻贝	浙江	AGI02867	嵊泗县贻贝行业协会	2020 年
古林蔺草	浙江	AGI02868	宁波市海曙区蔺草协会	2020 年

安徽省（92个）

产品名称	产地	产品编号	证书持有者	登记年份
宁前胡	安徽	AGI00310	宁国市天目山中药材专业合作社	2010 年
金山时雨	安徽	AGI00311	绩溪县上庄茶叶专业合作社	2010 年
宣木瓜	安徽	AGI00409	宣城市宣州区宣木瓜协会	2010 年
霄坑绿茶	安徽	AGI00440	池州市贵池霄坑村生绿茶叶专业合作社	2010 年
霍山黄大茶	安徽	AGI00441	霍山县茶叶产业协会	2010 年
鸦山瑞草魁	安徽	AGI00442	郎溪县农业局	2010 年
南陵大米	安徽	AGI00443	南陵县农业技术中心	2010 年
绩溪燕笋干	安徽	AGI00610	绩溪县山里佬徽菜原料专业合作社	2011 年
绩溪山核桃	安徽	AGI00611	绩溪县山里佬徽菜原料专业合作社	2011 年
石台香芽	安徽	AGI00612	安徽省石台县茶业协会	2011 年
涌溪火青	安徽	AGI00613	安徽省泾县火青茶叶专业合作社	2011 年
陶辛青虾	安徽	AGI00845	芜湖县青虾养殖协会	2012 年
南陵紫云英弋江籽	安徽	AGI00894	南陵县紫云英产业协会	2012 年
大圩葡萄	安徽	AGI01096	合肥市包河区大圩镇种植专业合作社联合社	2013 年
巢湖白虾	安徽	AGI01097	巢湖市三珍渔业农民专业合作社	2013 年
巢湖银鱼	安徽	AGI01098	巢湖市三珍渔业农民专业合作社	2013 年
马店糯米	安徽	AGI01099	凤台县平丰糯稻种植专业合作社	2013 年

安徽省（92 个）

产品名称	产地	产品编号	证书持有者	登记年份
苏岭山药	安徽	AGI01201	安徽泾县桃花潭原生态种植专业合作社	2013 年
金坝芹芽	安徽	AGI01202	庐江县金坝芹芽协会	2013 年
湾沚山芋	安徽	AGI01290	芜湖县湾沚镇农业综合服务站	2013 年
广德毛腿鸡	安徽	AGI01291	安徽皖南竹乡土特产产销专业合作社	2013 年
金寨红茶	安徽	AGI01395	金寨县茶叶发展办公室	2014 年
枣树行玉铃铛枣	安徽	AGI01463	阜阳市颍泉区宁老庄镇枣树行枣业协会	2014 年
亳菊	安徽	AGI01464	亳州市中药材种植协会	2014 年
南陵圩猪	安徽	AGI01465	南陵县畜牧兽医局	2014 年
中垾番茄	安徽	AGI01522	巢湖市中垾镇蔬菜行业协会	2014 年
无为螃蟹	安徽	AGI01523	无为县螃蟹产销协会	2014 年
舒城小兰花	安徽	AGI01610	舒城县茶叶产业协会	2015 年
三十岗西瓜	安徽	AGI01609	合肥市庐阳区三十岗乡瓜果协会	2015 年
奎湖鳊鱼	安徽	AGI01914	南陵县许镇镇奎湖水产养殖协会	2016 年
庐江花香藕	安徽	AGI01811	庐江县花香藕产业协会	2016 年
旌德天山真香茶	安徽	AGI01957	旌德县农业技术推广中心	2016 年
黄里笆斗杏	安徽	AGI01958	相山区农林技术推广中心	2016 年
界首马铃薯	安徽	AGI01959	界首市农业技术推广中心	2016 年
颍州大田恋思萝卜	安徽	AGI01960	阜阳市颍州区恋思萝卜产销协会	2016 年
金寨猕猴桃	安徽	AGI02018	金寨县猕猴桃产业协会	2017 年
含山大米	安徽	AGI02019	含山县粮油行业协会	2017 年
明光梅鱼	安徽	AGI02020	明光市水产技术推广站	2017 年
汀溪兰香茶	安徽	AGI02084	泾县茶业协会	2017 年
白云春毫	安徽	AGI02085	庐江县茶叶协会	2017 年
砀山酥梨	安徽	AGI02126	砀山县农产品质量安全监管中	2017 年
亳丹皮	安徽	AGI02127	亳州市中药材种植协会	2017 年
黟县香榧	安徽	AGI02190	黟县香榧协会	2017 年
九华黄精	安徽	AGI02191	青阳县农业检验检测中心	2017 年
滁州鲫	安徽	AGI02192	滁州市水产研究所	2017 年
都督翠茗	安徽	AGI02279	巢湖市坝镇都督山茶叶产业协会	2018 年
旌德灵芝	安徽	AGI02280	旌德县农产品质量安全监管局	2018 年

安徽省（92 个）

产品名称	产地	产品编号	证书持有者	登记年份
水东蜜枣	安徽	AGI02281	宣城市宣州区文化旅游产业发展协会	2018 年
砀山黄桃	安徽	AGI02282	砀山县农产品质量安全监管中心	2018 年
黄山黑鸡	安徽	AGI02283	黟县黄山黑鸡产业协会	2018 年
秋浦花鳜	安徽	AGI02284	池州市贵池区水产技术推广中心	2018 年
杨柳荸荠	安徽	AGI02398	庐江县白湖镇农业技术推广服务站	2018 年
黟县石墨茶	安徽	AGI02399	黟县农业技术推广中心	2018 年
桐城小花	安徽	AGI02400	桐城市小花茶叶开发工程指挥部办公室	2018 年
霍山黄芽	安徽	AGI02401	霍山县茶叶产业协会	2018 年
白莲坡贡米	安徽	AGI02402	怀远县科学种植养殖发展协会	2018 年
黄石溪毛峰	安徽	AGI02470	青阳县种植业局	2018 年
泾县兰香茶	安徽	AGI02471	泾县茶业协会	2018 年
明光甜叶菊	安徽	AGI02472	明光市农业技术推广中心	2018 年
宁国山核桃	安徽	AGI02473	宁国市农产品质量监管局	2018 年
凤台淮王鱼	安徽	AGI02474	凤台县水产技术推广中心	2018 年
合肥龙虾	安徽	AGI02522	合肥市渔业协会	2018 年
明光绿豆	安徽	AGI02548	明光市农业技术推广中心	2019 年
芜湖大米	安徽	AGI02549	芜湖市农业技术中心	2019 年
绩溪火腿	安徽	AGI02550	绩溪县畜牧兽医水产局	2019 年
旌德黄牛	安徽	AGI02551	旌德县畜牧兽医局	2019 年
宣城铁皮石斛	安徽	AGI02608	宁国市铁皮石斛协会	2019 年
黄花云尖	安徽	AGI02609	宁国市种植业局	2019 年
龙池香尖	安徽	AGI02610	怀宁县茶叶协会	2019 年
泗县金丝绞瓜	安徽	AGI02869	泗县农业技术推广中心	2020 年
涡阳苔干	安徽	AGI02870	涡阳县绿色食品发展服务中心	2020 年
太和香椿	安徽	AGI02871	太和县香椿产业协会	2020 年
黄山毛峰	安徽	AGI02872	黄山市农业技术推广中心	2020 年
敬亭绿雪	安徽	AGI02873	宣城市宣州区茶叶行业协会	2020 年
亳天花粉	安徽	AGI02874	亳州市中药材种植协会	2020 年
长丰草莓	安徽	AGI02875	长丰县草莓协会	2020 年
三潭枇杷	安徽	AGI02876	歙县深渡镇绿色枇杷专业技术协会	2020 年

安徽省（92 个）

产品名称	产地	产品编号	证书持有者	登记年份
闻集草莓	安徽	AGI02877	阜阳市颍泉区草莓协会	2020 年
凤阳花生	安徽	AGI02878	凤阳县农业科学研究所	2020 年
乔亭小籽花生	安徽	AGI02879	旌德县小籽花生专业技术协会	2020 年
怀远石榴	安徽	AGI02880	怀远县石榴协会	2020 年
蒙城篱笆黄花梨	安徽	AGI02881	蒙城县种植业发展中心	2020 年
旌德青蔗	安徽	AGI02882	旌德县青蔗专业技术协会	2020 年
砀山油桃	安徽	AGI02883	砀山县农产品质量安全监管中心	2020 年
永丰萱草	安徽	AGI02884	黄山市黄山区永丰萱草产业协会	2020 年
铜陵白姜	安徽	AGI02885	铜陵市农业科学研究所	2020 年
铜陵凤丹	安徽	AGI02886	铜陵市义安区牡丹产业协会	2020 年
王庄花生	安徽	AGI02887	固镇县王庄镇花生种植协会	2020 年
滁菊	安徽	AGI02888	滁州市南谯区滁菊协会	2020 年
枞阳媒鸭	安徽	AGI02889	铜陵市农业科学研究所	2020 年
万佛湖鳙鱼	安徽	AGI02890	舒城县水产站	2020 年
五河螃蟹	安徽	AGI02891	五河县螃蟹协会	2020 年

福建省（98 个）

产品名称	产地	产品编号	证书持有者	登记年份
青山龙眼	福建	AGI00127	福州市长乐区农业科学技术推广中心	2009 年
永安黄椒	福建	AGI00128	永安市农学会	2009 年
漳平水仙茶	福建	AGI00147	漳平市茶叶协会	2009 年
顺昌芦柑	福建	AGI00194	顺昌县柑橘行业协会	2009 年
顺昌竹荪	福建	AGI00193	顺昌县食用菌竹笋开发办公室	2009 年
东璧龙眼	福建	AGI00294	泉州市鲤城区龙眼行业协会	2010 年
东山芦笋	福建	AGI00237	福建省东山县芦笋协会	2010 年
桐江鲈鱼	福建	AGI00295	福鼎市闽鼎水产专业合作社	2010 年
明溪淮山	福建	AGI00238	明溪县农学会	2010 年
福州茉莉花茶	福建	AGI00239	福州市园艺学会	2010 年
顺昌红肉脐橙	福建	AGI00373	顺昌县芦柑行业协会	2010 年
德化黄花菜	福建	AGI00387	德化县农业科学研究所	2010 年
罗源秀珍菇	福建	AGI00388	福建省罗源县食用菌行业协会	2010 年

福建省（98个）

产品名称	产地	产品编号	证书持有者	登记年份
朱口小籽花生	福建	AGI00389	泰宁县农业科学研究所	2010年
和溪巴戟天	福建	AGI00614	南靖县农业技术推广站	2011年
福州橄榄	福建	AGI00615	福州市园艺学会	2011年
漳浦穿心莲	福建	AGI00616	漳浦县经济作物站	2011年
坂里龙柚	福建	AGI00617	长泰县坂里乡农村经济服务中心	2011年
文亨红衣花生	福建	AGI00618	连城文亨春秋红衣花生专业合作社	2011年
宣和雪薯	福建	AGI00669	连城县宣和乡前进淮山种植专业合作社	2011年
福鼎槟榔芋	福建	AGI00670	福鼎市福鼎芋协会	2011年
涂坊槟榔芋	福建	AGI00671	长汀县启煌槟榔芋专业合作社	2011年
霞浦榨菜	福建	AGI00716	霞浦县农副产品产业协会	2011年
霞浦晚熟荔枝	福建	AGI00846	霞浦县农副产品产业协会	2012年
永定巴戟天	福建	AGI00847	永定县土楼巴戟天专业合作社	2012年
金湖乌凤鸡	福建	AGI00895	泰宁县畜牧站	2012年
福州茉莉花	福建	AGI00896	福州市园艺学会	2012年
三明翠碧一号烤烟	福建	AGI00897	三明市烟草学会	2012年
大田高山茶	福建	AGI00898	大田县茶叶学会	2012年
福州福橘	福建	AGI00899	福州市园艺学会	2012年
北苑贡茶	福建	AGI00900	建瓯市农业技术推广中心	2012年
武平西郊盘菜	福建	AGI01017	福建省武平县农欣果蔬专业合作社	2012年
德化淮山	福建	AGI01018	德化县农业科学研究所	2012年
宁化米仁	福建	AGI01019	宁化县农学会	2012年
明溪金线莲	福建	AGI01020	明溪县农学会	2012年
穆阳水蜜桃	福建	AGI01100	福安市水蜜桃协会	2013年
福安巨峰葡萄	福建	AGI01101	福安市葡萄协会	2013年
漳平青仁乌豆	福建	AGI01102	漳平市双和蔬菜专业合作社	2013年
清流雪薯	福建	AGI01203	清流县经济作物技术推广站	2013年
永定六月红早熟芋	福建	AGI01204	永定县六月红早熟芋专业合作社	2013年
武平仙草	福建	AGI01292	福建省武平县绿露仙草专业合作社	2013年
冠豸山铁皮石斛	福建	AGI01293	连城县经济作物技术推广站	2013年
福安芙蓉李	福建	AGI01396	福安市经济作物站	2014年

福建省（98 个）

产品名称	产地	产品编号	证书持有者	登记年份
福安刺葡萄	福建	AGI01397	福安市经济作物站	2014 年
永定红柿	福建	AGI01398	永定县红柿专业技术协会	2014 年
顺昌海鲜菇	福建	AGI01466	顺昌县食用菌竹笋开发办公室	2014 年
寿宁高山茶	福建	AGI01467	寿宁县茶业协会	2014 年
七境茶	福建	AGI01468	罗源县茶叶协会	2014 年
泉州龙眼	福建	AGI01611	泉州市龙眼行业协会	2015 年
将乐竹荪	福建	AGI01612	将乐县食用菌协会	2015 年
南平烤烟	福建	AGI01613	南平市烟草学会	2015 年
赖坊花生	福建	AGI01682	清流县农业技术推广中心	2015 年
平和白芽奇兰	福建	AGI01683	平和县白芽奇兰茶协会	2015 年
石铭芋	福建	AGI01684	长泰县农业局经济作物站	2015 年
长泰砂仁	福建	AGI01685	长泰县农业局经济作物站	2015 年
永泰绿茶	福建	AGI01752	永泰县茶叶协会	2015 年
德化十八学士茶花	福建	AGI01812	德化县花卉协会	2016 年
连江鲍鱼	福建	AGI01814	连江县鲍鱼行业协会	2016 年
长乐番薯	福建	AGI01915	长乐市农学会	2016 年
德化黑兔	福建	AGI01917	德化县农业科学研究所	2016 年
闽北花猪	福建	AGI01916	顺昌县畜牧站	2016 年
云霄蕹菜	福建	AGI01813	云霄县热带作物技术推广站	2016 年
孔坑茶	福建	AGI02021	宁化县农学会	2017 年
衙口花生	福建	AGI02022	晋江市种植业技术服务中心	2017 年
龙岩山麻鸭	福建	AGI02023	龙岩市新罗区畜牧兽医水产学会	2017 年
永春白番鸭	福建	AGI02024	永春白番鸭养殖协会	2017 年
大田槐猪	福建	AGI02025	大田县畜牧兽医水产中心	2017 年
福建百香果	福建	AGI02193	福建省绿色食品协会	2017 年
溪源明笋	福建	AGI02194	建宁县溪源乡农业服务中心	2017 年
长乐灰鹅	福建	AGI02195	长乐市动物疫病预防控制中心	2017 年
龙岩斜背茶	福建	AGI02285	龙岩市新罗区茶叶协会	2018 年
安溪铁观音	福建	AGI02286	安溪县茶业总公司	2018 年
建宁通心白莲	福建	AGI02287	建宁县建莲产业协会	2018 年

福建省（98 个）

产品名称	产地	产品编号	证书持有者	登记年份
建宁黄花梨	福建	AGI02288	建宁县黄花梨产业协会	2018 年
德化梨	福建	AGI02289	德化县农业科学研究所	2018 年
蓬华脐橙	福建	AGI02475	南安市蓬华镇农业服务中心	2018 年
河龙贡米	福建	AGI02476	宁化县河龙贡米协会	2018 年
晋江紫菜	福建	AGI02477	晋江市紫菜加工行业协会	2018 年
德化黑羊	福建	AGI02478	德化县农业科学研究所	2018 年
河田鸡	福建	AGI02611	长汀县畜牧技术推广站	2019 年
惠安余甘	福建	AGI02685	惠安县农产品质量安全监督管理站	2019 年
金沙薏米	福建	AGI02892	仙游县金沙薏米产业发展技术协会	2020 年
龙岩烤烟	福建	AGI02893	龙岩市烟草学会	2020 年
大铭生姜	福建	AGI02894	德化县农业科学研究所	2020 年
山格淮山	福建	AGI02895	安溪县山格淮山产业技术研究会	2020 年
武夷岩茶	福建	AGI02896	武夷山市茶叶科学研究所	2020 年
度尾文旦柚	福建	AGI02897	仙游县度尾镇文旦柚协会	2020 年
晋江胡萝卜	福建	AGI02898	晋江市农学会	2020 年
云霄枇杷	福建	AGI02899	云霄县枇杷协会	2020 年
一都枇杷	福建	AGI02900	福清市一都镇农业服务中心	2020 年
邵武碎铜茶	福建	AGI02901	邵武市经济作物站	2020 年
永福高山茶	福建	AGI02902	龙岩市漳平台湾农民创业园区管理委员会	2020 年
德化黑鸡	福建	AGI02903	德化县农业科学研究所	2020 年
上杭槐猪	福建	AGI02904	上杭县槐猪产业协会	2020 年
福州金鱼	福建	AGI02905	福州市金鱼行业协会	2020 年
莆田花蛤	福建	AGI02906	莆田市花蛤行业协会	2020 年
安海土笋冻	福建	AGI02907	晋江市安海文化创意发展协会	2020 年
平潭坛紫菜	福建	AGI02908	平潭综合实验区海洋与渔业技术中心	2020 年

江西省（97 个）

产品名称	产地	产品编号	证书持有者	登记年份
军山湖大闸蟹	江西	AGI00279	进贤县水产技术推广站	2010 年
瑞昌山药	江西	AGI00280	瑞昌市山药产业协会	2010 年
三湖红橘	江西	AGI00281	新干县经济作物管理局	2010 年

江西省（97个）

产品名称	产地	产品编号	证书持有者	登记年份
弋阳大禾谷	江西	AGI00240	弋阳县水稻原种场	2010年
德兴红花茶油	江西	AGI00241	江西德兴市经济作物站	2010年
婺源绿茶	江西	AGI00242	婺源县茶叶技术推广中心	2010年
上饶白眉	江西	AGI00243	上饶县绿源茶业专业合作社	2010年
吉安红毛鸭	江西	AGI00244	吉安市畜牧兽医局	2010年
泰和乌鸡	江西	AGI00245	江西泰和乌鸡协会	2010年
井冈红米	江西	AGI00312	井冈山市井竹青水稻种植专业合作社	2010年
乐平花猪	江西	AGI00246	乐平市花猪原种场	2010年
萍乡红鲫	江西	AGI00313	萍乡市水产科学研究所	2010年
修水杭猪	江西	AGI00247	修水县杭猪原种场	2010年
宁都黄鸡	江西	AGI00248	宁都县畜牧兽医技术服务中心	2010年
兴国灰鹅	江西	AGI00249	兴国县灰鹅生产办公室	2010年
崇仁麻鸡	江西	AGI00250	崇仁县麻鸡行业协会	2010年
南丰蜜橘	江西	AGI00332	南丰蜜橘协会	2010年
奉新大米	江西	AGI00422	奉新县农业技术推广中心	2010年
生米藠头	江西	AGI00423	新建县明志种养植专业合作社	2010年
南城麻姑仙枣	江西	AGI00424	南城县盱江瓜果种植专业合作社	2010年
黎川茶树菇	江西	AGI00425	黎川县利川食用菌专业合作社	2010年
东乡绿壳蛋鸡	江西	AGI00426	东乡县黑鸡生态养殖专业合作社	2010年
兴国红鲤	江西	AGI00427	兴国县水产技术指导站	2010年
彭泽鲫	江西	AGI00428	彭泽县彭泽鲫产业协会	2010年
广丰白耳黄鸡	江西	AGI00429	广丰县畜牧兽医站	2010年
广昌白莲	江西	AGI00430	广昌县白莲协会	2010年
广丰马家柚	江西	AGI00431	广丰县果业管理办公室	2010年
新余蜜橘	江西	AGI00432	渝水区农业局果业站	2010年
浮梁茶	江西	AGI00464	浮梁县茶叶协会	2010年
三清山白茶	江西	AGI00549	玉山县紫湖茶叶专业合作社	2011年
上饶山茶油	江西	AGI00550	上饶县恩泉油脂农民专业合作社	2011年
德兴覆盆子	江西	AGI00551	德兴市百药山植物药种植专业合作社	2011年
南城淮山	江西	AGI00552	南城县农业技术推广服务中心	2011年

续　表

江西省（97 个）

产品名称	产地	产品编号	证书持有者	登记年份
临川虎奶菇	江西	AGI00553	抚州市临川金山食用菌专业合作社	2011 年
金溪蜜梨	江西	AGI00554	金溪县象山蜜梨专业合作社	2011 年
乐安竹笋	江西	AGI00619	乐安县骏达蔬菜专业合作社	2011 年
铁山杨梅	江西	AGI00620	上饶县绿源果业专业合作社	2011 年
井冈竹笋	江西	AGI00778	井冈山市井天竹笋培植专业合作社	2011 年
上饶青丝豆	江西	AGI00779	上饶县红叶绿色果蔬专业合作社	2011 年
登龙粉芋	江西	AGI00780	吉安县登龙粉芋专业合作社	2011 年
临湖大蒜	江西	AGI00781	玉山县农村经营管理站	2011 年
余干辣椒	江西	AGI00782	余干县国珍枫树辣椒种植专业合作社	2011 年
修水宁红茶	江西	AGI00783	修水县茶叶协会	2011 年
洪门鳙鱼	江西	AGI00784	南城县洪门镇硝石水产养殖专业合作社	2011 年
广昌泽泻	江西	AGI00785	广昌县抚源泽泻专业合作社	2011 年
怀玉山马铃薯	江西	AGI01103	玉山县红日农林农民专业合作社	2013 年
黄岗山玉绿	江西	AGI01104	铅山县虞军茶叶专业合作社	2013 年
铅山河红茶	江西	AGI01105	铅山县连四纸（连史纸）河红茶制作技艺传习所	2013 年
玉山黑猪	江西	AGI01106	玉山县农村经营管理站	2013 年
上饶蜂蜜	江西	AGI01107	上饶县益精蜂业专业合作社	2013 年
抚州西瓜	江西	AGI01108	抚州市临川区天露西瓜专业合作社	2013 年
上饶早梨	江西	AGI01109	上饶县绿源果业专业合作社	2013 年
铅山红芽芋	江西	AGI01110	铅山县强农蔬菜专业合作社	2013 年
上高紫皮大蒜	江西	AGI01111	上高县绿野紫皮大蒜专业合作社	2013 年
安义瓦灰鸡	江西	AGI01112	安义县鼎湖镇瓦灰鸡养殖专业合作社	2013 年
三清山山茶油	江西	AGI01113	玉山县春源油茶专业合作社	2013 年
余干鄱阳湖藜蒿	江西	AGI01205	余干县国珍枫树辣椒种植专业合作社	2013 年
宜丰竹笋	江西	AGI01294	宜丰县绿色食品发展办公室	2013 年
洪门鸡蛋	江西	AGI01295	南城县绿色养殖产业专业合作社	2013 年
上高蒙山猪	江西	AGI01296	上高县六旺牧业专业合作社	2013 年
黎川香榧	江西	AGI01399	黎川县农业技术推广中心	2014 年
乐安花猪	江西	AGI01400	乐安县农业技术推广服务中心	2014 年

江西省（97 个）

产品名称	产地	产品编号	证书持有者	登记年份
临川金银花	江西	AGI01469	临川区金银花合作协会	2014 年
高安大米	江西	AGI01470	高安市农业技术推广中心	2014 年
东乡白花蛇舌草	江西	AGI01524	东乡县白花蛇舌草行业协会	2014 年
庐山云雾茶	江西	AGI01686	九江市茶叶产业协会	2015 年
奉新猕猴桃	江西	AGI01687	奉新县果业办	2015 年
抚州水蕹	江西	AGI01688	抚州市临川区现代农业协会	2015 年
宜春苎麻	江西	AGI01689	江西省宜春市农业科学研究所	2015 年
麻姑茶	江西	AGI01815	南城县农业技术推广中心	2016 年
德兴铁皮石斛	江西	AGI01816	德兴市铁皮石斛产业协会	2016 年
怀玉山三叶青	江西	AGI01817	玉山县高山特种经济作物种植协会	2016 年
王桥花果芋	江西	AGI01818	东乡县花果芋行业协会	2016 年
宜丰蜂蜜	江西	AGI01961	宜丰县绿色食品发展办公室	2016 年
樟树花生	江西	AGI02026	樟树市农业技术推广服务中心	2017 年
占圩红薯	江西	AGI02086	东乡县红薯行业协会	2017 年
黎川黎米	江西	AGI02087	黎川县水稻行业协会	2017 年
袁州茶油	江西	AGI02088	宜春市袁州区油茶局	2017 年
余干芡实	江西	AGI02290	余干芡实产业协会	2018 年
黎川草菇	江西	AGI02291	黎川县食用菌行业协会	2018 年
玉山香榧	江西	AGI02292	上饶市玉山香榧研究所	2018 年
宜春大米	江西	AGI02293	宜春市休闲农业发展中心	2018 年
东乡甘蔗	江西	AGI02479	抚州市东乡区甘蔗行业协会	2018 年
东乡萝卜	江西	AGI02552	抚州市东乡区萝卜行业协会	2019 年
铜鼓黄精	江西	AGI02553	铜鼓县农业技术推广中心	2019 年
铜鼓宁红	江西	AGI02554	铜鼓县农业技术推广中心	2019 年
武功山石斑鱼	江西	AGI02555	萍乡市渔业局	2019 年
峡江水牛	江西	AGI02556	峡江县畜牧兽医局	2019 年
黎川白茶	江西	AGI02686	黎川县茶业行业协会	2019 年
资溪白茶	江西	AGI02687	资溪县白茶协会	2019 年
东乡葛	江西	AGI02688	抚州市东乡区葛根协会	2019 年
麻姑米	江西	AGI02689	南城县农业技术推广中心	2019 年

江西省（97个）

产品名称	产地	产品编号	证书持有者	登记年份
广丰铁蹄牛	江西	AGI02690	上饶市广丰区广丰铁蹄牛养殖协会	2019年
湖口螃蟹	江西	AGI02691	湖口县水产技术指导站	2019年
鄱阳大米	江西	AGI02909	鄱阳县水稻产业协会	2020年
德兴葛	江西	AGI02910	德兴市葛产业专业技术协会	2020年
遂川狗牯脑茶	江西	AGI02911	遂川县茶业局	2020年

山东省（336个）

产品名称	产地	产品编号	证书持有者	登记年份
章丘大葱	山东	AGI00013	章丘市大葱研究所	2008年
威海野生刺参	山东	AGI00014	威海市农业环境保护站	2008年
峄城石榴	山东	AGI00044	峄城区标准化农业产业协会	2008年
昌乐西瓜	山东	AGI00045	昌乐县农产品质量检测中心	2008年
黄河口蜜桃	山东	AGI00046	垦利县西宋乡黄河口蜜桃协会	2008年
东明西瓜	山东	AGI00063	东明县西瓜协会	2008年
平阴玫瑰红苹果	山东	AGI00064	平阴玫冠苹果合作社	2008年
新村银杏	山东	AGI00065	郯城县新村乡农业服务站	2008年
福山大樱桃	山东	AGI00066	福山区果树站	2008年
蒙阴蜜桃	山东	AGI00096	蒙阴县果业协会	2008年
黄河口大闸蟹	山东	AGI00097	东营市黄河口大闸蟹协会	2008年
苍山辣椒	山东	AGI00098	苍山县平阳蔬菜产销专业合作社	2008年
滕州马铃薯	山东	AGI00099	滕州市种子管理站	2008年
柘山花生	山东	AGI00129	安丘市柘山镇山货协会	2009年
沂源黑山羊	山东	AGI00130	沂源县畜牧兽医协会	2009年
泗水地瓜	山东	AGI00131	泗水县利丰地瓜产销协会	2009年
马山栝楼	山东	AGI00132	长清区马山栝楼协会	2009年
沂源苹果	山东	AGI00148	沂源县生态农业与农产品质量管理办公室	2009年
沂源全蝎	山东	AGI00149	沂源县畜牧兽医协会	2009年
桂河芹菜	山东	AGI00186	寿光市芹菜协会	2009年
唐王大白菜	山东	AGI00187	济南市历城区兴元蔬菜专业合作社	2009年
寿光独根红韭菜	山东	AGI00206	寿光市安维金果菜专业合作社	2010年
莱阳五龙鹅	山东	AGI00207	莱阳市照旺庄畜牧兽医工作站	2010年

山东省（336 个）

产品名称	产地	产品编号	证书持有者	登记年份
张夏玉杏	山东	AGI00221	济南市长清区岳庄巾帼玉杏种植专业合作社	2010 年
香城长红枣	山东	AGI00251	邹城市圣香果林果生产专业合作社	2010 年
旧店苹果	山东	AGI00252	青岛旧店果品专业合作社	2010 年
大黄埠西瓜	山东	AGI00253	青岛市大黄埠西瓜专业合作社	2010 年
莒南板栗	山东	AGI00269	莒南县果茶技术推广中心	2010 年
荣成苹果	山东	AGI00270	荣成市绿色食品办公室	2010 年
滕州大白菜	山东	AGI00271	滕州市种子管理站	2010 年
莒南花生	山东	AGI00272	莒南县花生产业发展办公室	2010 年
沂水绿茶	山东	AGI00273	沂水县高山茶业专业合作社	2010 年
荣成绿茶	山东	AGI00274	荣成市茶业协会	2010 年
苍山牛蒡	山东	AGI00275	苍山县利泉牛蒡种植专业合作社	2010 年
莒南绿茶	山东	AGI00276	莒南县果茶技术推广中心	2010 年
胶州湾蛤蜊	山东	AGI00277	青岛市城阳区水产学会	2010 年
胶南绿茶	山东	AGI00278	胶南市茶叶协会	2010 年
麻兰油桃	山东	AGI00363	平度市麻兰油桃协会	2010 年
大黄埠樱桃西红柿	山东	AGI00364	青岛市大黄埠樱桃西红柿专业合作社	2010 年
泊里西施舌	山东	AGI00365	胶南市渔业协会	2010 年
产芝水库鳙鱼	山东	AGI00366	莱西市产芝水库管理局	2010 年
产芝水库大银鱼	山东	AGI00367	莱西市产芝水库管理局	2010 年
平阴鲜食地瓜	山东	AGI00390	平阴寿源甘薯专业合作社	2010 年
仁兆蒜薹	山东	AGI00404	青岛市平度仁兆绿色蔬菜协会	2010 年
祝沟草莓	山东	AGI00405	青岛岔道口草莓专业合作社	2010 年
郑城金银花	山东	AGI00436	平邑县金银花标准化种植协会	2010 年
胶西马铃薯	山东	AGI00470	胶州市出口马铃薯协会	2010 年
莱西大花生	山东	AGI00471	莱西市花生产业协会	2010 年
白庙芋头	山东	AGI00472	青岛白庙芋头专业合作社	2010 年
北梁蜜桃	山东	AGI00473	青岛福寿蜜桃种植专业合作社	2010 年
和睦屯西瓜	山东	AGI00474	青岛胶州市和睦屯西瓜专业合作社	2010 年
柳沟小米	山东	AGI00475	青岛柳沟小米种植专业合作社	2010 年

山东省（336个）

产品名称	产地	产品编号	证书持有者	登记年份
马连庄甜瓜	山东	AGI00476	青岛马连庄甜瓜专业合作社	2010 年
胶北西红柿	山东	AGI00477	青岛明传果蔬专业合作社	2010 年
山色峪樱桃	山东	AGI00478	青岛山色峪樱桃专业合作社	2010 年
少山红杏	山东	AGI00479	青岛少山红杏专业合作社	2010 年
王家庄油桃	山东	AGI00480	青岛王家庄油桃专业合作社	2010 年
店埠胡萝卜	山东	AGI00481	青岛西张格庄蔬菜专业合作社	2010 年
夏庄杠六九西红柿	山东	AGI00482	青岛夏庄杠六九西红柿专业合作社	2010 年
徒河黑猪	山东	AGI00483	济阳联富养猪专业合作社	2010 年
莱阳莱胡参	山东	AGI00484	莱阳市农业技术推广中心	2010 年
莱阳芋头	山东	AGI00485	莱阳市农业技术推广中心	2010 年
天宝山山楂	山东	AGI00486	平邑县天宝致富水果专业合作社	2010 年
平阴玫瑰	山东	AGI00487	平阴县农产品质量安全检验检测站	2010 年
荣成草莓	山东	AGI00488	荣成市绿色食品协会	2010 年
荣成无花果	山东	AGI00489	荣成市绿色食品协会	2010 年
乳山绿茶	山东	AGI00490	乳山市茶叶协会	2010 年
寿光毛蚶	山东	AGI00491	寿光市海恒威滩涂贝类养殖专业合作社	2010 年
寿光蚂蚬	山东	AGI00492	寿光市海惠海水养殖专业合作社	2010 年
浮桥萝卜	山东	AGI00493	寿光市洛城街道青萝卜协会	2010 年
寿光鸡	山东	AGI00494	寿光市寿光鸡保护发展协会	2010 年
羊口咸蟹子	山东	AGI00495	寿光市渔业协会	2010 年
寿光大葱	山东	AGI00496	寿光蔬菜产业协会	2010 年
泗水花生	山东	AGI00497	泗水县泗河源花生种植专业合作社	2010 年
文登大樱桃	山东	AGI00498	文登市农业环境保护站	2010 年
文登苹果	山东	AGI00499	文登市农业环境保护站	2010 年
沂南黄瓜	山东	AGI00500	沂南县孔明蔬菜标准化生产协会	2010 年
孙祖小米	山东	AGI00501	沂南县孙组小米种植专业合作社	2010 年
沂水苹果	山东	AGI00502	沂水县果品产业协会	2010 年
沂水大樱桃	山东	AGI00503	沂水县夏蔚镇圣母山果蔬专业合作社	2010 年
沂水生姜	山东	AGI00504	沂水永强蔬菜专业合作社	2010 年
龙山小米	山东	AGI00505	章丘市优质粮食协会	2010 年

山东省（336 个）

产品名称	产地	产品编号	证书持有者	登记年份
明水香稻	山东	AGI00506	章丘市优质粮食协会	2010 年
石墙薄皮核桃	山东	AGI00507	邹城市石墙核桃产销协会	2010 年
张庄牛心柿	山东	AGI00555	邹城市虎沃柿子种植专业合作社	2011 年
马庙金谷	山东	AGI00556	金乡县马庙金谷协会	2011 年
无棣黑牛	山东	AGI00557	无棣县渤海黑牛良种繁育协会	2011 年
无棣驴	山东	AGI00558	无棣县渤海黑牛良种繁育协会	2011 年
沾化洼地绵羊	山东	AGI00559	沾化县畜牧养殖协会	2011 年
沾化白山羊	山东	AGI00560	沾化县畜牧养殖协会	2011 年
日照东方对虾	山东	AGI00561	山东省日照市水产研究所	2011 年
日照大竹蛏	山东	AGI00562	山东省日照市水产研究所	2011 年
日照西施舌	山东	AGI00563	山东省日照市水产研究所	2011 年
日照金乌贼	山东	AGI00564	山东省日照市渔业技术推广站	2011 年
宁阳大枣	山东	AGI00621	宁阳县葛石镇大枣经济协会	2011 年
莱芜白花丹参	山东	AGI00622	莱芜市岳圣天然药物研究开发中心	2011 年
曹范核桃	山东	AGI00672	章丘市名优农产品协会	2011 年
明水白莲藕	山东	AGI00673	章丘市名优农产品协会	2011 年
鲍家芹菜	山东	AGI00674	章丘市名优农产品协会	2011 年
文祖花椒	山东	AGI00675	章丘市名优农产品协会	2011 年
赵八洞香椿	山东	AGI00676	章丘市名优农产品协会	2011 年
白云湖甲鱼	山东	AGI00677	章丘市白云湖渔业专业合作社	2011 年
山阳大梨	山东	AGI00678	昌邑山阳大梨协会	2011 年
昌邑大姜	山东	AGI00679	昌邑市大姜协会	2011 年
鱼台龙虾	山东	AGI00680	鱼台县渔业协会	2011 年
鱼台甲鱼	山东	AGI00681	鱼台县渔业协会	2011 年
荣成裙带菜	山东	AGI00682	荣成市渔业协会	2011 年
荣成鲍鱼	山东	AGI00683	荣成市渔业协会	2011 年
荣成海参	山东	AGI00684	荣成市渔业协会	2011 年
平度大花生	山东	AGI00685	青岛平度蓼兰花生专业合作社	2011 年
胡集白梨瓜	山东	AGI00717	金乡县小张庄白梨瓜专业合作社	2011 年
荣成砂梨	山东	AGI00718	荣成市果茶种植专业合作社联合会	2011 年

山东省（336 个）

产品名称	产地	产品编号	证书持有者	登记年份
荣成大樱桃	山东	AGI00719	荣成市绿色食品办公室	2011 年
安丘大葱	山东	AGI00720	安丘市瓜菜协会	2011 年
黄河口大米	山东	AGI00721	垦利县农学会	2011 年
寿光文蛤	山东	AGI00722	寿光市海惠海水养殖专业合作社	2011 年
寿光缢蛏	山东	AGI00723	寿光市海恒威滩涂贝类养殖专业合作社	2011 年
姜格庄草莓	山东	AGI00742	青岛东山泉草莓专业合作社	2011 年
祝沟小甜瓜	山东	AGI00743	青岛宏利德果菜专业合作社	2011 年
大村香菇	山东	AGI00744	青岛胶南市大村镇农业服务中心	2011 年
大村黑木耳	山东	AGI00745	青岛胶南市大村镇农业服务中心	2011 年
大泽山葡萄	山东	AGI00746	平度市大泽山葡萄协会	2011 年
马家沟芹菜	山东	AGI00747	青岛琴香园芹菜产销专业合作社	2011 年
蟠桃大姜	山东	AGI00748	平度市李园街道办事处蟠桃大姜协会	2011 年
跋山芹菜	山东	AGI00786	沂水跋山蔬菜产销专业合作社	2011 年
八湖莲藕	山东	AGI00787	河东区玉湖莲藕种植专业合作社	2011 年
大店草莓	山东	AGI00788	莒南县农学会	2011 年
芍药山核桃	山东	AGI00789	费县绿缘核桃专业合作社	2011 年
天宝山黄梨	山东	AGI00790	平邑县天宝圣堂种植专业合作社	2011 年
临沭花生	山东	AGI00791	临沭县植物保护站	2011 年
乳山大花生	山东	AGI00792	乳山市农业环境保护站	2011 年
蒙阴苹果	山东	AGI00793	蒙阴县宗路果品专业合作社	2011 年
涛雒大米	山东	AGI00794	日照市东港区涛雒镇水稻生产技术协会	2011 年
文登西洋参	山东	AGI00795	文登市绿色食品协会	2011 年
文登大花生	山东	AGI00796	文登市绿色食品协会	2011 年
威海扇贝	山东	AGI00797	威海市渔业技术推广站	2011 年
威海蚬蛤	山东	AGI00798	威海市渔业技术推广站	2011 年
大田薄皮核桃	山东	AGI00799	青岛巴豆子核桃专业合作社	2011 年
安丘蜜桃	山东	AGI00848	安丘市植物保护协会	2012 年
双堠西瓜	山东	AGI00849	沂南县盛华西瓜种植专业合作社	2012 年
前岭山药	山东	AGI00850	高密市金夏庄瓜菜协会	2012 年
高密夏庄大金钩韭菜	山东	AGI00851	高密市金夏庄瓜菜协会	2012 年

山东省（336 个）

产品名称	产地	产品编号	证书持有者	登记年份
蒙山黑山羊	山东	AGI00852	平邑县鹰窝峰畜禽养殖专业合作社	2012 年
乳山苹果	山东	AGI00901	乳山市苹果协会	2012 年
徐庄板栗	山东	AGI00902	山亭区徐庄富硒板栗种植专业合作社	2012 年
仁风西瓜	山东	AGI00903	济阳县仁风镇西瓜协会	2012 年
曲堤黄瓜	山东	AGI00904	济阳县曲堤镇蔬菜协会	2012 年
麻湾西瓜	山东	AGI00905	东营市东营区麻湾西瓜种植农民专业合作社	2012 年
涛雒芹菜	山东	AGI00906	日照市东港区涛雒芹菜协会	2012 年
瓦屋香椿芽	山东	AGI00907	邹城市仁杰香椿芽种植专业合作社	2012 年
瓦西黑皮冬瓜	山东	AGI00908	商河县瓦西黑皮冬瓜专业合作社	2012 年
鲁西黄牛	山东	AGI00909	梁山县农村能源管理站	2012 年
九仙山葡萄	山东	AGI00910	曲阜市祥文无核葡萄专业合作社	2012 年
蒙山全蝎	山东	AGI00911	山东省蒙山全蝎研究所	2012 年
孝河藕	山东	AGI00912	临沂市兰山区文德孝河白莲藕种植农民专业合作社	2012 年
石埠子樱桃	山东	AGI00913	安丘市石埠子镇农业综合服务中心	2012 年
高密毛家屋子小米	山东	AGI00914	高密市金夏庄顺溪园有机谷物专业合作社	2012 年
姜湖贡米	山东	AGI00915	郯城县姜湖贡米富硒产品农民专业合作社	2012 年
五莲杜鹃花	山东	AGI00916	五莲山旅游风景区管理委员会	2012 年
蒙山蜂蜜	山东	AGI00917	蒙阴县蜂业协会	2012 年
泰山绿茶	山东	AGI01027	泰安市有机食品协会	2012 年
梁山青山羊	山东	AGI00918	梁山县农村能源管理站	2012 年
莱州烟台黑猪	山东	AGI00919	莱州市龙翔养猪专业合作社	2012 年
老河口白蛤	山东	AGI00920	寿光市海惠海水养殖专业合作社	2012 年
马鬐山银鱼	山东	AGI00921	莒南县天湖渔业养殖专业合作社	2012 年
寿光化龙胡萝卜	山东	AGI00922	寿光市树美果蔬专业合作社	2012 年
辉渠望海山小米	山东	AGI00923	安丘市百泉春谷种植专业合作社	2012 年
巨淀湖鸭蛋	山东	AGI00924	寿光市台头镇养鸭协会	2012 年
莱芜吉山黑鸡	山东	AGI00925	莱芜市莱城区三黑一花畜禽养殖专业合作社	2012 年

山东省（336 个）

产品名称	产地	产品编号	证书持有者	登记年份
莱芜黑兔	山东	AGI00926	莱芜市养兔协会	2012 年
莱芜猪	山东	AGI00927	莱芜市畜牧兽医协会	2012 年
莱芜黑山羊	山东	AGI00928	莱芜市黑山羊育种研究所	2012 年
安丘两河大蒜	山东	AGI00929	安丘市官庄镇农业综合服务中心	2012 年
莱西大板栗	山东	AGI00998	青岛北辛庄板栗专业合作社	2012 年
灵山岛海参	山东	AGI00999	胶南市渔业协会	2012 年
胶南蓝莓	山东	AGI01000	胶南市蓝莓协会	2012 年
仁兆圆葱	山东	AGI01001	青岛市平度仁兆绿色蔬菜协会	2012 年
西长旺白莲藕	山东	AGI01021	沂源县蔬菜产销服务中心	2012 年
鲁村芹菜	山东	AGI01022	沂源县鲁村芹菜种植协会	2012 年
寿光羊角黄辣椒	山东	AGI01023	寿光蔬菜产业协会	2012 年
沂源花生	山东	AGI01025	沂源县大张庄生发花生专业合作社	2012 年
长清茶	山东	AGI01026	济南市长清区农业环境保护站	2012 年
荣成海胆	山东	AGI01028	荣成市渔业协会	2012 年
临淄边河小米	山东	AGI01024	淄博临淄长盛农产品专业合作社	2012 年
乳山草莓	山东	AGI01206	乳山市新自然草莓专业合作社	2013 年
文登银杏	山东	AGI01207	文登市绿色食品协会	2013 年
刘村酥梨	山东	AGI01114	滕州市绿色食品协会	2013 年
荣成水貂	山东	AGI01208	荣成市畜牧站	2013 年
历城核桃	山东	AGI01115	济南市历城区果业协会	2013 年
荣成魁蚶	山东	AGI01209	荣成市渔业技术推广站	2013 年
鸡黍红花斑山药	山东	AGI01116	金乡县红花斑山药种植专业合作社	2013 年
荣成牡蛎	山东	AGI01210	荣成市渔业技术推广站	2013 年
烟台海肠	山东	AGI01117	烟台市水产研究所	2013 年
里口山蟠桃	山东	AGI01118	威海市环翠区植物保护站	2013 年
莱芜鸡腿葱	山东	AGI01119	莱芜市牛泉华兴鸡腿葱种植专业合作社	2013 年
嘉祥细长毛山药	山东	AGI01120	嘉祥县明豆山药种植专业合作社	2013 年
荣成甘薯	山东	AGI01121	荣成市绿色食品协会	2013 年
荣成大花生	山东	AGI01122	荣成市绿色食品办公室	2013 年
临朐黑山羊	山东	AGI01123	临朐县畜牧技术推广站	2013 年

续　表

山东省（336 个）

产品名称	产地	产品编号	证书持有者	登记年份
文登奶山羊	山东	AGI01124	文登市畜牧兽医技术服务中心	2013 年
文登水貂	山东	AGI01125	文登市畜牧兽医技术服务中心	2013 年
桑岛刺参	山东	AGI01126	龙口市桑岛海产品养殖协会	2013 年
巨淀湖泥鳅	山东	AGI01127	寿光市渔业协会	2013 年
羊口虾酱	山东	AGI01128	寿光市渔业协会	2013 年
老龙湾鳟	山东	AGI01129	临朐县龙湾淡水鱼养殖专业合作社	2013 年
云山大樱桃	山东	AGI01130	青岛腾云大樱桃产销专业合作社	2013 年
人荣小西红柿	山东	AGI01131	青岛凯旋生态农业专业合作社	2013 年
姜家埠大葱	山东	AGI01132	青岛市姜家埠蔬菜专业合作社	2013 年
琅琊玉筋鱼	山东	AGI01133	胶南市渔业协会	2013 年
东大寨苹果	山东	AGI01134	青岛东大寨果蔬专业合作社	2013 年
沂蒙绿茶	山东	AGI01297	临沂市茶叶学会	2013 年
乳山巴梨	山东	AGI01298	乳山市果茶蚕工作站	2013 年
文登砂梨	山东	AGI01299	文登市绿色食品协会	2013 年
齐河西瓜	山东	AGI01300	齐河县农业科学研究所	2013 年
灰埠大枣	山东	AGI01301	邹城市大束镇大枣协会	2013 年
五莲板栗	山东	AGI01302	五莲县果树站	2013 年
五莲国光苹果	山东	AGI01303	五莲县果树站	2013 年
阳信鸭梨	山东	AGI01304	阳信县鸭梨研究所	2013 年
嘉祥白菊花	山东	AGI01305	嘉祥县嘉清圣菊菊花种植专业合作社	2013 年
胡阳西红柿	山东	AGI01306	费县胡阳镇金阳西红柿种植专业合作社	2013 年
大王秦椒	山东	AGI01307	广饶县众益绿色蔬菜农民专业合作社	2013 年
武城辣椒	山东	AGI01308	武城县润农辣椒种植专业合作社	2013 年
单县罗汉参	山东	AGI01309	单县天祥罗汉参专业合作社	2013 年
柳下邑猪牙皂	山东	AGI01310	邹城市看庄柳下邑猪牙皂协会	2013 年
嘉祥大蒲莲猪	山东	AGI01311	济宁嘉祥东三大蒲莲猪养殖协会	2013 年
嘉祥济宁青山羊	山东	AGI01312	嘉祥县桐庄济宁青山羊养殖协会	2013 年
嘉祥小尾寒羊	山东	AGI01313	嘉祥县小尾寒羊养殖协会	2013 年
东阿黄河鲤鱼	山东	AGI01314	东阿县绣青水产养殖专业合作社	2013 年
文登布蛤	山东	AGI01315	文登市水产技术推广站	2013 年

山东省（336 个）

产品名称	产地	产品编号	证书持有者	登记年份
文登面蛤	山东	AGI01316	文登市水产技术推广站	2013 年
蓬莱海参	山东	AGI01317	蓬莱市渔业协会	2013 年
蓬莱地生子	山东	AGI01318	蓬莱市渔业协会	2013 年
梁山黑猪	山东	AGI01406	梁山县大义和养猪协会	2014 年
荣成蜜桃	山东	AGI01401	荣成市绿色食品协会	2014 年
伟德山板栗	山东	AGI01402	荣成市绿色食品协会	2014 年
临朐三山峪大山楂	山东	AGI01403	临朐县农民专业合作社联合会	2014 年
山旺大樱桃	山东	AGI01404	临朐县山旺镇大棚果协会	2014 年
金鸽山小米	山东	AGI01405	临朐县山旺镇小米协会	2014 年
大家洼鳎米鱼	山东	AGI01407	潍坊滨海经济技术开发区渔业协会	2014 年
许营西瓜	山东	AGI01471	聊城高新技术产业开发区许营镇绿色农产品协会	2014 年
王晋甜瓜	山东	AGI01472	肥城市仪阳镇农业综合服务中心	2014 年
冠县鸭梨	山东	AGI01473	冠县优质农产品协会	2014 年
泰山板栗	山东	AGI01474	泰安市板栗协会	2014 年
临沂沂蒙黑猪	山东	AGI01475	临沂市畜牧站	2014 年
东阿黑毛驴	山东	AGI01476	东阿县畜牧站	2014 年
单县青山羊	山东	AGI01477	菏泽鲁西南青山羊（单县）良种繁育研究所	2014 年
临沂大银鱼	山东	AGI01478	临沂市渔业协会	2014 年
张庄油栗	山东	AGI01525	邹城市张庄镇油栗协会	2014 年
新泰芹菜	山东	AGI01526	新泰市农村合作经济组织联合会	2014 年
阳谷朝天椒	山东	AGI01527	阳谷县农业产业化协会	2014 年
东阿鱼山大米	山东	AGI01528	东阿县鱼山大米种植协会	2014 年
高唐栝蒌	山东	AGI01529	高唐县优质特色农产品协会	2014 年
苍山大蒜	山东	AGI01530	兰陵县农业科学研究所	2014 年
高庄芹菜	山东	AGI01531	莱芜市莱城区明利特色蔬菜种植协会	2014 年
贾寨葡萄	山东	AGI01532	茌平县贾寨镇葡萄协会	2014 年
五井山柿	山东	AGI01533	临朐县五井镇柿饼协会	2014 年
莱阳五龙河鲤	山东	AGI01534	莱阳市渔业技术推广站	2014 年

续　表

山东省（336 个）

产品名称	产地	产品编号	证书持有者	登记年份
莱阳五龙河河蚬	山东	AGI01535	莱阳市渔业技术推广站	2014 年
莱阳缢蛏	山东	AGI01536	莱阳市渔业技术推广站	2014 年
东平湖大青虾	山东	AGI01537	东平县第一淡水养殖试验场	2014 年
洪兰菠菜	山东	AGI01538	平度市南村镇农业服务中心	2014 年
日照绿茶	山东	AGI01614	日照市茶叶技术推广中心	2015 年
祁家芹菜	山东	AGI01615	桓台翠海生态农业种植协会	2015 年
北园大卧龙莲藕	山东	AGI01616	济南鹊山龙湖生态农业科技种植协会	2015 年
乐陵金丝小枣	山东	AGI01617	乐陵市小枣加工销售行业协会	2015 年
临清椹果	山东	AGI01618	临清市黄河故道椹果协会	2015 年
乳山樱桃	山东	AGI01619	乳山市农业环境保护站	2015 年
荣成西洋参	山东	AGI01620	荣成市绿色食品协会	2015 年
海青茶	山东	AGI01621	青岛市黄岛区海青镇农业服务中心	2015 年
马家寨子香椿	山东	AGI01690	新泰市放城镇马家寨香椿协会	2015 年
崆峒岛刺参	山东	AGI01691	烟台市芝罘区渔业技术推广站	2015 年
西霞口刺参	山东	AGI01692	荣成西霞口海参产业协会	2015 年
鲁西斗鸡	山东	AGI01753	菏泽市畜牧工作站	2015 年
汪子岛鳎麻鱼	山东	AGI01758	无棣县渔业技术推广站	2015 年
汶上芦花鸡	山东	AGI01754	汶上县芦花鸡协会	2015 年
蓬莱加吉鱼	山东	AGI01757	蓬莱市渔业协会	2015 年
沂蒙长毛兔	山东	AGI01755	临沂市畜牧站	2015 年
蓬莱赤甲红	山东	AGI01756	蓬莱市渔业协会	2015 年
灵岩御菊	山东	AGI01825	济南市长清区灵岩御菊种植产业发展研究中心	2016 年
诸城绿茶	山东	AGI01819	诸城市茶叶协会	2016 年
山亭花椒	山东	AGI01918	山亭区绿色农资推广应用协会	2016 年
昆嵛山板栗	山东	AGI01919	威海市文登区绿色食品协会	2016 年
天宝樱桃	山东	AGI01823	新泰市天宝镇樱桃产业协会	2016 年
马踏湖白莲藕	山东	AGI01824	桓台县起凤马踏湖特产产业协会	2016 年
龙阳绿萝卜	山东	AGI01826	滕州市龙阳绿萝卜产业发展联合会	2016 年
莒县黄芩	山东	AGI01827	莒县库山中药材协会	2016 年

山东省（336 个）

产品名称	产地	产品编号	证书持有者	登记年份
莒县丹参	山东	AGI01828	莒县库山中药材协会	2016 年
莒县南涧小米	山东	AGI01829	莒县农业技术推广中心	2016 年
五莲小米	山东	AGI01831	五莲县农业技术推广站	2016 年
无棣卤虫卵	山东	AGI01832	无棣环渤海卤虫卵协会	2016 年
沙河辛西瓜	山东	AGI01820	禹城市辛店镇沙河辛西瓜协会	2016 年
双堠樱桃	山东	AGI01822	沂南县果蔬种植协会	2016 年
肥城桃	山东	AGI01821	肥城市肥城桃产业协会	2016 年
鱼台大米	山东	AGI01830	鱼台大米产业协会	2016 年
砖埠草莓	山东	AGI02027	沂南县草莓种植协会	2017 年
嘉祥红皮大蒜	山东	AGI02028	嘉祥县红皮大蒜研究协会	2017 年
潍坊烤烟	山东	AGI02029	潍坊市烟叶协会	2017 年
店子秋桃	山东	AGI02030	平度市店子镇农业服务中心	2017 年
宝山苹果	山东	AGI02031	宝山镇农业服务中心	2017 年
金乡大蒜	山东	AGI02089	金乡县无公害蔬菜种植协会	2017 年
鱼台毛木耳	山东	AGI02090	鱼台县农业标准化办公室	2017 年
麻大湖毛蟹	山东	AGI02091	博兴县渔业协会	2017 年
博兴对虾	山东	AGI02092	博兴县渔业协会	2017 年
东平湖鲤鱼	山东	AGI02093	东平县水产技术推广站	2017 年
胶州大白菜	山东	AGI02128	胶州市农业技术推广站	2017 年
泰山红茶	山东	AGI02196	泰安市泰山茶业协会	2017 年
张高水杏	山东	AGI02197	邹平县黛溪街道办事处农业技术服务站	2017 年
南王店西瓜	山东	AGI02198	菏泽市定陶区南王店镇农业综合服务中心	2017 年
临沭地瓜	山东	AGI02199	临沭县植物保护站	2017 年
莱芜生姜	山东	AGI02200	莱芜生姜加工协会	2017 年
莒县绿芦笋	山东	AGI02201	莒县绿芦笋标准化种植联合会	2017 年
临朐丹参	山东	AGI02202	临朐县丹参协会	2017 年
枣庄黑盖猪	山东	AGI02203	枣庄市黑盖猪养殖协会	2017 年
曹县芦笋	山东	AGI02294	曹县经济作物站	2018 年
茶坡芹菜	山东	AGI02295	沂南县芹菜产业协会	2018 年
五莲樱桃	山东	AGI02296	五莲县樱桃协会	2018 年

续 表

山东省（336 个）

产品名称	产地	产品编号	证书持有者	登记年份
济宁百日鸡	山东	AGI02297	济宁市任城区济宁百日鸡养殖协会	2018 年
蓼兰小麦	山东	AGI02298	平度市蓼兰镇农业服务中心	2018 年
即墨地瓜	山东	AGI02299	即墨市农业技术推广站	2018 年
烟台大花生	山东	AGI02403	烟台市农业技术推广中心	2018 年
惠民蜜桃	山东	AGI02404	惠民县大陈年镇农业综合服务站	2018 年
柘山板栗	山东	AGI02405	安丘市柘山镇农业综合服务中心	2018 年
烟台苹果	山东	AGI02406	烟台市苹果协会	2018 年
沙沟芋头	山东	AGI02557	临沂市罗庄区册山沙沟芋头协会	2019 年
庆云大叶香菜	山东	AGI02692	庆云县春满田园蔬菜协会	2019 年
夏津椹果	山东	AGI02693	夏津县农村能源环保站	2019 年
洪门葡萄	山东	AGI02694	枣庄市山亭区洪门葡萄种植协会	2019 年
高官寨甜瓜	山东	AGI02695	济南市章丘区高官寨甜瓜协会	2019 年
垛庄板栗	山东	AGI02696	济南市章丘区垛庄板栗协会	2019 年
郓半夏	山东	AGI02697	郓城县农业技术推广站	2019 年
商河大蒜	山东	AGI02912	商河县白桥镇大蒜协会	2020 年
李桂芬梨	山东	AGI02913	商河县殷巷镇李桂芬梨种植协会	2020 年
商河魁王金丝小枣	山东	AGI02914	商河县殷巷镇魁王金丝小枣种植协会	2020 年
长虹岭花生	山东	AGI02915	沂南县花生产业协会	2020 年
金口芹菜	山东	AGI02916	即墨市金口芹菜行业协会	2020 年
淄湾紫蒜	山东	AGI02917	青岛市大蒜产业协会	2020 年

河南省（139 个）

产品名称	产地	产品编号	证书持有者	登记年份
开封西瓜	河南	AGI00133	开封市农业技术推广站	2009 年
延津胡萝卜	河南	AGI00150	延津县贡参果蔬专业合作社	2009 年
开封菊花	河南	AGI00164	开封市菊花协会	2009 年
杞县大蒜	河南	AGI00179	杞县农业产业化办公室	2009 年
漯河麻鸡	河南	AGI00180	漯河市畜牧业协会	2009 年
孟津梨	河南	AGI00265	孟津县翠绿孟津梨专业合作社	2010 年
辉县山楂	河南	AGI00266	辉县市创新生态林果专业合作社	2010 年
封丘芹菜	河南	AGI00267	封丘县贡芹种植专业合作社	2010 年

河南省（139 个）

产品名称	产地	产品编号	证书持有者	登记年份
香花辣椒	河南	AGI00289	淅川县辣椒协会	2010 年
孟津西瓜	河南	AGI00290	孟津县三美西瓜专业合作社	2010 年
安阳栝楼	河南	AGI00291	安阳市彰德栝楼专业合作社	2010 年
张良姜	河南	AGI00351	鲁山县张良蔬菜专业合作社	2010 年
宜阳韭菜	河南	AGI00417	宜阳县万家果蔬种植专业合作社	2010 年
获嘉大白菜	河南	AGI00418	获嘉县蔬丰蔬菜专业合作社	2010 年
仰韶牛心柿	河南	AGI00419	渑池县段村乡农业服务中心	2010 年
淇河鲫鱼	河南	AGI00449	鹤壁市农产品质量安全监测检验中心	2010 年
淇河缠丝鸭蛋	河南	AGI00450	鹤壁市农产品质量安全监测检验中心	2010 年
马宣寨大米	河南	AGI00391	武陟县禾丰绿色稻米产销专业合作社	2010 年
获嘉黑豆	河南	AGI00451	获嘉县嘉禾农业专业合作社	2010 年
朱阳核桃	河南	AGI00452	灵宝市朱阳镇农业服务中心	2010 年
仰韶贡米	河南	AGI00453	渑池仁村乡坻坞贡米专业合作社	2010 年
仰韶大杏	河南	AGI00454	渑池县果园乡李家大杏专业合作社	2010 年
卫辉卫红花	河南	AGI00392	卫辉市鑫福林卫红花种植专业合作社	2010 年
孟津葡萄	河南	AGI00565	孟津县常袋红提葡萄专业合作社	2011 年
清化姜	河南	AGI00566	博爱县中原种植专业合作社	2011 年
伊川平菇	河南	AGI00567	伊川县平等乡马庄食用菌种植专业合作社	2011 年
偃师银条	河南	AGI00568	偃师市越启银条种植专业合作社	2011 年
凤泉薄荷	河南	AGI00569	新乡市凤泉区翟记薄荷茶农民专业合作社	2011 年
西邵红杏	河南	AGI00686	南乐县兴民红杏农民专业合作社	2011 年
寺郎腰大葱	河南	AGI00687	济源市大峪镇寺郎腰大葱专业合作社	2011 年
登封芥菜	河南	AGI00688	登封市农产品质量安全检测中心	2011 年
荥阳柿子	河南	AGI00724	荥阳市联强柿子专业合作社	2011 年
崇礼红薯	河南	AGI00725	上蔡县留榜种植专业合作社	2011 年
邵店黄姜	河南	AGI00726	上蔡县邵店乡金锁蔬菜种植专业合作社	2011 年
无量寺高青萝卜	河南	AGI00727	河南省兴华农业信息服务专业合作社无量寺分社	2011 年
固始萝卜	河南	AGI00728	固始县徐集乡农业科技推广协会	2011 年
新郑莲藕	河南	AGI00729	新郑市福贵莲藕专业合作社	2011 年

河南省（139个）

产品名称	产地	产品编号	证书持有者	登记年份
固始甲鱼	河南	AGI00730	固始黄堰龟鳖养殖专业合作社	2011 年
古寺郎胡萝卜	河南	AGI00800	南乐县兰亭农业种植专业合作社	2011 年
花园口红薯	河南	AGI00801	郑州市惠济区丫丫农业种植者专业合作社	2011 年
中牟西瓜	河南	AGI00802	中牟县姚家乡罗宋村西瓜专业合作社	2011 年
郑州樱桃沟樱桃	河南	AGI00803	郑州市樱桃沟樱桃专业合作社	2011 年
灵宝香菇	河南	AGI00804	灵宝市菌类生产管理办公室	2011 年
郑州黄河鲤鱼	河南	AGI00853	郑州市渔业协会	2012 年
小相菊花	河南	AGI01029	巩义市稽含园菊花种植专业合作社	2012 年
延津黑豆	河南	AGI00930	延津县贡参果蔬专业合作社	2012 年
尖山金银花	河南	AGI00931	新密市尖山前进金银花种植专业合作社	2012 年
洛宁金珠果	河南	AGI01211	洛宁县金珠果协会	2013 年
上戈苹果	河南	AGI01135	洛宁县上戈苹果专业合作社	2013 年
茶亭沟红薯	河南	AGI01136	登封市茶亭种植专业合作社	2013 年
桐柏朱砂红桃	河南	AGI01319	桐柏县农产品质量检测站	2013 年
坡河萝卜	河南	AGI01320	郏县郑桥蔬菜种植专业合作社	2013 年
内黄花生	河南	AGI01321	内黄县农业技术推广中心	2013 年
固始皇姑山茶	河南	AGI01408	固始县兴农茶叶专业合作社	2014 年
新乡小麦	河南	AGI01539	新乡市种子管理站	2014 年
新野甘蓝	河南	AGI01622	新野县蔬菜专业技术协会	2015 年
伊水大鲵	河南	AGI01920	洛阳市水产技术推广站	2016 年
桐柏玉叶茶	河南	AGI01833	桐柏县农产品质量检测站	2016 年
孟津黄河鲤鱼	河南	AGI01834	洛阳市水产技术推广站	2016 年
伊河鲂鱼	河南	AGI01835	洛阳市水产技术推广站	2016 年
偃师葡萄	河南	AGI02032	偃师市农产品质量安全检测站	2017 年
开封花生	河南	AGI02033	开封市祥符区农业发展中心	2017 年
嵩县银杏	河南	AGI02034	嵩县林业科学研究所	2017 年
嵩县皂角刺	河南	AGI02035	嵩县豫博皂角产业协会	2017 年
渑池丹参	河南	AGI02036	渑池县天沣中药材协会	2017 年
汝阳红薯	河南	AGI02094	汝阳县农产品质量安全检测站	2017 年
曹镇大米	河南	AGI02216	平顶山市湛河区农林水利综合技术推广站	2017 年

河南省（139个）

产品名称	产地	产品编号	证书持有者	登记年份
汝阳杜仲	河南	AGI02215	汝阳县农产品质量安全检测站	2017年
汝阳甪里艾	河南	AGI02214	汝阳县农产品质量安全检测站	2017年
桐柏香椿	河南	AGI02213	桐柏县淮源生态香椿产业协会	2017年
淮阳黄花菜	河南	AGI02212	淮阳县农产品质量安全检测站	2017年
西峡香菇	河南	AGI02211	西峡县农产品质量检测站	2017年
汝阳香菇	河南	AGI02210	汝阳县农产品质量安全检测站	2017年
唐河红薯	河南	AGI02209	唐河县农产品质量检测站	2017年
扶沟西瓜	河南	AGI02208	扶沟县农产品质量安全检测中心	2017年
马湾白桃	河南	AGI02207	叶县农业技术推广中心	2017年
大年沟血桃	河南	AGI02206	鲁山县熊背乡农业服务中心	2017年
夏邑西瓜	河南	AGI02205	夏邑县西瓜协会	2017年
新安樱桃	河南	AGI02204	新安县农产品安全检测中心	2017年
陕州苹果	河南	AGI02300	三门峡市陕州区园艺管理服务中心	2018年
陕州红梨	河南	AGI02301	三门峡市陕州区园艺管理服务中心	2018年
陕州石榴	河南	AGI02302	三门峡市陕州区园艺管理服务中心	2018年
兰考蜜瓜	河南	AGI02303	兰考县农产品质量安全检测中心	2018年
新县将军菜	河南	AGI02304	新县农产品质量安全检验检测中心	2018年
临颍大蒜	河南	AGI02305	临颍县农产品质量安全检测中心	2018年
郸城红薯	河南	AGI02306	郸城县农产品质量检测中心	2018年
正阳花生	河南	AGI02307	正阳县农产品质量安全检测中心	2018年
郏县烤烟	河南	AGI02308	郏县烟叶办公室	2018年
鹿邑芹菜	河南	AGI02309	鹿邑县农产品质量安全检测站	2018年
扶沟辣椒	河南	AGI02310	扶沟县农产品质量安全检测中心	2018年
伊川小米	河南	AGI02311	伊川县农产品质量安全监督检测站	2018年
清泉沟小米	河南	AGI02312	三门峡市陕州区农业技术推广站	2018年
唐河绿米	河南	AGI02313	唐河县中绿天然富硒稻米研发中心	2018年
项城白芝麻	河南	AGI02314	项城市农产品质量检验监测中心	2018年
禹州金银花	河南	AGI02315	禹州市中药材生产办公室	2018年
栾川山茱萸	河南	AGI02316	栾川县农业产业化龙头企业协会	2018年
黄泛区黄金梨	河南	AGI02317	河南省黄泛区农场	2018年

河南省（139 个）

产品名称	产地	产品编号	证书持有者	登记年份
栾川核桃	河南	AGI02318	栾川县农业产业化龙头企业协会	2018 年
浚县小河白菜	河南	AGI02480	浚县蔬菜协会	2018 年
温县铁棍山药	河南	AGI02481	温县四大怀药协会	2018 年
禹州丹参	河南	AGI02482	禹州市中药材生产办公室	2018 年
禹州半夏	河南	AGI02483	禹州市中药材生产办公室	2018 年
兰考红薯	河南	AGI02484	兰考县农产品质量安全检测中心	2018 年
浚县大碾萝卜	河南	AGI02558	浚县蔬菜协会	2019 年
王家辿红油香椿	河南	AGI02559	鹤壁市鹤山区农业技术推广站	2019 年
西平小麦	河南	AGI02560	西平县农产品质量安全检测站	2019 年
灵宝苹果	河南	AGI02561	灵宝市园艺局	2019 年
夏邑白菜	河南	AGI02698	夏邑县农业技术推广中心	2019 年
娄店芦笋	河南	AGI02699	商丘市睢阳区蔬菜协会	2019 年
虞城荠菜	河南	AGI02700	虞城县荠菜协会	2019 年
舞钢莲藕	河南	AGI02701	舞钢市人民政府蔬菜办公室	2019 年
内黄尖椒	河南	AGI02702	内黄县果蔬产业协会	2019 年
宁陵金顶谢花酥梨	河南	AGI02703	宁陵县金顶谢花酥梨协会	2019 年
汝阳花生	河南	AGI02704	汝阳县农业技术推广中心	2019 年
西峡猕猴桃	河南	AGI02705	西峡县农产品质量检测站	2019 年
张武岗红薯	河南	AGI02706	叶县辛店镇农业服务中心	2019 年
襄城烤烟	河南	AGI02707	襄城县农业技术推广中心	2019 年
卢氏连翘	河南	AGI02708	卢氏县中药材生产管理办公室	2019 年
新县山茶油	河南	AGI02709	新县油茶产业协会	2019 年
襄城红薯	河南	AGI02918	襄城县农业技术推广中心	2020 年
新野大白菜	河南	AGI02919	新野县农产品质量安全监测站	2020 年
惠楼山药	河南	AGI02920	虞城县惠楼山药协会	2020 年
柘城辣椒	河南	AGI02921	柘城县农产品质量安全检测中心	2020 年
汤阴北艾	河南	AGI02922	汤阴县医药行业管理办公室	2020 年
渑池柴胡	河南	AGI02923	渑池县坡头乡农业服务中心	2020 年
李口西瓜	河南	AGI02924	商丘市睢阳区瓜菜研究会	2020 年
善堂花生	河南	AGI02925	浚县花生协会	2020 年

河南省（139 个）				
产品名称	产地	产品编号	证书持有者	登记年份
兰考花生	河南	AGI02926	兰考县农产品质量安全检测中心	2020 年
民权花生	河南	AGI02927	民权县农产品质量安全中心	2020 年
唐河西瓜	河南	AGI02928	唐河县农产品质量检测站	2020 年
瓦岗红薯	河南	AGI02929	确山县瓦岗镇农业服务中心	2020 年
遂平香椿	河南	AGI02930	遂平县农产品质量安全检测中心	2020 年
郭村马铃薯	河南	AGI02931	商丘市睢阳区郭村镇农业服务中心	2020 年
虞城酥梨	河南	AGI02932	虞城县田庙乡“木兰渡”酥梨协会	2020 年
露峰山葡萄	河南	AGI02933	鲁山县农业技术推广站	2020 年
通许小麦	河南	AGI02934	通许县农产品质量安全检测中心	2020 年
尉氏桃	河南	AGI02935	尉氏县农产品质量安全监测中心	2020 年
济源核桃	河南	AGI02936	济源市核桃产业协会	2020 年
宿鸭湖鳙鱼	河南	AGI02937	汝南县农产品标准化质量检测检验中心	2020 年

湖北省（173 个）				
产品名称	产地	产品编号	证书持有者	登记年份
平林镇大米	湖北	AGI00047	枣阳市平林镇粮油经销协会	2008 年
鹤峰茶	湖北	AGI00048	鹤峰县茶叶产业协会	2008 年
宜都蜜柑	湖北	AGI00049	宜都市柑橘协会	2008 年
房县香菇	湖北	AGI00015	房县经济作物技术推广站	2008 年
秭归桃叶橙	湖北	AGI00016	秭归县柑橘协会	2008 年
麻城福白菊	湖北	AGI00017	麻城市福白菊产业协会	2008 年
房县黑木耳	湖北	AGI00075	房县经济作物技术推广站	2008 年
走马葛仙米	湖北	AGI00076	湖北省鹤峰县优质农产品协会	2008 年
四井岗油桃	湖北	AGI00108	枣阳市平林镇油桃协会	2008 年
沼山胡柚	湖北	AGI00109	鄂州市梁子湖区胡柚产业合作社	2008 年
武穴佛手山药	湖北	AGI00165	武穴市农业技术推广中心	2009 年
芝麻湖藕	湖北	AGI00195	浠水县巴河水产品专业合作社	2009 年
伍家台贡茶	湖北	AGI00292	宣恩贡茶产业协会	2010 年
郧西马头山羊	湖北	AGI00293	郧西县畜牧业协会	2010 年
安陆白花菜	湖北	AGI00314	安陆市蔬菜研究所	2010 年
关口葡萄	湖北	AGI00315	建始县益寿果品专业合作社联合社	2010 年

湖北省（173 个）

产品名称	产地	产品编号	证书持有者	登记年份
圣水绿茶	湖北	AGI00316	竹山县茶叶协会	2010 年
广水胭脂红鲜桃	湖北	AGI00317	广水市绿丰优质桃专业合作社	2010 年
建始猕猴桃	湖北	AGI00329	建始县益寿果品专业合作社联合社	2010 年
小村红衣米花生	湖北	AGI00420	咸丰县小村红衣米花生专业合作社	2010 年
随州泡泡青	湖北	AGI00421	随州市泡泡青农民专业合作社	2010 年
武当道茶	湖北	AGI00393	湖北省武当道茶产业协会	2010 年
双井西瓜	湖北	AGI00623	荆门掇刀双井刘伟西瓜专业合作社	2011 年
瓦仓大米	湖北	AGI00624	远安县农作技术服务协会	2011 年
通城猪	湖北	AGI00805	通城县新三汇绿色农产品专业合作社	2011 年
京山白花菜	湖北	AGI00806	京山县富水蔬菜专业合作社	2011 年
蕲春芹菜	湖北	AGI00807	蕲春农业技术推广中心	2011 年
旧口砂梨	湖北	AGI00808	钟祥市旧口砂梨产销协会	2011 年
沙洋长湖河蟹	湖北	AGI00809	沙洋县水产技术推广站	2011 年
沙洋长湖鳙鱼	湖北	AGI00810	沙洋县水产技术推广站	2011 年
葫芦潭贡米	湖北	AGI00854	湖北省南漳县金潭种植专业合作社	2012 年
宜昌白山羊	湖北	AGI00855	宜昌成祥养羊专业合作社	2012 年
白合花菜	湖北	AGI01030	云梦县城关镇白合蔬菜种植专业合作社	2012 年
孝感糯米	湖北	AGI01031	孝感市农业技术推广总站	2012 年
孝感龙剑茶	湖北	AGI01032	孝感市农业技术推广总站	2012 年
洪山鸡	湖北	AGI00932	随州市随县富强洪山鸡养殖专业合作社	2012 年
散花藜蒿	湖北	AGI00933	浠水县蔬菜协会	2012 年
屈乡丝绵茶	湖北	AGI00934	秭归县茶叶协会	2012 年
兴山锦橙	湖北	AGI01212	兴山县富民柑橘专业合作社	2013 年
建始厚朴	湖北	AGI01213	建始县前进林业专业合作社	2013 年
监利荆江鸭	湖北	AGI01214	监利县畜牧技术推广站	2013 年
监利猪	湖北	AGI01215	监利县畜牧技术推广站	2013 年
七里湖萝卜	湖北	AGI01137	钟祥市荆沙蔬菜种植专业合作社	2013 年
红安花生	湖北	AGI01138	红安县花生科研所	2013 年
钟祥花生	湖北	AGI01139	荆门市楚花花生加工专业合作社	2013 年
均州名晒烟	湖北	AGI01140	丹江口市烟叶协会	2013 年

续 表

湖北省（173个）

产品名称	产地	产品编号	证书持有者	登记年份
漳河水库翘嘴鲌	湖北	AGI01141	荆门市东宝区水产技术推广站	2013年
漳河水库草鱼	湖北	AGI01142	荆门市东宝区水产技术推广站	2013年
黄龙鳜鱼	湖北	AGI01143	十堰市张湾区农业技术服务中心	2013年
潜江龙虾	湖北	AGI01144	潜江市龙虾养殖协会	2013年
百里洲砂梨	湖北	AGI01145	枝江市百里洲农业服务中心	2013年
洪湖野鸭	湖北	AGI01146	洪湖市野鸭驯养协会	2013年
钟祥葛粉	湖北	AGI01147	钟祥市葛产业协会	2013年
宜昌长江肥鱼	湖北	AGI01148	宜昌英武水产养殖专业合作社	2013年
五峰宜红茶	湖北	AGI01149	五峰土家族自治县茶叶专业经济协会	2013年
马坡茶	湖北	AGI01322	建始县马坡明珠茶业专业合作社	2013年
木鱼绿茶	湖北	AGI01323	湖北神农架林区深山茶业专业合作社	2013年
张港花椰菜	湖北	AGI01324	天门市三新花椰菜产销专业合作社	2013年
蕲山药	湖北	AGI01325	蕲春县农业技术推广中心	2013年
昭君眉豆	湖北	AGI01409	兴山县盛世红颜蔬菜专业合作社	2014年
宜都宜红茶	湖北	AGI01410	宜都市宜红茶协会	2014年
承恩贡米	湖北	AGI01411	谷城县茨河镇农业技术推广服务中心	2014年
泗流山薏苡仁	湖北	AGI01412	蕲春县农业技术推广中心	2014年
石马槽大米	湖北	AGI01413	当阳市庙前镇农业服务中心	2014年
竹山肚倍	湖北	AGI01414	竹山县农业技术推广中心	2014年
崇阳野桂花蜜	湖北	AGI01415	崇阳县养蜂协会	2014年
通山乌骨山羊	湖北	AGI01416	通山乌骨山羊养殖协会	2014年
荆州大白刁	湖北	AGI01417	荆州市荆州区水产科学研究所	2014年
兴山脐橙	湖北	AGI01479	兴山县特产办公室	2014年
清江椪柑	湖北	AGI01480	长阳土家族自治县柑橘产业协会	2014年
东巩官米	湖北	AGI01481	南漳县东巩官米种植专业协会	2014年
蔡甸藜蒿	湖北	AGI01540	武汉市蔡甸区蔬菜科技推广站	2014年
双莲荸荠	湖北	AGI01541	当阳市王店镇农业服务中心	2014年
钟祥香菇	湖北	AGI01542	钟祥市食用菌协会	2014年
钟祥皮蛋	湖北	AGI01543	钟祥市蛋品产业协会	2014年
麻城辣椒	湖北	AGI01544	麻城市蔬菜协会	2014年

湖北省（173 个）

产品名称	产地	产品编号	证书持有者	登记年份
张湾汉江樱桃	湖北	AGI01545	十堰市张湾区农业技术服务中心	2014 年
磨坪贡茶	湖北	AGI01546	南漳县磨坪贡茶种植专业协会	2014 年
郧西山葡萄	湖北	AGI01623	郧西县农业技术推广中心	2015 年
秭归夏橙	湖北	AGI01624	秭归县柑橘协会	2015 年
李集香葱	湖北	AGI01625	武汉市新洲区李集香葱种植协会	2015 年
宜昌百合	湖北	AGI01626	宜昌市百合产业协会	2015 年
洪湖莲藕	湖北	AGI01627	洪湖市水生蔬菜协会	2015 年
郧阳桑蚕茧	湖北	AGI01693	郧县桑蚕协会	2015 年
武穴双低油菜	湖北	AGI01694	武穴市农业技术推广中心	2015 年
洪湖再生稻米	湖北	AGI01628	洪湖市水稻种植协会	2015 年
监利大米	湖北	AGI01629	监利县米业同业商会	2015 年
郧阳胭脂米	湖北	AGI01630	郧阳胭脂米种植协会	2015 年
房县冷水红米	湖北	AGI01631	房县粮油作物技术推广站	2015 年
咸安砖茶	湖北	AGI01763	咸宁市咸安区有机茶产业协会	2015 年
兴山白茶	湖北	AGI01762	兴山县特产办公室	2015 年
洪湖界牌黄豆	湖北	AGI01761	洪湖市螺山镇大豆产业协会	2015 年
玉泉仙人掌茶	湖北	AGI01760	当阳市特产技术推广中心	2015 年
黄陂脉地湾萝卜	湖北	AGI01759	武汉市黄陂区蔬菜技术推广服务站	2015 年
梁子湖大河蟹	湖北	AGI01844	武汉市江夏区梁子湖河蟹协会	2016 年
孝感香米	湖北	AGI01841	孝感市农业技术推广总站	2016 年
枝江蜂蜜	湖北	AGI01843	枝江市安福寺养蜂协会	2016 年
大口蜜桃	湖北	AGI01836	钟祥市大口水蜜桃协会	2016 年
郧阳天麻	湖北	AGI01921	十堰市郧阳区沧浪山天麻协会	2016 年
潜半夏	湖北	AGI01838	潜江市半夏协会	2016 年
谢花桥大米	湖北	AGI01839	当阳市淯溪镇农业服务中心	2016 年
房县虎杖	湖北	AGI01922	房县虎杖产业协会	2016 年
金桩堰贡米	湖北	AGI01840	丹江口市习家店镇农业技术推广服务中心	2016 年
襄阳大耳黑猪	湖北	AGI01842	襄阳市襄城区卧龙镇襄阳黑猪养殖专业技术协会	2016 年
远安冲菜	湖北	AGI01837	远安县农作技术服务协会	2016 年

湖北省（173 个）

产品名称	产地	产品编号	证书持有者	登记年份
董市甜瓜	湖北	AGI01962	枝江市董市农业服务中心	2016 年
钟祥泉水柑	湖北	AGI01963	钟祥市泉水柑种植协会	2016 年
七星台蒜薹	湖北	AGI01964	枝江市蔬菜办公室	2016 年
江夏子莲	湖北	AGI01965	武汉市江夏区蔬菜技术推广站	2016 年
罗田天麻	湖北	AGI01966	罗田县农业技术推广中心	2016 年
郧西杜仲	湖北	AGI01967	郧西县农业技术推广中心	2016 年
郧西黄姜	湖北	AGI01968	郧西县农业技术推广中心	2016 年
京山乌龟	湖北	AGI02037	京山县水产技术推广站	2017 年
兴山石蛙	湖北	AGI02038	水月寺石蛙产业协会	2017 年
伏龙山七叶一枝花	湖北	AGI02039	十堰市茅箭区农业技术推广中心	2017 年
松滋柑橘	湖北	AGI02095	松滋市柑橘生产销售协会	2017 年
峡州碧峰	湖北	AGI02096	宜昌邓村绿茶专业合作社联合社	2017 年
黄陂荸荠	湖北	AGI02097	武汉市黄陂区农业技术推广服务中心	2017 年
钟祥长寿村大米	湖北	AGI02098	钟祥市长寿稻种植协会	2017 年
钟祥长寿村鸡蛋	湖北	AGI02099	钟祥市长寿硒产业协会	2017 年
远安黄茶	湖北	AGI02129	远安县农业技术推广中心	2017 年
宜昌蜜橘	湖北	AGI02130	宜昌市柑橘产业协会	2017 年
水竹园大米	湖北	AGI02131	长阳土家族自治县都镇湾镇农业技术推广服务中心	2017 年
宜昌木姜子	湖北	AGI02220	宜昌市林产品专业技术协会	2017 年
官庄湖西瓜	湖北	AGI02219	钟祥市官庄湖管理区	2017 年
房县樱桃	湖北	AGI02218	房县樱桃协会	2017 年
秭归脐橙	湖北	AGI02217	秭归县柑橘协会	2017 年
白水畈萝卜	湖北	AGI02319	咸宁市咸安区高桥白水畈萝卜协会	2018 年
闯王砂梨	湖北	AGI02320	通山县果树种植协会	2018 年
江夏光明茶	湖北	AGI02321	武汉市江夏区山坡街光明茶叶协会	2018 年
榛子薄皮辣椒	湖北	AGI02322	榛子乡辣椒协会	2018 年
云梦白花菜	湖北	AGI02323	云梦县农技推广中心	2018 年
远安香菇	湖北	AGI02324	远安县食用菌协会	2018 年
黄陂黄牛	湖北	AGI02325	武汉市黄陂区农业技术推广服务中心	2018 年

湖北省（173 个）

产品名称	产地	产品编号	证书持有者	登记年份
北湖鲫	湖北	AGI02326	荆州市荆州区马山镇农业技术服务中心	2018 年
洈水刁子鱼	湖北	AGI02327	松滋市农业技术推广中心	2018 年
洪山菜薹	湖北	AGI02407	武汉市洪山区洪山菜薹产业协会	2018 年
杨林沟芋头	湖北	AGI02408	汉川市杨林沟镇农业服务中心	2018 年
安福寺白桃	湖北	AGI02409	枝江市安福寺农业服务中心	2018 年
随州香菇	湖北	AGI02410	随州市食用菌协会	2018 年
松滋鸡	湖北	AGI02411	松滋市土特产品产销协会	2018 年
宜昌猕猴桃	湖北	AGI02485	宜昌市农业科学研究院	2018 年
大金板鸭	湖北	AGI02486	武穴市农业技术推广中心	2018 年
恩施土豆	湖北	AGI02562	恩施土家族苗族自治州农业技术推广中心	2019 年
英山天麻	湖北	AGI02563	英山县药材和茧丝绸产业化办公室	2019 年
九宫山茶	湖北	AGI02564	通山县九宫山茶叶协会	2019 年
大畈枇杷	湖北	AGI02565	通山县枇杷协会	2019 年
舒安藠头	湖北	AGI02612	武汉市江夏区农业技术推广站	2019 年
天门半夏	湖北	AGI02613	天门市汪场镇农业技术服务中心	2019 年
东西湖葡萄	湖北	AGI02614	武汉市东西湖区巨龙海葡萄种植协会	2019 年
八宝西瓜	湖北	AGI02615	松滋市八宝镇农业技术服务中心	2019 年
蔡甸西瓜	湖北	AGI02710	武汉市蔡甸区农业技术推广服务中心	2019 年
卸甲坪葛根	湖北	AGI02711	松滋市卸甲坪土家族乡农业技术服务中心	2019 年
恩施玉露	湖北	AGI02712	恩施玉露茶产业协会	2019 年
宜昌宜红	湖北	AGI02938	宜昌市农业科学研究院	2020 年
荆门油菜	湖北	AGI02939	荆门市农业技术推广中心	2020 年
阳新湖蒿	湖北	AGI02940	阳新县蔬菜办公室	2020 年
岳口芋环	湖北	AGI02941	天门市岳口镇农业技术服务中心	2020 年
新洲龙王白莲	湖北	AGI02942	武汉市新洲区双柳街农业服务中心	2020 年
唐崖茶	湖北	AGI02943	咸丰县茶叶协会	2020 年
董河碧珍茶	湖北	AGI02944	浠水县散花镇董河茶叶专业技术协会	2020 年
资丘独活	湖北	AGI02945	长阳土家族自治县资丘镇农技服务中心	2020 年
英山茯苓	湖北	AGI02946	英山县中药材行业协会	2020 年
松滋蜜柚	湖北	AGI02947	松滋市蜜柚产销协会	2020 年

湖北省（173 个）

产品名称	产地	产品编号	证书持有者	登记年份
百丈潭茶	湖北	AGI02948	通城县土特产品协会	2020 年
罗田香露茶	湖北	AGI02949	罗田县农业技术推广中心	2020 年
五里界界豆	湖北	AGI02950	武汉市江夏区农业科学研究所	2020 年
蕲春再生稻	湖北	AGI02951	蕲春县农业技术推广中心	2020 年
郧西香椿	湖北	AGI02952	郧西县农业生态环境保护站	2020 年
曲溪绿茶	湖北	AGI02953	长阳土家族自治县资丘镇农技服务中心	2020 年
天门黄花菜	湖北	AGI02954	天门市汪场镇农业技术服务中心	2020 年
江陵三湖黄桃	湖北	AGI02955	江陵县三湖黄桃协会	2020 年
大悟泥鳅	湖北	AGI02956	大悟县泥鳅养殖协会	2020 年

湖南省（97 个）

产品名称	产地	产品编号	证书持有者	登记年份
湘西椪柑	湖南	AGI00050	湘西自治州经济作物站	2008 年
江永香柚	湖南	AGI00018	江永县桃川洞名特优新产品开发区管理委员会	2008 年
江永香姜	湖南	AGI00110	湖南省江永县桃川洞名特优新产品开发区管理委员会	2008 年
崀山脐橙	湖南	AGI00077	新宁县农业技术推广中心	2008 年
江永香芋	湖南	AGI00078	湖南省江永县桃川洞名特优新产品开发区管理委员会	2008 年
华容芥菜	湖南	AGI00079	华容县蔬菜加工行业协会	2008 年
华容黄白菜薹	湖南	AGI00177	湖南省华容县蔬菜专业合作社	2009 年
酃县白鹅	湖南	AGI00178	湖南省炎陵县兴农养殖协会	2009 年
华容芦笋笋	湖南	AGI00196	湖南省华容县芦笋科技协会	2009 年
紫鹊界贡米	湖南	AGI00205	新化县紫鹊界贡米种植专业合作社	2010 年
浦市铁骨猪	湖南	AGI00208	泸溪县畜牧工作站	2010 年
黔阳脐橙	湖南	AGI00222	湖南省洪江市黔阳脐橙专业合作社	2010 年
保靖黄金茶	湖南	AGI00254	保靖县农业技术推广中心	2010 年
湘西黄牛	湖南	AGI00255	湘西土家族自治州畜牧工作站	2010 年
宁乡猪	湖南	AGI00256	宁乡市畜牧工作站	2010 年
九疑山兔	湖南	AGI00457	宁远县养兔协会	2010 年

续　表

湖南省（97 个）

产品名称	产地	产品编号	证书持有者	登记年份
沙子岭猪	湖南	AGI00458	湘潭市家畜育种站	2010 年
津市藠果	湖南	AGI00394	津市市藠果协会	2010 年
天岩寨柑橘	湖南	AGI00395	浏阳市古港天岩寨水果生产专业合作社	2010 年
茅岩莓茶	湖南	AGI00396	张家界市永定区经济作物管理站	2010 年
靖州杨梅	湖南	AGI00570	靖州苗族侗族自治县杨梅专业协会	2011 年
华容潘家大辣椒	湖南	AGI00571	华容县蔬菜专业合作社	2011 年
黔阳大红甜橙	湖南	AGI00689	湖南省洪江市农业技术推广中心	2011 年
华容青豆角	湖南	AGI00811	华容县蔬菜专业合作社	2011 年
华容道皱皮柑	湖南	AGI00812	华容县富民皱皮柑农民专业合作社	2011 年
华容大湖胖头鱼	湖南	AGI00813	华容县水产技术推广站	2011 年
瓦儿岗七星椒	湖南	AGI01033	桃源县辣椒产业协会	2012 年
复兴苹果柚	湖南	AGI00935	澧县复兴苹果柚专业合作社	2012 年
瑶山雪梨	湖南	AGI00936	江华瑶族自治县原地果蔬产销专业合作社	2012 年
洪江雪峰乌骨鸡	湖南	AGI00937	怀化市洪江区家禽业协会	2012 年
华容道鸡蛋	湖南	AGI01150	华容县华容道土鸡养殖专业合作社	2013 年
江华苦茶	湖南	AGI01326	江华瑶族自治县粤华茶业发展合作社	2013 年
浏阳金橘	湖南	AGI01327	浏阳市果茶业协会	2013 年
大围山梨	湖南	AGI01418	浏阳市果茶业协会	2014 年
靖州茯苓	湖南	AGI01547	靖州苗族侗族自治县茯苓协会	2014 年
城头山大米	湖南	AGI01548	澧县城头山村特种水稻种植协会	2014 年
桃源鸡	湖南	AGI01549	桃源县畜牧兽医水产技术推广站	2014 年
绥宁绞股蓝	湖南	AGI01695	绥宁县七叶胆行业协会	2015 年
东江湖蜜橘	湖南	AGI01632	资兴市农业技术推广站	2015 年
桃源黑猪	湖南	AGI01633	桃源县畜牧兽医水产技术推广站	2015 年
太青双上绿芽茶	湖南	AGI01764	澧县城头山双上绿芽茶文化研究所	2015 年
桃源红茶	湖南	AGI01845	桃源县经济作物站	2016 年
郴州高山禾花鱼	湖南	AGI02100	郴州市水产科学研究所	2017 年
东江湖茶	湖南	AGI02132	资兴市茶叶协会	2017 年
湘潭矮脚白	湖南	AGI02225	湘潭市蔬菜协会	2017 年
九华红菜薹	湖南	AGI02224	湘潭市蔬菜协会	2017 年

续　表

湖南省（97个）

产品名称	产地	产品编号	证书持有者	登记年份
桃江竹笋	湖南	AGI02223	桃江县竹产业协会	2017 年
沅江芦笋	湖南	AGI02222	益阳南洞庭湖自然保护区沅江市管理局	2017 年
张家界菊花芯柚	湖南	AGI02221	张家界市永定区经济作物管理站	2017 年
樟树港黄瓜	湖南	AGI02328	湘阴县樟树镇农业服务中心	2018 年
樟树港辣椒	湖南	AGI02329	湘阴县樟树镇农业服务中心	2018 年
乌山贡米	湖南	AGI02330	长沙市望城区乌山无公害优质稻种植协会	2018 年
松柏大米	湖南	AGI02331	永顺县粮油作物技术服务站	2018 年
葛家鸡肠子辣椒	湖南	AGI02332	葛家镇农业综合服务站	2018 年
醴陵玻璃椒	湖南	AGI02333	醴陵市蔬菜作物站	2018 年
常德香米	湖南	AGI02334	常德市粮食行业协会	2018 年
通道黑老虎	湖南	AGI02335	通道侗族自治县经济作物工作站	2018 年
澧县双低油菜籽	湖南	AGI02336	澧县双低油菜产业协会	2018 年
永州异蛇	湖南	AGI02337	永州市异蛇生物产业协会	2018 年
辰溪稻花鱼	湖南	AGI02338	辰溪县农业技术推广学会	2018 年
长沙绿茶	湖南	AGI02412	长沙市茶业协会	2018 年
江永香米	湖南	AGI02413	江永县桃川洞名特优新产品开发区管理委员会	2018 年
江垭峡谷鲟鱼	湖南	AGI02414	慈利县畜牧水产局	2018 年
金甲岭萝卜	湖南	AGI02487	衡阳市珠晖区农业产业化与技术推广服务站	2018 年
黔阳冰糖橙	湖南	AGI02488	洪江市农业技术推广中心	2018 年
浏阳黑山羊	湖南	AGI02489	浏阳市畜牧工作站	2018 年
白泥湖螃蟹	湖南	AGI02490	岳阳市云溪区陆城镇农业综合服务站	2018 年
赫山兰溪大米	湖南	AGI02566	益阳市赫山区绿色高端稻米协会	2019 年
衡山红脆桃	湖南	AGI02567	衡山县特色种养协会	2019 年
北山梅	湖南	AGI02568	长沙县北山镇公共服务中心	2019 年
三樟黄贡椒	湖南	AGI02616	衡东县三樟镇农业综合服务中心	2019 年
龙山厚朴	湖南	AGI02617	龙山县中药材产业服务中心	2019 年
龙山黄檗	湖南	AGI02618	龙山县中药材产业服务中心	2019 年
安化小籽花生	湖南	AGI02713	安化县乐安镇农业综合服务站	2019 年

续　表

湖南省（97 个）

产品名称	产地	产品编号	证书持有者	登记年份
凤凰猕猴桃	湖南	AGI02714	凤凰县经济作物技术服务站	2019 年
黔阳金秋梨	湖南	AGI02715	洪江市农业技术推广中心	2019 年
大通湖大米	湖南	AGI02716	益阳市大通湖区农业技术推广中心	2019 年
岳阳王鸽	湖南	AGI02717	岳阳县杨林乡肉鸽养殖协会	2019 年
南县草龟	湖南	AGI02718	南县龟鳖养殖协会	2019 年
南县中华鳖	湖南	AGI02719	南县龟鳖养殖协会	2019 年
永顺莓茶	湖南	AGI02957	永顺县经济作物技术推广站	2020 年
安化黄精	湖南	AGI02958	安化县中医药健康产业协会	2020 年
水云峰黄桃	湖南	AGI02959	冷水江市黄桃协会	2020 年
迥峰蜜柑	湖南	AGI02960	永州市回龙圩管理区经济作物管理办公室	2020 年
龙山百合	湖南	AGI02961	龙山县百合产业协会	2020 年
白云贡米	湖南	AGI02962	吉首市农业技术推广中心	2020 年
常德红茶	湖南	AGI02963	常德市茶业协会	2020 年
慈利杜仲	湖南	AGI02964	慈利县农业技术服务中心	2020 年
桂阳五爪辣	湖南	AGI02965	桂阳县辣椒产业协会	2020 年
衡阳台源乌莲	湖南	AGI02966	衡阳县乌莲产业协会	2020 年
会同魔芋	湖南	AGI02967	会同县经济作物工作站	2020 年
邵东玉竹	湖南	AGI02968	邵东市种子工作站	2020 年
新宁博落回	湖南	AGI02969	新宁县中药材开发管理办公室	2020 年
永顺猕猴桃	湖南	AGI02970	永顺县农业技术推广中心	2020 年
永顺蜜橘	湖南	AGI02971	永顺县农业技术推广中心	2020 年
衡阳湘黄鸡	湖南	AGI02972	衡阳市家禽行业协会	2020 年
耒阳大和草鱼	湖南	AGI02973	耒阳市大和圩乡养殖协会	2020 年

广东省（50 个）

产品名称	产地	产品编号	证书持有者	登记年份
信宜丞仔鱼	广东	AGI00625	信宜市大地丞仔鱼专业合作社	2011 年
高堂菜脯	广东	AGI00690	饶平县高堂菜脯加工企业协会	2011 年
饶平狮头鹅	广东	AGI00938	饶平县农业技术推广中心	2012 年
马冈肉鹅	广东	AGI01216	开平市禽业协会	2013 年
岭头单丛茶	广东	AGI01151	饶平县浮滨镇兴农茶叶专业合作社	2013 年

广东省（50 个）

产品名称	产地	产品编号	证书持有者	登记年份
连州菜心	广东	AGI01419	连州市农作物技术推广站	2014 年
炭步槟榔香芋	广东	AGI01420	广州市花都区炭步镇农业技术推广站	2014 年
杜阮凉瓜	广东	AGI01328	江门市蓬江区杜阮镇农业服务中心	2013 年
鹤山红茶	广东	AGI01767	鹤山市农产品质量监督检验测试中心	2015 年
恩平簕菜	广东	AGI01766	恩平市农业科学技术研究所	2015 年
大埔蜜柚	广东	AGI01765	大埔县蜜柚行业协会	2015 年
连州水晶梨	广东	AGI01846	连州市水果技术推广总站	2016 年
台山大米	广东	AGI01847	台山市粮食行业协会	2016 年
大埔乌龙茶	广东	AGI01969	大埔县茶叶行业协会	2016 年
镇隆荔枝	广东	AGI01970	惠州市惠阳区镇隆镇荔枝生产协会	2016 年
麻涌香蕉	广东	AGI01971	东莞市麻涌镇农业技术服务中心	2016 年
三水黑皮冬瓜	广东	AGI01972	佛山市三水区农林技术推广中心	2016 年
福田菜心	广东	AGI01973	博罗县福田镇农业技术推广站	2016 年
清远黑山羊	广东	AGI01974	清远市畜牧技术推广站	2016 年
东莞荔枝	广东	AGI02101	东莞市荔枝协会	2017 年
台山青蟹	广东	AGI02133	台山市青蟹养殖协会	2017 年
客都稻米	广东	AGI02228	梅州市客都稻米协会	2017 年
龙门大米	广东	AGI02227	龙门县农产品行业协会	2017 年
甜水萝卜	广东	AGI02226	江门市新会区崖门镇农业综合服务中心	2017 年
梅江区清凉山茶	广东	AGI02339	梅州市梅江区茶叶协会	2018 年
顺德国兰	广东	AGI02415	佛山市顺德区国兰协会	2018 年
阳山西洋菜	广东	AGI02416	阳山县农业科学研究所	2018 年
德庆何首乌	广东	AGI02417	德庆县农业技术推广中心	2018 年
德庆巴戟	广东	AGI02418	德庆县农业技术推广中心	2018 年
阳山鸡	广东	AGI02419	阳山县畜牧技术推广站	2018 年
江门牛大力	广东	AGI02491	江门市牛大力种植协会	2018 年
陈村年橘	广东	AGI02492	佛山市顺德区陈村花卉协会	2018 年
顺德鳗鱼	广东	AGI02493	佛山市顺德区水产商会	2018 年
黄田荔枝	广东	AGI02569	深圳市宝安区航城街道黄田荔枝发展协会	2019 年
徐闻菠萝	广东	AGI02720	徐闻县农业技术推广中心	2019 年

续　表

广东省（50个）

产品名称	产地	产品编号	证书持有者	登记年份
丹霞贡柑	广东	AGI02721	仁化县农产品质量安全监督检验测试站	2019年
龙门蜂蜜	广东	AGI02722	龙门县养蜂协会	2019年
龙门三黄胡须鸡	广东	AGI02723	龙门县农产品行业协会	2019年
客都草鱼	广东	AGI02724	梅州市渔业技术推广与疫病防控中心	2019年
海丰油占米	广东	AGI02974	海丰县农业科学研究所	2020年
恩平濑粉	广东	AGI02975	恩平市农业技术推广服务中心	2020年
惠东马铃薯	广东	AGI02976	惠东县马铃薯协会	2020年
东源板栗	广东	AGI02977	东源县船塘镇板栗协会	2020年
雷州青枣	广东	AGI02978	雷州市农业技术推广中心	2020年
鹤山粉葛	广东	AGI02979	鹤山市双合镇农业综合服务中心	2020年
麻榨阳桃	广东	AGI02980	龙门县农产品行业协会	2020年
矮陂梅菜	广东	AGI02981	惠州市惠城区菜篮子工程科学技术研究所	2020年
梅县绿茶	广东	AGI02982	梅州市梅县区茶叶协会	2020年
恩平大米	广东	AGI02983	恩平市农业技术推广服务中心	2020年
台山蚝	广东	AGI02984	台山市蚝业协会	2020年

广西壮族自治区（147个）

产品名称	产地	产品编号	证书持有者	登记年份
灌阳雪梨	广西	AGI00166	灌阳县农业局水果技术推广中心站	2009年
东兴红姑娘红薯	广西	AGI00296	东兴市种子管理站	2010年
天峨大果山楂	广西	AGI00297	天峨县水果生产管理局	2010年
金田淮山	广西	AGI00298	桂平市农村合作经济经营管理指导站	2010年
官垌草鱼	广西	AGI00299	广西浦北县山泉官垌鱼产销专业合作社	2010年
桂平西山茶	广西	AGI00330	桂平市农业技术推广中心	2010年
陆川猪	广西	AGI00331	陆川县动物疫病预防控制中心	2010年
昭平银杉茶	广西	AGI00257	昭平县茶叶协会	2010年
桂平黄沙鳖	广西	AGI00258	桂平市水产技术推广站	2010年
龙滩珍珠李	广西	AGI00354	天峨县水果生产管理局	2010年
隆林山羊	广西	AGI00355	隆林各族自治县畜牧品改站	2010年
天峨六画山鸡	广西	AGI00356	天峨县畜牧管理站	2010年
荔浦马蹄	广西	AGI00397	荔浦县农业技术推广中心	2010年

广西壮族自治区（147 个）

产品名称	产地	产品编号	证书持有者	登记年份
柳城蜜橘	广西	AGI00398	柳城县水果生产办公室	2010 年
龙胜凤鸡	广西	AGI00626	龙胜县水产畜牧站	2011 年
西林水牛	广西	AGI00627	西林县畜牧推广站	2011 年
钦州大蚝	广西	AGI00628	钦州市水产技术推广站	2011 年
资源红提	广西	AGI00691	资源县水果生产办公室	2011 年
信都红瓜子	广西	AGI00814	八步区农业技术推广中心	2011 年
象州红米	广西	AGI00856	象州县农业技术推广站	2012 年
平南墨底鳖	广西	AGI00857	平南县水产技术推广站	2012 年
钦州石金钱龟	广西	AGI00858	钦州市水产技术推广站	2012 年
涠洲黄牛	广西	AGI00939	北海市畜牧站	2012 年
灵山香鸡	广西	AGI00940	灵山县畜牧技术服务站	2012 年
钦州海鸭蛋	广西	AGI00941	钦州市畜牧站	2012 年
全州禾花鱼	广西	AGI00942	全州县水产技术推广站	2012 年
龙胜翠鸭	广西	AGI00943	龙胜县水产畜牧站	2012 年
麻垌荔枝	广西	AGI00944	桂平市农业技术推广站	2012 年
靖西大香糯	广西	AGI00945	靖西县农业技术推广中心	2012 年
富川脐橙	广西	AGI01217	富川瑶族自治县水果生产办公室	2013 年
白石山铁皮石斛	广西	AGI01218	桂平市植保植检站	2013 年
龙脊辣椒	广西	AGI01152	龙胜各族自治县农业技术推广站	2013 年
都安山羊	广西	AGI01153	都安瑶族自治县畜牧管理站	2013 年
东山猪	广西	AGI01154	全州县畜牧技术推广站	2013 年
信都三黄鸡	广西	AGI01155	贺州市八步区畜牧与饲料管理站	2013 年
梧州砂糖橘	广西	AGI01156	梧州市水果协会	2013 年
香山鸡嘴荔枝	广西	AGI01329	合浦县水果生产开发办公室	2013 年
芳林马蹄	广西	AGI01330	贺州市平桂管理区农业技术推广中心	2013 年
贺街淮山	广西	AGI01331	八步区农业技术推广中心	2013 年
英家大头菜	广西	AGI01332	钟山县经济作物站	2013 年
上思香糯	广西	AGI01333	上思县农业技术推广站	2013 年
大化大头鱼	广西	AGI01334	大化瑶族自治县水产管理站	2013 年
平南石硖龙眼	广西	AGI01421	平南县农业技术推广中心	2014 年

广西壮族自治区（147 个）

产品名称	产地	产品编号	证书持有者	登记年份
都峤山铁皮石斛	广西	AGI01422	广西容县金地铁皮石斛种植专业合作社	2014 年
东兰乌鸡	广西	AGI01423	东兰县畜牧管理站	2014 年
西林麻鸭	广西	AGI01424	西林县畜牧技术推广站	2014 年
钦州青蟹	广西	AGI01485	钦州市水产技术推广站	2014 年
恭城竹鼠	广西	AGI01425	恭城瑶族自治县水产畜牧兽医局畜牧与饲料站	2014 年
合浦文蛤	广西	AGI01426	合浦县水产技术推广站	2014 年
武宣牛心柿	广西	AGI01482	武宣县农业技术推广站	2014 年
天峨核桃	广西	AGI01483	天峨县无公害水果协会	2014 年
钦州黄瓜皮	广西	AGI01484	钦州市黄瓜皮行业协会	2014 年
覃塘莲藕	广西	AGI01550	贵港市覃塘区农业技术推广中心	2014 年
桂林桂花茶	广西	AGI01551	桂林市茶叶协会	2014 年
开山白毛茶	广西	AGI01552	八步区农业技术推广中心	2014 年
平乐石崖茶	广西	AGI01553	平乐县农业技术推广中心	2014 年
金秀红茶	广西	AGI01554	金秀瑶族自治县水果茶叶技术指导站	2014 年
百色番茄	广西	AGI01696	百色市经济作物栽培技术推广站	2015 年
南宁香蕉	广西	AGI01697	南宁市水果生产技术指导站	2015 年
荔浦芋	广西	AGI01698	荔浦县农业技术推广中心	2015 年
龙脊茶	广西	AGI01699	龙胜各族自治县农业技术推广站	2015 年
隆林黄牛	广西	AGI01700	隆林各族自治县畜牧品改站	2015 年
浦北黑猪	广西	AGI01701	浦北县畜牧站	2015 年
全州文桥鸭	广西	AGI01702	全州县畜牧技术推广站	2015 年
钦州鲈鱼	广西	AGI01703	钦州市水产技术推广站	2015 年
百色杧果	广西	AGI01634	百色市发展水果生产办公室	2015 年
覃塘毛尖茶	广西	AGI01635	贵港市覃塘区农业技术推广中心	2015 年
恭城娃娃鱼	广西	AGI01636	恭城瑶族自治县渔业渔政站	2015 年
凭祥石龟	广西	AGI01637	凭祥市水产技术推广站	2015 年
恭城月柿	广西	AGI01769	恭城瑶族自治县水果生产技术指导站	2015 年
凌云牛心李	广西	AGI01768	凌云县水果生产技术指导站	2015 年
罗城毛葡萄	广西	AGI01850	罗城仫佬族自治县水果生产管理局	2016 年

广西壮族自治区（147 个）

产品名称	产地	产品编号	证书持有者	登记年份
东兰墨米	广西	AGI01853	东兰县农业技术推广站	2016 年
平乐慈姑	广西	AGI01851	平乐县农业技术推广中心	2016 年
南丹黄牛	广西	AGI01857	南丹县畜禽品改站	2016 年
南丹黄腊李	广西	AGI01849	南丹县水果生产管理局	2016 年
藤县江口荔	广西	AGI01848	藤县水果技术服务中心	2016 年
环江红心香柚	广西	AGI01923	环江毛南族自治县水果生产管理局	2016 年
百色红茶	广西	AGI01855	百色市茶叶开发中心	2016 年
南丹长角辣椒	广西	AGI01852	南丹县经济作物站	2016 年
刘圩香芋	广西	AGI01854	南宁市青秀区农业服务中心	2016 年
隆林猪	广西	AGI01856	隆林各族自治县畜牧品改站	2016 年
靖西大麻鸭	广西	AGI01858	靖西县畜禽品种改良站	2016 年
那楼淮山	广西	AGI01975	南宁市邕宁区农业服务中心	2016 年
陆川橘红	广西	AGI01976	陆川县农业技术推广站	2016 年
东兰板栗	广西	AGI02040	东兰县水果生产管理局	2017 年
七百弄鸡	广西	AGI02041	大化瑶族自治县畜牧管理站	2017 年
阳朔九龙藤蜂蜜	广西	AGI02044	阳朔县水产畜牧技术推广站	2017 年
三江稻田鲤鱼	广西	AGI02045	三江侗族自治县水产技术推广站	2017 年
地灵花猪	广西	AGI02042	龙胜各族自治县水产畜牧站	2017 年
东兰黑山猪	广西	AGI02043	东兰县畜牧管理站	2017 年
兴安葡萄	广西	AGI02102	兴安县水果生产技术指导站	2017 年
荔浦砂糖橘	广西	AGI02134	荔浦县农业技术推广中心	2017 年
环江香粳	广西	AGI02135	环江毛南族自治县农业技术中心推广站	2017 年
八步三华李	广西	AGI02230	贺州市八步区水果生产办公室	2017 年
环江青梅	广西	AGI02229	环江毛南族自治县水果生产管理局	2017 年
武鸣砂糖橘	广西	AGI02340	南宁市武鸣区农业技术推广中心	2018 年
田林灵芝	广西	AGI02341	田林县农业技术推广中心	2018 年
龙胜红糯	广西	AGI02342	龙胜各族自治县农业技术推广站	2018 年
桂林葡萄	广西	AGI02343	桂林市水果生产办公室	2018 年
北流荔枝	广西	AGI02344	北流市农村经济经营管理站	2018 年
八步南乡鸭	广西	AGI02345	八步区畜牧饲料与草地监理站	2018 年

广西壮族自治区（147个）

产品名称	产地	产品编号	证书持有者	登记年份
德保矮马	广西	AGI02346	德保县矮马保种繁育管理中心	2018 年
平果桂中花猪	广西	AGI02347	平果县畜牧技术推广站	2018 年
钦州石斑鱼	广西	AGI02348	钦州市水产技术推广站	2018 年
靖西大果山楂	广西	AGI02420	靖西市水果生产办公室	2018 年
大化白玉薯	广西	AGI02421	大化瑶族自治县农业技术推广站	2018 年
桂林罗汉果	广西	AGI02422	桂林市经济作物技术推广站	2018 年
七百弄山羊	广西	AGI02423	大化瑶族自治县畜牧管理站	2018 年
都安旱藕	广西	AGI02494	都安瑶族自治县经作站	2018 年
桂林砂糖橘	广西	AGI02495	桂林市水果生产办公室	2018 年
凤山粳	广西	AGI02496	凤山县农业中心推广站	2018 年
宜州桑蚕茧	广西	AGI02497	河池市宜州区桑蚕茧丝绸产业循环经济示范区建设办公室	2018 年
侧岭米	广西	AGI02570	河池市金城江区农业技术推广站	2019 年
钦州辣椒	广西	AGI02571	钦州市钦南区种子管理站	2019 年
武宣胭脂李	广西	AGI02572	武宣县农业技术推广站	2019 年
钦北荔枝	广西	AGI02573	钦州市钦北区农业技术推广中心	2019 年
凌云乌鸡	广西	AGI02574	凌云县畜牧技术推广站	2019 年
三皇西红柿	广西	AGI02725	永福县经济作物站	2019 年
平南余甘果	广西	AGI02726	平南县大玉余甘果协会	2019 年
浦北黄皮	广西	AGI02727	浦北县水果局	2019 年
涠洲岛香蕉	广西	AGI02728	北海市海城区涠洲镇农林水利服务中心	2019 年
钦州赤禾	广西	AGI02729	钦州市钦南区种子管理站	2019 年
木梓阿婆茶	广西	AGI02730	贵港市港南区农业技术推广中心	2019 年
融水田鲤	广西	AGI02731	融水苗族自治县水产技术推广站	2019 年
北海沙虫	广西	AGI02732	北海市水产技术推广站	2019 年
环江香糯	广西	AGI02985	环江毛南族自治县农业技术中心推广站	2020 年
南丹巴平米	广西	AGI02986	南丹县农业技术推广站	2020 年
横县甜玉米	广西	AGI02987	横县甜玉米生产流通协会	2020 年
象州砂糖橘	广西	AGI02988	象州县农业技术推广站	2020 年
凤山核桃	广西	AGI02989	凤山县核桃科研开发中心	2020 年

广西壮族自治区（147 个）

产品名称	产地	产品编号	证书持有者	登记年份
木格白玉蔗	广西	AGI02990	贵港市港南区农产品质量安全监督管理站	2020 年
来宾甘蔗	广西	AGI02991	来宾市农业科学院	2020 年
灵山荔枝	广西	AGI02992	灵山县龙武香荔桂味荔枝协会	2020 年
浦北妃子笑荔枝	广西	AGI02993	浦北县水果局	2020 年
南丹苞谷李	广西	AGI02994	南丹县水果生产管理局	2020 年
兴安蜜橘	广西	AGI02995	兴安县水果生产技术指导站	2020 年
南宁火龙果	广西	AGI02996	南宁市水果生产技术指导站	2020 年
大新龙眼	广西	AGI02997	大新县水果生产服务站	2020 年
北流百香果	广西	AGI02998	北流市农业技术推广站	2020 年
融水灵芝	广西	AGI02999	融水苗族自治县农业技术推广中心	2020 年
古琶茶	广西	AGI03000	广西壮族自治区象州县经济作物技术指导站	2020 年
灵山绿茶	广西	AGI03001	灵山县经济作物技术推广站	2020 年
南丹瑶蚕平板丝	广西	AGI03002	南丹县蚕种站	2020 年
大新苦丁茶	广西	AGI03003	大新县农业技术推广站	2020 年
合浦鹅	广西	AGI03004	合浦县畜牧站	2020 年
德保黑猪	广西	AGI03005	德保县畜牧技术推广站	2020 年

海南省（37 个）

产品名称	产地	产品编号	证书持有者	登记年份
琼中绿橙	海南	AGI01704	琼中黎族苗族自治县农业技术推广服务中心	2015 年
三亚杧果	海南	AGI01638	三亚市杧果协会	2015 年
五指山红茶	海南	AGI01770	五指山市茶叶协会	2015 年
澄迈福橙	海南	AGI01859	澄迈福橙科学研究所	2016 年
霸王岭山鸡	海南	AGI01862	昌江县霸王岭山鸡养殖协会	2016 年
白莲鹅	海南	AGI01861	澄迈新华达白莲鹅研究所	2016 年
海南雪茄烟叶	海南	AGI01860	海南省雪茄烟叶种植协会	2016 年
琼海番石榴	海南	AGI02046	琼海市石榴专业技术协会	2017 年
永兴黄皮	海南	AGI02047	海口市秀英区永兴镇农业服务中心	2017 年
永兴荔枝	海南	AGI02048	海口市秀英区永兴镇农业服务中	2017 年

海南省（37 个）

产品名称	产地	产品编号	证书持有者	登记年份
三亚莲雾	海南	AGI02049	三亚莲雾协会	2017 年
多文空心菜	海南	AGI02050	临高县多文镇农业服务中心	2017 年
屯昌黑猪	海南	AGI02051	屯昌县养猪协会	2017 年
文昌椰子	海南	AGI02136	中国热带农业科学院椰子研究所	2017 年
万宁柠檬	海南	AGI02137	万宁市柠檬协会	2017 年
兴隆咖啡	海南	AGI02138	万宁兴隆咖啡行业协会	2017 年
昌江杜果	海南	AGI02349	昌江黎族自治县杜果协会	2018 年
保亭红毛丹	海南	AGI02350	保亭黎族苗族自治县热带作物发展服务中心	2018 年
五指山五脚猪	海南	AGI02351	五指山市农业协会	2018 年
万宁东山羊	海南	AGI02352	万宁东山羊养殖协会	2018 年
石山壅羊	海南	AGI02353	海口市秀英区农业技术服务中心	2018 年
海南罗非鱼	海南	AGI02354	海南省水产流通与加工协会	2018 年
琼中山鸡	海南	AGI02424	琼中黎族苗族自治县山鸡养殖协会	2018 年
澄迈山柚油	海南	AGI02498	澄迈县山柚油协会	2018 年
陵水圣女果	海南	AGI02619	陵水黎族自治县农业产业协会	2019 年
保亭益智	海南	AGI02620	保亭黎族苗族自治县农业服务中心	2019 年
三亚甜瓜	海南	AGI02621	三亚市哈密瓜协会	2019 年
琼海油茶	海南	AGI02622	琼海市热带作物服务中心	2019 年
陵水荔枝	海南	AGI02623	陵水黎族自治县农业产业协会	2019 年
五指山蜘蛛	海南	AGI02733	五指山市蜘蛛科学研究所	2019 年
云龙淮山	海南	AGI03006	海口市琼山区云龙镇农业服务中心	2020 年
大坡胡椒	海南	AGI03007	海口市琼山区大坡镇农业服务中心	2020 年
三门坡荔枝	海南	AGI03008	海口市琼山区三门坡镇农业服务中心	2020 年
万宁槟榔	海南	AGI03009	万宁市热作学会	2020 年
琼海胡椒	海南	AGI03010	琼海市农业技术推广服务中心	2020 年
琼海青皮冬瓜	海南	AGI03011	琼海市农业技术推广服务中心	2020 年
澄迈无核荔枝	海南	AGI03012	澄迈县无核荔枝产销协会	2020 年

重庆市（62个）

产品名称	产地	产品编号	证书持有者	登记年份
武隆高山白菜	重庆	AGI00051	重庆市武隆县蔬菜产业发展办公室	2008 年
武隆高山萝卜	重庆	AGI00052	重庆市武隆县蔬菜产业发展办公室	2008 年
江津花椒	重庆	AGI00053	江津区农业技术推广服务中心	2008 年
武隆高山辣椒	重庆	AGI00019	武隆县蔬菜产业发展办公室	2008 年
梁平柚	重庆	AGI00020	梁平县经济作物站	2008 年
武隆高山甘蓝	重庆	AGI00111	重庆市武隆县蔬菜产业发展办公室	2008 年
梁平肉鸭	重庆	AGI00112	重庆市梁平县畜牧技术推广站	2008 年
武隆高山马铃薯	重庆	AGI00080	重庆市武隆县蔬菜产业发展办公室	2008 年
南川米	重庆	AGI00174	重庆市南川区农学会	2009 年
江津广柑	重庆	AGI00175	重庆市江津区农业技术推广中心	2009 年
城口山地鸡	重庆	AGI00176	城口县畜牧技术推广站	2009 年
开县锦橙	重庆	AGI00223	重庆市开县果品技术推广站	2010 年
南川鸡	重庆	AGI00224	重庆市南川区畜牧技术推广站	2010 年
武隆猪腰枣	重庆	AGI00411	武隆县林木种苗管理站	2010 年
秀山金银花	重庆	AGI00412	秀山土家族自治县农业技术服务中心	2010 年
城口蜂蜜	重庆	AGI00413	城口县畜牧技术推广站	2010 年
巫溪洋芋	重庆	AGI00629	巫溪县农业技术推广中心	2011 年
璧山儿菜	重庆	AGI00692	璧山县农业技术推广中心	2011 年
罗盘山生姜	重庆	AGI00693	重庆潼南蔬菜协会	2011 年
巫溪洋鱼	重庆	AGI00731	巫溪县水产技术推广站	2011 年
渝北歪嘴李	重庆	AGI00815	重庆市渝北区果品营销协会	2011 年
城口核桃	重庆	AGI01034	城口县农业技术推广站	2012 年
渝北梨橙	重庆	AGI01035	重庆市渝北区果品营销协会	2012 年
潼南萝卜	重庆	AGI00946	重庆潼南蔬菜协会	2012 年
潼南罗盘山猪	重庆	AGI00947	潼南县畜牧技术推广站	2012 年
云阳红橙	重庆	AGI00948	重庆市云阳县果品技术推广服务站	2012 年
南川大树茶	重庆	AGI00949	重庆市南川区茶叶协会	2012 年
南川金佛玉翠茶	重庆	AGI00950	重庆市南川区茶叶协会	2012 年
永川莲藕	重庆	AGI00951	重庆市民友蔬菜种植专业合作社	2012 年
静观蜡梅	重庆	AGI00952	重庆生态农业科技产业示范区管理委员会	2012 年

重庆市（62个）

产品名称	产地	产品编号	证书持有者	登记年份
白马蜂蜜	重庆	AGI00953	武隆县蜜园蜂蜜专业合作社	2012年
城口洋芋	重庆	AGI01157	城口县农业技术推广站	2013年
万州罗田大米	重庆	AGI01158	重庆市万州区罗田镇农业服务中心	2013年
南山蜡梅	重庆	AGI01335	重庆市南岸区南山街道农业服务中心	2013年
石曹上萝卜	重庆	AGI01336	重庆石曹上蔬菜专业合作社	2013年
青草坝萝卜	重庆	AGI01337	重庆市合川区龙市镇农业服务中心	2013年
彭水苏麻	重庆	AGI01338	重庆市黔中道紫苏种植专业合作社	2013年
城口太白贝母	重庆	AGI01339	城口县中药材产业协会	2013年
垫江白柚	重庆	AGI01555	垫江县果品蔬菜管理站	2014年
太和胡萝卜	重庆	AGI01556	重庆市合川区蔬菜技术指导站	2014年
合川湖皱丝瓜	重庆	AGI01557	重庆市合川区蔬菜技术指导站	2014年
故陵椪柑	重庆	AGI01558	云阳县故陵镇农业服务中心	2014年
石柱莼菜	重庆	AGI01705	石柱土家族自治县农业技术学会	2015年
垫江丹皮	重庆	AGI01639	垫江县果品蔬菜管理站	2015年
秀山茶叶	重庆	AGI01924	秀山土家族苗族自治县农业技术服务中心	2016年
铜梁枳壳	重庆	AGI01925	重庆市铜梁区农业技术推广服务中心	2016年
石柱辣椒	重庆	AGI01977	石柱土家族自治县辣椒行业协会	2016年
巴南接龙蜜柚	重庆	AGI02139	重庆市巴南区接龙镇农业服务中心	2017年
大路黄花	重庆	AGI02575	重庆市璧山区大路街道农业服务中心	2019年
香龙大头菜	重庆	AGI02576	重庆市合川区香龙镇农业服务中心	2019年
梁平红羽土鸡	重庆	AGI02624	重庆市梁平区养鸡协会	2019年
云阳泥溪黑木耳	重庆	AGI02734	云阳县泥溪镇农业服务中心	2019年
黔江猕猴桃	重庆	AGI02735	重庆市黔江区农产品质量安全管理站	2019年
马喇湖贡米	重庆	AGI03013	重庆市黔江区农产品质量安全管理站	2020年
涪陵青菜头	重庆	AGI03014	重庆市涪陵区榨菜管理办公室	2020年
巫溪独活	重庆	AGI03015	巫溪县道地中药材协会	2020年
巫山脆李	重庆	AGI03016	巫山县果品产业发展中心	2020年
奉节脐橙	重庆	AGI03017	奉节县脐橙产业协会	2020年
丰都锦橙	重庆	AGI03018	丰都县农产品协会	2020年
二圣梨	重庆	AGI03019	重庆市巴南区二圣镇农业服务中心	2020年

续　表

重庆市（62 个）

产品名称	产地	产品编号	证书持有者	登记年份
太和黄桃	重庆	AGI03020	重庆市合川区太和镇农业服务中心	2020 年
铜梁莲藕	重庆	AGI03021	重庆市铜梁区农业技术推广服务中心	2020 年

四川省（184 个）

产品名称	产地	产品编号	证书持有者	登记年份
凉山马铃薯	四川	AGI00134	凉山州马铃薯产业协会	2009 年
南部脆香甜柚	四川	AGI00135	南部县果树技术推广站	2009 年
崇庆枇杷茶	四川	AGI00136	崇州市崇庆枇杷茶专业合作社	2009 年
万源马铃薯	四川	AGI00137	万源市农业技术推广站	2009 年
龙王贡韭	四川	AGI00154	成都市青白江区龙王韭黄协会	2009 年
崇州郁金	四川	AGI00155	成都市崇双郁金农民专业合作社	2009 年
凉山清甜香烤烟	四川	AGI00156	凉山州烟草学会	2009 年
邻水脐橙	四川	AGI00157	邻水县经果局	2009 年
阆中川明参	四川	AGI00158	阆中县农业技术推广中心	2009 年
宣汉桃花米	四川	AGI00159	宣汉县种子管理站	2009 年
屏山炒青	四川	AGI00160	屏山县茶叶协会	2009 年
马边绿茶	四川	AGI00172	马边彝族自治县茶叶行业协会	2009 年
文宫枇杷	四川	AGI00173	仁寿县果树站	2009 年
凉山桑蚕茧	四川	AGI00197	凉山彝族自治州蚕业协会	2009 年
大竹苎麻	四川	AGI00198	大竹县苎麻产业发展中心	2009 年
南江大叶茶	四川	AGI00199	南江县茶叶产业发展中心	2009 年
曹家梨	四川	AGI00200	仁寿县曹家水果专业合作社	2009 年
汶川甜樱桃	四川	AGI00201	汶川县经济林木技术推广站	2009 年
宜宾早茶	四川	AGI00203	宜宾市茶叶产业协会	2010 年
富顺再生稻	四川	AGI00209	富顺县农学会	2010 年
万源富硒茶	四川	AGI00211	万源市茶叶局	2010 年
犍为麻柳姜	四川	AGI00225	犍为县榨鼓乡生姜协会	2010 年
简阳晚白桃	四川	AGI00226	简阳市农业技术推广中心	2010 年
越西甜樱桃	四川	AGI00227	越西县农业局果树技术指导站	2010 年
罗江贵妃枣	四川	AGI00228	罗江县园艺协会	2010 年
美姑山羊	四川	AGI00229	美姑县畜牧站	2010 年

续　表

四川省（184个）

产品名称	产地	产品编号	证书持有者	登记年份
泸州桂圆	四川	AGI00300	泸州市园艺学会	2010 年
金堂脐橙	四川	AGI00301	金堂县三溪片区农业技术服务站	2010 年
四川泡菜	四川	AGI00302	四川省泡菜协会	2010 年
仪陇胭脂萝卜	四川	AGI00303	仪陇县农业科学技术学会	2010 年
苍溪川明参	四川	AGI00318	苍溪县经济作物技术指导站	2010 年
凉山雷波脐橙	四川	AGI00319	凉山州农学会	2010 年
沐川猕猴桃	四川	AGI00333	四川省沐川县农学会	2010 年
攀枝花杞果	四川	AGI00259	攀枝花市经济作物技术推广站	2010 年
石棉黄果柑	四川	AGI00260	石棉县黄果柑协会	2010 年
峨眉山藤椒	四川	AGI00261	峨眉山市万佛藤椒专业合作社	2010 年
泸州糯红高粱	四川	AGI00346	泸州市农业科学研究所	2010 年
甘洛黑苦荞	四川	AGI00347	甘洛县黑苦荞技术协会	2010 年
安县魔芋	四川	AGI00348	安县经济作物站	2010 年
通贤柚	四川	AGI00349	安岳县农业技术推广中心	2010 年
美姑岩鹰鸡	四川	AGI00350	美姑县畜牧站	2010 年
红格脐橙	四川	AGI00399	盐边县鸿鹄果品苗木协会	2010 年
攀枝花枇杷	四川	AGI00400	攀枝花市经济作物技术推广站	2010 年
复立茶	四川	AGI00406	威远复立茶叶专业合作社	2010 年
康定芫根	四川	AGI00407	康定县农技推广站	2010 年
天全川牛膝	四川	AGI00408	天全县宏信中药材农民专业合作社	2010 年
竹海长裙竹荪	四川	AGI00519	长宁县盛林菌类种植专业合作社	2010 年
凉山苦荞麦	四川	AGI00520	凉山州农学会	2010 年
崃山米枣	四川	AGI00521	四川省三台县崃山米枣专业合作社	2010 年
镇西白萝卜	四川	AGI00522	威远县周萝卜蔬菜种植专业合作社	2010 年
西昌洋葱	四川	AGI00523	西昌市蔬菜技术推广站	2010 年
越西苹果	四川	AGI00524	越西县农业局果树技术指导站	2010 年
石棉枇杷	四川	AGI00572	石棉县农业技术推广中心	2011 年
荥经天麻	四川	AGI00573	荥经县农业科技指导服务中心	2011 年
雷波芭蕉芋猪	四川	AGI00574	雷波县畜牧站	2011 年
金堂姬菇	四川	AGI00694	金堂县食用菌产业联合会	2011 年

四川省（184 个）

产品名称	产地	产品编号	证书持有者	登记年份
泸定红樱桃	四川	AGI00695	泸定县农业技术推广中心	2011 年
西充黄心苕	四川	AGI00696	西充县农业科学研究所	2011 年
蓬安锦橙	四川	AGI00697	蓬安县水果技术指导站	2011 年
大田石榴	四川	AGI00698	攀枝花市联庆大田石榴专业合作社	2011 年
西昌高山黑猪	四川	AGI00699	西昌市饲草饲料工作站	2011 年
金川多肋牦牛	四川	AGI00700	金川县畜禽繁育改良站	2011 年
蒲江杂柑	四川	AGI00732	浦江县农村发展局鹤山片区农业技术服务站	2011 年
曾家山马铃薯	四川	AGI00733	广元市朝天区农技推广中心	2011 年
芭蕉木瓜	四川	AGI00734	仪陇县农业科学技术学会	2011 年
黄金黑木耳	四川	AGI00735	宣汉县老君菇营销专业合作社	2011 年
老君香菇	四川	AGI00736	宣汉县老君菇营销专业合作社	2011 年
巴塘南区辣椒	四川	AGI00737	四川省巴塘县农业技术推广站	2011 年
新津韭黄	四川	AGI00816	成都新津岷江蔬菜专业合作社	2011 年
江安夏橙	四川	AGI00817	江安县果树站	2011 年
江安大白李	四川	AGI00818	江安县原生态李子专业合作社	2011 年
护国柚	四川	AGI00819	泸州市纳溪区果技站	2011 年
达州脆李	四川	AGI00820	达州市茶果技术推广站	2011 年
洪雅绿茶	四川	AGI00821	洪雅县茶叶协会	2011 年
纳溪特早茶	四川	AGI00822	泸州市纳溪区茶叶站	2011 年
喜德阉鸡	四川	AGI00630	喜德县畜牧站	2011 年
泸宁鸡	四川	AGI00631	冕宁县畜牧局	2011 年
冕宁火腿	四川	AGI00632	冕宁县畜牧局	2011 年
内江猪	四川	AGI00633	内江市种猪场	2011 年
越西贡椒	四川	AGI00634	越西县林业科技推广站	2011 年
剑门关土鸡	四川	AGI00635	广元市畜牧生产站	2011 年
蜂桶蜂蜜	四川	AGI00859	万源市饲草饲料工作站	2012 年
金堂黑山羊	四川	AGI00860	金堂县畜牧站	2012 年
广汉缠丝兔	四川	AGI00861	广汉市畜牧生产科教站	2012 年
峨边马铃薯	四川	AGI01036	峨边惠民脱毒马铃薯专业合作社	2012 年

续 表

四川省（184 个）

产品名称	产地	产品编号	证书持有者	登记年份
茂县李	四川	AGI00954	茂县农业经济作物服务站	2012 年
凉山半细毛羊	四川	AGI00955	凉山彝族自治州畜牧站	2012 年
唐家河蜂蜜	四川	AGI00956	青川县农业产业化发展服务中心	2012 年
天仙硐枇杷	四川	AGI00957	泸州市纳溪区果技站	2012 年
充国香桃	四川	AGI00958	西充县果技站	2012 年
真龙柚	四川	AGI00959	合江县甜橙专业技术协会	2012 年
仪陇元帅柚	四川	AGI00960	仪陇县兴旺水果产销农民专业合作社	2012 年
蓬溪仙桃	四川	AGI00961	蓬溪县农业技术推广中心	2012 年
九寨沟柿子	四川	AGI00962	九寨沟县经济作物管理站	2012 年
永福生姜	四川	AGI00963	内江市东兴区高滩种植专业合作社	2012 年
彭州莴笋	四川	AGI00964	彭州市蔬菜产销协会	2012 年
仪陇半夏	四川	AGI00965	仪陇县农业科学技术学会	2012 年
西昌钢鹅	四川	AGI00966	西昌市饲草饲料工作站	2012 年
开江白鹅	四川	AGI00967	开江县畜禽改良站	2012 年
会东黑山羊	四川	AGI00968	会东县畜牧局畜牧站	2012 年
建昌鸭	四川	AGI00969	凉山彝族自治州畜牧站	2012 年
开江麻鸭	四川	AGI01219	开江县畜禽改良站	2013 年
万源老腊肉	四川	AGI01220	万源市饲草饲料工作站	2013 年
松林桃	四川	AGI01159	广汉市松林镇水果协会	2013 年
茂汶苹果	四川	AGI01160	茂县农业经济作物服务站	2013 年
盐边桑葚	四川	AGI01161	盐边县蚕桑丝绸协会	2013 年
丹棱橘橙	四川	AGI01162	丹棱县农林局多经站	2013 年
甘孜青稞	四川	AGI01163	甘孜州农学会	2013 年
射洪金华清见	四川	AGI01164	射洪县西山坪清见橘橙专业合作社	2013 年
盐边西瓜	四川	AGI01165	盐边县惠民瓜果协会	2013 年
空山马铃薯	四川	AGI01166	通江县农技站	2013 年
黑竹沟藤椒	四川	AGI01167	峨边十里香蔬菜专业合作社	2013 年
宜宾茵红李	四川	AGI01340	宜宾县领先茵红李专业合作社	2013 年
汉源雪梨	四川	AGI01341	汉源县农技推广服务中心	2013 年
西凤脐橙	四川	AGI01342	西充县果技站	2013 年

四川省（184 个）

产品名称	产地	产品编号	证书持有者	登记年份
米易苦瓜	四川	AGI01343	米易县农牧局经作站	2013 年
米易山药	四川	AGI01344	米易县农业技术推广站	2013 年
贡井龙都早香柚	四川	AGI01428	自贡市贡井区建设镇农业综合服务中心	2014 年
新都柚	四川	AGI01427	成都市新都区农学会	2014 年
云桥圆根萝卜	四川	AGI01429	郫县农业技术推广服务中心	2014 年
大罗黄花	四川	AGI01430	巴中市巴州区经作站	2014 年
九寨沟蜂蜜	四川	AGI01431	九寨沟县畜牧工作站	2014 年
乐道仔鸡	四川	AGI01432	泸州市纳溪区乐道子林下鸡养殖协会	2014 年
乐道仔鸡蛋	四川	AGI01486	泸州市纳溪区乐道子林下鸡养殖协会	2014 年
木里皱皮柑	四川	AGI01559	木里藏族自治县经济作物管理站	2014 年
中坝草莓	四川	AGI01560	攀枝花市仁和区草莓协会	2014 年
大英白柠檬	四川	AGI01561	大英县河边镇农业服务中心	2014 年
汉源樱桃	四川	AGI01562	汉源县农技推广服务中心	2014 年
任市板鸭	四川	AGI01563	开江县家禽产业协会	2014 年
西坝生姜	四川	AGI01564	乐山市五通桥区农业技术推广中心	2014 年
筠连红茶	四川	AGI01565	四川省筠连县农业局茶叶站	2014 年
九龙牦牛	四川	AGI01566	九龙县畜牧站	2014 年
丹巴香猪腿	四川	AGI01567	丹巴县动物疾病预防控制中心	2014 年
黑水凤尾鸡	四川	AGI01568	黑水县畜牧兽医局畜牧工作站	2014 年
黑水中蜂蜜	四川	AGI01569	黑水县畜牧兽医局畜牧工作站	2014 年
盐源辣椒	四川	AGI01706	盐源县经济作物管理站	2015 年
宜宾糯红高粱	四川	AGI01707	宜宾市农业技术推广站	2015 年
彭州川芎	四川	AGI01708	彭州市农业技术推广中心	2015 年
螺髻山黑猪	四川	AGI01709	普格县畜牧局畜牧站	2015 年
平武果梅	四川	AGI01640	平武县农业技术推广中心	2015 年
螺髻山乌骨鸡	四川	AGI01710	普格县畜牧局畜牧站	2015 年
嘉州荔枝	四川	AGI01641	乐山市市中区农业技术推广中心	2015 年
康定红皮萝卜	四川	AGI01642	康定县农业技术推广和土壤肥料站	2015 年
峰城玉米	四川	AGI01643	宣汉县农业技术推广站	2015 年
都江堰方竹笋	四川	AGI01868	都江堰市经济林协会	2016 年

四川省（184 个）

产品名称	产地	产品编号	证书持有者	登记年份
都江堰茶叶	四川	AGI01869	都江堰市农业技术推广服务中心	2016 年
宁南冬季马铃薯	四川	AGI01867	宁南县农业技术推广站	2016 年
蓬溪矮晚柚	四川	AGI01863	蓬溪县矮晚柚协会	2016 年
小金酿酒葡萄	四川	AGI01865	小金县农牧局经济作物管理站	2016 年
小金苹果	四川	AGI01864	小金县农牧局农业植保植检站	2016 年
盐边桑蚕茧	四川	AGI01866	盐边县蚕桑丝绸协会	2016 年
巴中柞蚕蛹	四川	AGI01927	巴中市蚕业管理站	2016 年
得荣蜂蜜	四川	AGI01926	得荣县畜牧站	2016 年
达川安仁柚	四川	AGI01978	达州市达川区茶果站	2016 年
千佛竹根姜	四川	AGI02052	阆中市农业技术推广中心	2017 年
石渠藏系绵羊	四川	AGI02053	石渠县畜牧站	2017 年
荥经竹笋	四川	AGI02140	荥经县农业科技指导服务中心	2017 年
恩阳芦笋	四川	AGI02141	巴中市恩阳区农业技术推广服务中心	2017 年
大邑黄连	四川	AGI02142	大邑县农村服务发展中心	2017 年
双流永安葡萄	四川	AGI02355	成都市双流区农业技术推广中心	2018 年
黑水大蒜	四川	AGI02356	黑水县农业畜牧和水务局土肥站	2018 年
资中血橙	四川	AGI02425	资中县果树站	2018 年
天府龙芽	四川	AGI02426	四川省川茶品牌促进会	2018 年
石渠白菌	四川	AGI02427	石渠县农业技术推广和土壤肥料站	2018 年
乡城藏猪	四川	AGI02428	乡城县畜牧站	2018 年
乐至黑山羊	四川	AGI02429	乐至县畜牧兽医协会	2018 年
崇州重楼	四川	AGI02499	崇州高山中药材产业协会	2018 年
西昌葡萄	四川	AGI02500	西昌市经济作物站	2018 年
隆兴大米	四川	AGI02501	崇州市农业技术推广综合服务中心	2018 年
大塔荔枝	四川	AGI02577	宜宾县经济作物站	2019 年
金堂黄金果	四川	AGI02625	金堂县柑橘产业协会	2019 年
三元油桃	四川	AGI02626	青白江区人和乡油桃协会	2019 年
邛崃猕猴桃	四川	AGI02736	邛崃市猕猴桃产业协会	2019 年
天全竹笋	四川	AGI02737	天全县农产品质量安全监督检验检测站	2019 年
涪城芦笋	四川	AGI02738	绵阳市涪城区现代农业技术推广办公室	2019 年

四川省（184 个）

产品名称	产地	产品编号	证书持有者	登记年份
雅鱼	四川	AGI02739	雅安市雨城区农业技术推广中心	2019 年
新都大蒜	四川	AGI03022	成都市新都区蔬菜协会	2020 年
石棉老鹰茶	四川	AGI03023	石棉县农业局经济作物站	2020 年
盐亭桑叶	四川	AGI03024	盐亭县蚕桑种养殖协会	2020 年
涪城蚕茧	四川	AGI03025	绵阳市涪城区蚕业科学技术协会	2020 年
德昌草莓	四川	AGI03026	德昌县经济作物站	2020 年
井研柑橘	四川	AGI03027	井研县农业局多种经营站	2020 年
梓江鳜鱼	四川	AGI03028	盐亭县梓江鳜鱼养殖协会	2020 年
苍溪鳖	四川	AGI03029	苍溪县水产渔政管理局	2020 年

贵州省（131 个）

产品名称	产地	产品编号	证书持有者	登记年份
赤水乌骨鸡	贵州	AGI00204	赤水市天台镇竹乡乌骨鸡养殖专业合作社	2010 年
贵定云雾贡茶	贵州	AGI00353	贵定县茶叶协会	2010 年
安顺山药	贵州	AGI00445	安顺市西秀区蔬菜果树技术推广站	2010 年
从江香猪	贵州	AGI00701	从江县畜牧兽医协会	2011 年
盘县核桃	贵州	AGI00862	盘县康之源核桃种植农民专业合作社	2012 年
花溪辣椒	贵州	AGI00970	贵阳市花溪区生产力促进中心	2012 年
永乐艳红桃	贵州	AGI00971	贵阳生产力促进中心南明分中心	2012 年
大方皱椒	贵州	AGI01221	贵州举利现代农业专业合作社	2013 年
水城猕猴桃	贵州	AGI01168	水城县绿色产业服务中心	2013 年
黔北黑猪	贵州	AGI01345	遵义市黔北黑猪养殖专业合作社	2013 年
黔北麻羊	贵州	AGI01346	遵义市畜禽品种改良站	2013 年
贵定盘江酥李	贵州	AGI01487	贵定县酥李协会	2014 年
牛场辣椒	贵州	AGI01488	六枝特区经济作物站	2014 年
湾子辣椒	贵州	AGI01489	金沙县果蔬站	2014 年
紫云花猪	贵州	AGI01490	紫云县畜禽品种改良站	2014 年
毕节可乐猪	贵州	AGI01491	毕节市畜牧技术推广站	2014 年
长顺绿壳鸡蛋	贵州	AGI01492	长顺县畜禽品种改良站	2014 年
凤冈锌硒茶	贵州	AGI01570	凤冈县茶叶协会	2014 年
湄潭翠芽	贵州	AGI01571	贵州省湄潭县茶业协会	2014 年

贵州省（131 个）

产品名称	产地	产品编号	证书持有者	登记年份
金沙贡茶	贵州	AGI01572	金沙县农业技术推广站	2014 年
息烽西山贡米	贵州	AGI01711	息烽县农业技术开发服务中心	2015 年
铜仁珍珠花生	贵州	AGI01712	铜仁市农业技术推广站	2015 年
罗甸脐橙	贵州	AGI01713	罗甸县果茶产业发展办公室	2015 年
遵义烤烟	贵州	AGI01771	遵义市烟草协会	2015 年
石阡苔茶	贵州	AGI01644	石阡县茶业协会	2015 年
梵净山茶	贵州	AGI01979	铜仁市茶叶行业协会	2016 年
安顺金刺梨	贵州	AGI01980	安顺市农业技术推广站	2016 年
关岭火龙果	贵州	AGI01981	关岭布依族苗族自治县果树蔬菜工作站	2016 年
从江香禾糯	贵州	AGI01982	从江县农产品质量安全监督管理检测站	2016 年
保田生姜	贵州	AGI01983	盘县农业局经济作物管理站	2016 年
龙里豌豆尖	贵州	AGI01984	龙里县蔬果办公室	2016 年
赫章黑马羊	贵州	AGI01985	赫章县草地工作站	2016 年
平坝灰鹅	贵州	AGI01986	安顺市平坝区畜禽品种改良站	2016 年
关岭牛	贵州	AGI01987	关岭布依族苗族自治县草地畜牧业发展中心	2016 年
六枝月亮河鸭蛋	贵州	AGI01988	六枝特区月亮河种养殖专业技术协会	2016 年
凯里水晶葡萄	贵州	AGI02054	凯里市大风洞镇农业服务中心	2017 年
贵州绿茶	贵州	AGI02055	贵州省绿茶品牌发展促进会	2017 年
都匀毛尖茶	贵州	AGI02056	黔南州茶叶产业化发展管理办公室	2017 年
福泉梨	贵州	AGI02103	福泉市农业技术推广站	2017 年
赤水金钗石斛	贵州	AGI02104	赤水市现代高效农业园区管理委员会	2017 年
毕节椪柑	贵州	AGI02143	毕节市七星关区果蔬技术推广站	2017 年
清镇酥李	贵州	AGI02144	清镇市农业局蔬菜工作办公室	2017 年
威宁黄梨	贵州	AGI02145	威宁彝族回族苗族自治县果蔬产业发展中心	2017 年
威宁苹果	贵州	AGI02146	威宁彝族回族苗族自治县果蔬产业发展中心	2017 年
镇宁蜂糖李	贵州	AGI02147	镇宁布依族苗族自治县植保植检站	2017 年
镇宁樱桃	贵州	AGI02148	镇宁布依族苗族自治县植保植检站	2017 年

贵州省（131 个）

产品名称	产地	产品编号	证书持有者	登记年份
兴义黄草坝石斛	贵州	AGI02149	兴义市农产品质量安全监测站	2017 年
沿河白山羊	贵州	AGI02150	沿河土家族自治县畜牧兽医局	2017 年
播州乌江鱼	贵州	AGI02236	遵义市播州区乌江镇农业服务中心	2017 年
琊川贡米	贵州	AGI02235	凤冈县农牧局农业技术推广站	2017 年
惠水黑糯米	贵州	AGI02234	惠水县蔬果站	2017 年
遵义朝天椒	贵州	AGI02233	遵义市果蔬工作站	2017 年
绥阳子弹头辣椒	贵州	AGI02232	绥阳县经济作物站	2017 年
惠水金钱橘	贵州	AGI02231	惠水县蔬果站	2017 年
修文猕猴桃	贵州	AGI02357	修文县猕猴桃产业发展局	2018 年
赫章樱桃	贵州	AGI02358	赫章县土肥站	2018 年
凯里平良贡米	贵州	AGI02359	凯里市大风洞镇农业服务中心	2018 年
务川白山羊	贵州	AGI02360	务川县仡佬族苗族自治县草地生态畜牧业发展中心	2018 年
茅坪香橘	贵州	AGI02430	锦屏县农产品质量安全监管站	2018 年
安龙白及	贵州	AGI02431	安龙县植保植检站	2018 年
织金白鹅	贵州	AGI02432	织金县农产品质量安全监督检验检测站	2018 年
丹寨黑猪	贵州	AGI02433	丹寨县草地生态畜牧业发展中心	2018 年
六盘水乌蒙凤鸡	贵州	AGI02434	六盘水市畜牧技术推广站	2018 年
安龙莲藕	贵州	AGI02578	安龙县农业技术推广站	2019 年
学孔黄花	贵州	AGI02579	仁怀市农业技术综合服务站	2019 年
板贵花椒	贵州	AGI02580	关岭布依族苗族自治县果蔬蔬菜工作站	2019 年
郭家湾贡米	贵州	AGI02581	玉屏侗族自治县农业技术推广站	2019 年
安龙红谷	贵州	AGI02582	安龙县农业技术推广站	2019 年
仁怀糯高粱	贵州	AGI02583	仁怀市有机农业发展中心	2019 年
思南黄牛	贵州	AGI02584	思南县畜牧技术推广站	2019 年
黄果树黄果	贵州	AGI02585	镇宁布依族苗族自治县黄果树镇农业服务中心	2019 年
龙宫桃子	贵州	AGI02586	安顺市西秀区龙宫镇农业服务中心	2019 年
凯里香葱	贵州	AGI02627	凯里市湾水镇农业服务中心	2019 年
黔东南小香鸡	贵州	AGI02628	黔东南州科技开发中心	2019 年

续　表

贵州省（131 个）

产品名称	产地	产品编号	证书持有者	登记年份
兴义大红袍	贵州	AGI02740	兴义市果树蔬菜技术推广站	2019 年
晴隆脐橙	贵州	AGI02741	晴隆县柑橘场	2019 年
水城核桃	贵州	AGI02742	水城县农业产业化服务中心	2019 年
册亨糯米蕉	贵州	AGI02743	册亨县经济作物管理站	2019 年
赤水龙眼	贵州	AGI02744	赤水市果蔬站	2019 年
织金皂角精	贵州	AGI02745	织金县果蔬协会	2019 年
桐梓团芸豆	贵州	AGI02746	桐梓县农产品质量安全监督检验检测中心	2019 年
幺铺莲藕	贵州	AGI02747	安顺经济技术开发区农林牧水局	2019 年
赤水楠竹笋	贵州	AGI02748	赤水市营林站	2019 年
六枝毛坡大蒜	贵州	AGI02749	六枝特区蔬菜站	2019 年
兴义芭蕉芋	贵州	AGI02750	黔西南州农业技术推广站	2019 年
盘州小米	贵州	AGI02751	盘州市农业技术推广站	2019 年
保田薏仁	贵州	AGI02752	盘州市农业技术推广站	2019 年
平坝大米	贵州	AGI02753	安顺市平坝区农业技术推广站	2019 年
晴隆糯薏仁	贵州	AGI02754	晴隆县糯薏仁协会	2019 年
坡柳娘娘茶	贵州	AGI02755	贞丰县农业局农业技术推广站	2019 年
普安红茶	贵州	AGI02756	黔西南州茶叶协会	2019 年
天柱茶油	贵州	AGI02757	天柱县林业产业发展办公室	2019 年
务川蜂蜜	贵州	AGI02758	务川仡佬族苗族自治县畜禽品种改良站	2019 年
习水岩蜂蜜	贵州	AGI02759	习水县农产品质量安全检测中心	2019 年
印江绿壳鸡蛋	贵州	AGI02760	印江土家族苗族自治县兽药饲料监察站	2019 年
德江复兴猪	贵州	AGI02761	德江县畜牧业发展中心	2019 年
兴义矮脚鸡	贵州	AGI02762	兴义市畜禽品种改良技术推广站	2019 年
安龙黄牛	贵州	AGI02763	安龙县草地生态畜牧业发展中心	2019 年
晴隆羊	贵州	AGI02764	晴隆县草地畜牧中心	2019 年
桐梓黄牛	贵州	AGI02765	桐梓县畜禽品种改良站	2019 年
板当薏仁米	贵州	AGI03030	紫云苗族布依族自治县农业技术推广站	2020 年
紫云红芯红薯	贵州	AGI03031	紫云苗族布依族自治县农业技术推广站	2020 年
兴义甘蔗	贵州	AGI03032	兴义市果树蔬菜技术推广站	2020 年
桐梓魔芋	贵州	AGI03033	桐梓县农产品质量安全监督检验检测中心	2020 年

贵州省（131 个）

产品名称	产地	产品编号	证书持有者	登记年份
兴义白杆青菜	贵州	AGI03034	兴义市果树蔬菜技术推广站	2020 年
黄杨小米辣	贵州	AGI03035	绥阳县经济作物站	2020 年
兴义红皮大蒜	贵州	AGI03036	兴义市果树蔬菜技术推广站	2020 年
兴义生姜	贵州	AGI03037	兴义市果树蔬菜技术推广站	2020 年
习水仙人掌	贵州	AGI03038	习水县农产质量安全检测中心	2020 年
兴义山银花	贵州	AGI03039	兴义市中药材和茶叶技术推广站	2020 年
兴仁猕猴桃	贵州	AGI03040	兴仁市农业技术推广中心	2020 年
湄潭红肉蜜柚	贵州	AGI03041	湄潭县果蔬工作站	2020 年
凤冈红心柚	贵州	AGI03042	凤冈县特色产业服务中心	2020 年
镇宁小黄姜	贵州	AGI03043	镇宁布依族苗族自治县植保植检站	2020 年
黄平线椒	贵州	AGI03044	黄平县农业技术推广中心	2020 年
黄平白及	贵州	AGI03045	黄平县农业技术推广中心	2020 年
紫云冰脆李	贵州	AGI03046	紫云苗族布依族自治县农业技术推广站	2020 年
紫云蓝莓	贵州	AGI03047	紫云苗族布依族自治县农业技术推广站	2020 年
独山大米	贵州	AGI03048	独山县农村经济管理站	2020 年
独山高寨茶	贵州	AGI03049	独山县农村经济管理站	2020 年
白水贡米	贵州	AGI03050	铜仁市碧江区滑石乡农业服务中心	2020 年
龙里刺梨	贵州	AGI03051	龙里县蔬果办公室	2020 年
海龙贡米	贵州	AGI03052	遵义市红花岗区农业技术推广站	2020 年
金竹贡米	贵州	AGI03053	沿河土家族自治县农业技术推广中心	2020 年
凯里生姜	贵州	AGI03054	凯里市旁海镇农业服务中心	2020 年
兴义黑山羊	贵州	AGI03055	兴义市畜禽品种改良技术推广站	2020 年
剑河白香猪	贵州	AGI03056	剑河县畜牧渔业管理办公室	2020 年
黄平黄牛	贵州	AGI03057	黄平县动物卫生监督所	2020 年
天柱骡鸭	贵州	AGI03058	天柱县农业局畜牧技术推广站	2020 年
凤冈蜂蜜	贵州	AGI03059	凤冈县畜禽品种改良站	2020 年
剑河稻花鲤	贵州	AGI03060	剑河县畜牧渔业管理办公室	2020 年

云南省（85 个）

产品名称	产地	产品编号	证书持有者	登记年份
石林甜柿	云南	AGI00151	石林彝族自治县农牧局茶桑果站	2009 年

云南省（85 个）

产品名称	产地	产品编号	证书持有者	登记年份
开远蜜桃	云南	AGI00167	开远市农业环境保护工作站	2009 年
广南八宝米	云南	AGI00168	广南县农业环境保护监测站	2009 年
圭山山羊	云南	AGI00185	石林彝族自治县农牧局畜牧兽医总站	2009 年
大理独头大蒜	云南	AGI00320	大理白族自治州园艺工作站	2010 年
文山他披梨	云南	AGI00334	文山县农业环境保护监测站	2010 年
建水酸石榴	云南	AGI00262	建水县农业环境保护监测站	2010 年
蒙自石榴	云南	AGI00263	蒙自县果蔬技术推广站	2010 年
昭通苹果	云南	AGI00370	昭通市昭阳区农业环境保护监测站	2010 年
香格里拉牦牛肉	云南	AGI00371	迪庆香格里拉·藏龙牦牛产业协会	2010 年
西畴阳荷	云南	AGI00439	西畴县农业环境保护监测站	2010 年
玉溪烟叶	云南	AGI00403	玉溪市人民政府烟草产业办公室	2010 年
深沟鸡	云南	AGI00529	马龙县深沟鸡养殖协会	2010 年
石屏杨梅	云南	AGI00530	石屏县农业环保工作站	2010 年
弥勒葡萄	云南	AGI00575	弥勒县农村能源环境保护工作站	2011 年
溪洛渡花椒	云南	AGI00636	永善县农业环境监测站	2011 年
石林乳饼	云南	AGI00637	石林彝族自治县农牧局畜牧兽医总站	2011 年
会泽宝珠梨	云南	AGI00702	会泽县水果工作站	2011 年
会泽大洋芋	云南	AGI00703	会泽县农业技术推广中心	2011 年
华宁柿子	云南	AGI00863	华宁县柿子产业办公室	2012 年
华宁柑橘	云南	AGI00864	华宁县柑橘产业发展办公室	2012 年
富民杨梅	云南	AGI00865	富民县茶桑果站	2012 年
富民荠瓜	云南	AGI00866	富民县农业技术推广所	2012 年
高良薏仁米	云南	AGI01037	师宗县农业局农业技术推广中心	2012 年
呈贡宝珠梨	云南	AGI00972	呈贡县茶桑果站	2012 年
盐水石榴	云南	AGI00973	会泽县水果工作站	2012 年
乐业辣椒	云南	AGI00974	会泽县经济作物技术推广站	2012 年
武定鸡	云南	AGI00975	武定县动物疾病预防控制中心	2012 年
马楠半细毛羊	云南	AGI00976	永善县畜牧技术推广站	2012 年
火红黑山羊	云南	AGI00977	会泽县草原监理站	2012 年
谷律花椒	云南	AGI00978	昆明市西山区谷律花椒专业合作社	2012 年

云南省（85 个）

产品名称	产地	产品编号	证书持有者	登记年份
丘北辣椒	云南	AGI00979	文山壮族苗族自治州农业科学研究所	2012 年
砚山小粒花生	云南	AGI00980	文山州经济作物工作站	2012 年
石屏青绵羊	云南	AGI00981	石屏县畜牧技术推广站	2012 年
巍山红雪梨	云南	AGI01222	巍山彝族回族自治县农业局园艺工作站	2013 年
澂江藕	云南	AGI01223	澂江县农业产业化经营与农产品加工领导小组办公室	2013 年
泸西苦荞	云南	AGI01224	泸西县农业环境监测保护站	2013 年
富宁八角	云南	AGI01225	文山壮族苗族自治州经济作物工作站	2013 年
马关草果	云南	AGI01226	文山壮族苗族自治州农业技术推广中心	2013 年
南涧无量山乌骨鸡	云南	AGI01227	南涧彝族自治县畜牧站	2013 年
回龙茶	云南	AGI01169	梁河县茶叶技术推广站	2013 年
白竹山茶	云南	AGI01170	双柏县茶桑站	2013 年
夕阳葵花子	云南	AGI01171	晋宁县农业技术推广中心	2013 年
龙陵紫皮石斛	云南	AGI01172	龙陵县石斛协会	2013 年
龙陵黄山羊	云南	AGI01173	龙陵县动物卫生监督所	2013 年
保山透心绿蚕豆	云南	AGI01174	保山市隆阳区农业技术推广所	2013 年
马龙苹果	云南	AGI01175	马龙县水果协会	2013 年
普洱咖啡	云南	AGI01347	普洱市咖啡产业联合会	2013 年
香格里拉青稞	云南	AGI01348	迪庆香格里拉青稞产业协会	2013 年
泸西高原梨	云南	AGI01433	泸西县果树站	2014 年
保山甜柿	云南	AGI01434	保山市经济作物技术推广工作站	2014 年
麦地湾梨	云南	AGI01435	云龙县园艺工作站	2014 年
禄劝撒坝猪	云南	AGI01436	禄劝彝族苗族自治县畜牧兽医总站	2014 年
保山猪	云南	AGI01437	保山市动物卫生监督所	2014 年
富源大河乌猪	云南	AGI01438	富源县大河乌猪产业发展协会	2014 年
云龙矮脚鸡	云南	AGI01439	云龙县畜牧工作站	2014 年
红河棕榈	云南	AGI01493	红河县棕榈产业协会	2014 年
腾冲红花油茶油	云南	AGI01494	腾冲县农业技术推广所	2014 年
文山牛	云南	AGI01495	文山壮族苗族自治州畜牧技术推广工作站	2014 年
普洱瓢鸡	云南	AGI01573	普洱市畜牧工作站	2014 年

云南省（85 个）

产品名称	产地	产品编号	证书持有者	登记年份
滇陆猪	云南	AGI01574	陆良县滇陆猪研究所	2014 年
罗平黄山羊	云南	AGI01575	罗平县畜禽改良工作站	2014 年
诺邓火腿	云南	AGI01576	云龙县畜牧工作站	2014 年
昭通苦荞	云南	AGI01645	昭通市农业科学院	2015 年
富源魔芋	云南	AGI01646	富源县魔芋协会	2015 年
迪庆藏猪	云南	AGI01647	迪庆藏族自治州畜牧水产技术推广站	2015 年
盐津乌骨鸡	云南	AGI01648	盐津县畜牧兽医站	2015 年
永平白鹅	云南	AGI01774	永平县畜牧工作站	2015 年
保山烟叶	云南	AGI01773	保山市烟草学会	2015 年
勐库大叶种茶	云南	AGI01772	双江拉祜族佤族布朗族傣族自治县茶叶技术推广站	2015 年
底圩茶	云南	AGI01871	广南县茶叶技术指导站	2016 年
云龙茶	云南	AGI01870	云龙县园艺工作站	2016 年
诺邓黑猪	云南	AGI01872	云龙县畜牧工作站	2016 年
抚仙湖抗浪鱼	云南	AGI01873	玉溪市水产工作站	2016 年
玉龙滇重楼	云南	AGI01989	玉龙纳西族自治县药材协会	2016 年
楚雄撒坝猪	云南	AGI02057	楚雄彝族自治州种猪种鸡场	2017 年
马厂当归	云南	AGI02237	鹤庆县农产品质量安全检测站	2017 年
楚雄滇撒猪	云南	AGI02435	楚雄彝族自治州种猪种鸡场	2018 年
石林人参果	云南	AGI02502	石林彝族自治县经济作物站	2018 年
尼西鸡	云南	AGI02503	迪庆藏族自治州畜牧水产技术推广站	2018 年
临沧坚果	云南	AGI02523	临沧市林业科学院	2018 年
溪洛渡白魔芋	云南	AGI02587	永善县农业技术推广中心	2019 年
绥江半边红李子	云南	AGI02629	绥江县农业技术推广中心	2019 年
老姆登茶	云南	AGI03061	怒江傈僳族自治州经济作物管理站	2020 年
东川大洋芋	云南	AGI03062	昆明市东川区农业技术推广中心	2020 年

西藏自治区（25 个）

产品名称	产地	产品编号	证书持有者	登记年份
昌果红土豆	西藏	AGI00202	贡嘎县蔬菜协会	2009 年
波密天麻	西藏	AGI00264	波密县农业技术推广站	2010 年

西藏自治区（25 个）

产品名称	产地	产品编号	证书持有者	登记年份
朗县核桃	西藏	AGI01038	朗县农业技术推广站	2012 年
亚东黑木耳	西藏	AGI01039	西藏亚东县农牧综合服务中心	2012 年
岗巴羊	西藏	AGI00982	西藏日喀则岗巴县岗巴羊农民养羊专业合作社	2012 年
门隅佛芽·玉罗冈吉	西藏	AGI01440	西藏错那县农业综合服务站	2014 年
隆子黑青稞	西藏	AGI01441	隆子县农业技术推广站	2014 年
亚东鲑鱼	西藏	AGI01442	西藏亚东县农牧综合服务中心	2014 年
易贡辣椒	西藏	AGI01776	西藏波密县农技推广服务站	2015 年
林芝苹果	西藏	AGI01775	林芝县农业机械监理与技术推广服务中心	2015 年
帕里牦牛	西藏	AGI02152	西藏亚东县农牧综合服务中心	2017 年
波密蜂蜜	西藏	AGI02151	西藏波密县农技推广服务站	2017 年
察隅猕猴桃	西藏	AGI02238	察隅县农技推广服务站	2017 年
朗县辣椒	西藏	AGI02504	朗县农业技术推广站	2018 年
措勤紫绒山羊	西藏	AGI02505	措勤县绒山羊良种扩繁殖场	2018 年
象雄半细毛羊	西藏	AGI02506	西藏自治区阿里地区良种场	2018 年
工布江达藏猪	西藏	AGI02507	工布江达县畜牧兽医站	2018 年
拉萨白鸡	西藏	AGI02508	拉萨市禽类良种研究保护推广中心	2018 年
斯布牦牛	西藏	AGI02509	西藏墨竹工卡县畜牧兽医站	2018 年
日土白绒山羊	西藏	AGI02588	西藏日土县原种场	2019 年
察雅黑青稞	西藏	AGI03063	西藏察雅县农业技术推广站	2020 年
八宿荞麦	西藏	AGI03064	西藏八宿县畜牧站	2020 年
阿旺绵羊	西藏	AGI03065	西藏昌都市畜牧总站	2020 年
嘉黎藏香猪	西藏	AGI03066	那曲市畜牧兽医技术推广总站	2020 年
类乌齐牦牛	西藏	AGI03067	西藏昌都市畜牧总站	2020 年

陕西省（109 个）

产品名称	产地	产品编号	证书持有者	登记年份
横山大明绿豆	陕西	AGI00054	榆林市横山区农业技术推广中心	2008 年
丹凤核桃	陕西	AGI00055	丹凤农业技术推广中心	2008 年
蓝田大杏	陕西	AGI00056	蓝田县华胥镇娲氏杏果专业协会	2008 年
米脂小米	陕西	AGI00021	米脂县金颗粒小米专业合作社	2008 年

陕西省（109个）

产品名称	产地	产品编号	证书持有者	登记年份
阎良相枣	陕西	AGI00022	西安市阎良区林业科技中心	2008 年
彬州梨	陕西	AGI00023	彬县园艺工作站	2008 年
兴平关中黑猪	陕西	AGI00024	兴平市畜牧兽医站	2008 年
城固蜜橘	陕西	AGI00113	城固县果业技术指导站	2008 年
宁陕香菇	陕西	AGI00081	宁陕县农业科技服务中心	2008 年
灞桥樱桃	陕西	AGI00082	西安市灞桥区园艺技术推广站	2008 年
靖边马铃薯	陕西	AGI00114	靖边县农业技术推广服务中心	2008 年
汉中白猪	陕西	AGI00115	汉中市动物疾病预防控制中心	2008 年
汉中冬韭	陕西	AGI00083	汉中市农业技术推广中心	2008 年
佳县红枣	陕西	AGI00084	佳县红枣产业办公	2008 年
白河木瓜	陕西	AGI00085	白河县长江防护林工程建设领导小组办公室	2008 年
山阳九眼莲	陕西	AGI00321	山阳县无公害农产品开发管理办公室	2010 年
眉县猕猴桃	陕西	AGI00335	眉县果业技术推广服务中心	2010 年
阎良甜瓜	陕西	AGI00401	西安市阎良区农产品质量安全检验检测中心	2010 年
平利女娲茶	陕西	AGI00402	平利县茶业流通协会	2010 年
太白甘蓝	陕西	AGI00515	太白县农业技术推广中心	2010 年
灞桥葡萄	陕西	AGI00516	西安市灞桥区农产品质量安全检验监测中心	2010 年
柞水核桃	陕西	AGI00517	柞水县林业站	2010 年
柞水黑木耳	陕西	AGI00518	柞水县农业技术推广站	2010 年
王莽鲜桃	陕西	AGI00704	西安清水果蔬专业合作社	2011 年
商南茶	陕西	AGI00738	陕西省商南县植保植检站	2011 年
洛南核桃	陕西	AGI00823	洛南县核桃研究所	2011 年
彬州大晋枣	陕西	AGI00824	陕西省彬县农业技术推广站	2011 年
大荔冬枣	陕西	AGI00825	大荔县农业技术推广中心	2011 年
大荔西瓜	陕西	AGI00826	大荔县园艺蚕桑工作站	2011 年
高石脆瓜	陕西	AGI00827	大荔县园艺蚕桑工作站	2011 年
老堡子鲜桃	陕西	AGI00828	西安周至老堡子鲜桃专业合作社	2011 年

陕西省（109 个）

产品名称	产地	产品编号	证书持有者	登记年份
淳化荞麦	陕西	AGI00829	淳化县农业技术推广中心	2011 年
丹凤葡萄	陕西	AGI01040	丹凤县葡萄酒协会	2012 年
耿镇胡萝卜	陕西	AGI01041	高陵县农产品质量安全检验监测中心	2012 年
孝义湾柿饼	陕西	AGI00983	商州区孝义柿饼专业协会	2012 年
大荔花生	陕西	AGI00984	大荔县农业技术推广中心	2012 年
富平尖柿	陕西	AGI01228	富平县农业技术推广中心	2013 年
吴堡红枣	陕西	AGI01176	吴堡县农产品质量检验检测中心	2013 年
山阳核桃	陕西	AGI01349	山阳县林业站	2013 年
秦都红薯	陕西	AGI01350	咸阳市秦都区莽塬红红薯农民专业合作社	2013 年
长安草莓	陕西	AGI01577	西安市长安区农业技术推广中心	2014 年
兴平大蒜	陕西	AGI01578	兴平市园艺站	2014 年
褒河蜜橘	陕西	AGI01714	汉中市汉台区园艺工作站	2015 年
留坝黑木耳	陕西	AGI01715	留坝县农业技术推广中心	2015 年
留坝香菇	陕西	AGI01716	留坝县农业技术推广中心	2015 年
宜君玉米	陕西	AGI01717	宜君县农畜产品质量安全检验检测中心	2015 年
留坝蜂蜜	陕西	AGI01718	留坝县畜牧兽医技术推广中心	2015 年
耀州黄芩	陕西	AGI01719	铜川市耀州区农畜产品质量安全检验检测中心	2015 年
蓝田樱桃	陕西	AGI01649	蓝田县园艺站	2015 年
蒲城西瓜	陕西	AGI01650	蒲城县设施农业服务局	2015 年
靖边辣椒	陕西	AGI01651	靖边县农产品质量检验检测中心	2015 年
靖边胡萝卜	陕西	AGI01652	靖边县农产品质量检验检测中心	2015 年
镇坪黄连	陕西	AGI01781	镇坪县中药材研究所	2015 年
合阳红薯	陕西	AGI01780	合阳县农产品质量安全检验检测中心	2015 年
汉中大米	陕西	AGI01779	汉中市大米产业协会	2015 年
镇安象园茶	陕西	AGI01778	镇安县农产品质量安全检验检测站	2015 年
合阳九眼莲	陕西	AGI01777	合阳县农产品质量安全检验检测中心	2015 年
留坝板栗	陕西	AGI01929	留坝县林业站	2016 年
留坝白果	陕西	AGI01928	留坝县林业站	2016 年
漠西大葱	陕西	AGI01874	乾县农业技术推广站	2016 年

续 表

陕西省（109 个）

产品名称	产地	产品编号	证书持有者	登记年份
洋县黑米	陕西	AGI01875	洋县朱鹮之乡有机粮油协会	2016 年
镇坪洋芋	陕西	AGI01995	镇坪县农业技术推广中心	2016 年
米脂红葱	陕西	AGI01996	米脂县农产品质量安全检验检测中心	2016 年
沙底辣椒	陕西	AGI01997	大荔县设施农业局	2016 年
沙苑红萝卜	陕西	AGI01998	大荔县设施农业局	2016 年
陇州核桃	陕西	AGI01990	陇县农村合作经济组织联合会	2016 年
旬阳拐枣	陕西	AGI01991	旬阳县林业开发绿化管理服务中心	2016 年
榆林山地苹果	陕西	AGI01992	榆林市农学会	2016 年
直罗贡米	陕西	AGI01993	富县水稻杂粮协会	2016 年
榆林马铃薯	陕西	AGI01994	榆林市农学会	2016 年
凤翔苹果	陕西	AGI02058	凤翔县农产品质量安全检验检测站	2017 年
礼泉小河御梨	陕西	AGI02105	礼泉县小河酥梨协会	2017 年
靖边荞麦	陕西	AGI02106	靖边县农产品质量检验检测中心	2017 年
镇坪乌鸡	陕西	AGI02107	镇坪县畜牧兽医中心	2017 年
略阳乌鸡	陕西	AGI02158	略阳县农产品质量安全监测检验中心	2017 年
佛坪土蜂蜜	陕西	AGI02157	佛坪县畜牧兽医技术推广中心	2017 年
临潼石榴	陕西	AGI02156	西安市临潼区农产品质量安全检验监测中心	2017 年
直社红枣	陕西	AGI02155	蒲城县直社红枣专业技术协会	2017 年
旬阳狮头柑	陕西	AGI02154	旬阳县森林病虫害防治检疫站	2017 年
旬邑苹果	陕西	AGI02153	旬邑县果业服务中心	2017 年
商洛香菇	陕西	AGI02239	商洛市农业技术推广站	2017 年
镇巴树花菜	陕西	AGI02361	镇巴县园艺站	2018 年
镇巴香菇	陕西	AGI02362	陕西省镇巴县食用菌技术服务推广站	2018 年
镇巴黑木耳	陕西	AGI02363	陕西省镇巴县食用菌技术服务推广站	2018 年
宁陕猪苓	陕西	AGI02364	宁陕县农业科技服务中心	2018 年
宁陕天麻	陕西	AGI02365	宁陕县农业科技服务中心	2018 年
户县葡萄	陕西	AGI02366	西安市鄠邑区农产品质量安全检验监测中心	2018 年
神木小米	陕西	AGI02436	神木市农产品质量监督检查站	2018 年

陕西省（109 个）

产品名称	产地	产品编号	证书持有者	登记年份
神木黑豆	陕西	AGI02437	神木市农产品质量监督检查站	2018 年
耀州花椒	陕西	AGI02438	铜川市耀州区农畜产品质量安全检验检测中心	2018 年
宝鸡蜂蜜	陕西	AGI02439	宝鸡市畜牧兽医中心	2018 年
镇巴天麻	陕西	AGI02510	镇巴县农产品质量安全监测检验中心	2018 年
镇巴大黄	陕西	AGI02511	镇巴县农产品质量安全监测检验中心	2018 年
汉中银杏	陕西	AGI02512	汉中市银杏产业协会	2018 年
周至猕猴桃	陕西	AGI02513	周至县农产品质量安全检验监测中心	2018 年
镇巴花魔芋	陕西	AGI02524	陕西省镇巴县农业技术推广站	2018 年
洛川苹果	陕西	AGI02589	洛川县苹果产业管理局	2019 年
岚皋魔芋	陕西	AGI02766	岚皋县农业科技服务中心	2019 年
洋县槐树关红薯	陕西	AGI02767	洋县农产品质量安全监测检验中心	2019 年
乾县泔河酥梨	陕西	AGI02768	乾县农业科技中心	2019 年
瀛湖枇杷	陕西	AGI02769	汉滨区蚕茶果技术中心	2019 年
泾阳茯茶	陕西	AGI02770	泾阳茯砖茶发展服务中心	2019 年
紫阳富硒茶	陕西	AGI02771	紫阳县茶叶研究所	2019 年
南郑红庙山药	陕西	AGI03068	汉中市南郑区农业技术推广中心	2020 年
孟家原桃	陕西	AGI03069	铜川市王益区农畜产品质量安全检验检测中心	2020 年
石泉桑蚕茧	陕西	AGI03070	石泉县蚕桑发展服务中心	2020 年
石泉黄花菜	陕西	AGI03071	石泉县农业技术推广站	2020 年
城固猕猴桃	陕西	AGI03072	城固县果业技术指导站	2020 年
宜君党参	陕西	AGI03073	宜君县中医药发展局	2020 年

甘肃省（124 个）

产品名称	产地	产品编号	证书持有者	登记年份
庆阳苹果	甘肃	AGI00152	庆阳市经济林木工作管理站	2009 年
庆阳黄花菜	甘肃	AGI00153	庆城县农业技术推广中心	2009 年
板桥白黄瓜	甘肃	AGI00169	合水县蔬菜开发办公室	2009 年
嘉峪关洋葱	甘肃	AGI00282	嘉峪关市农业技术推广站	2010 年
敦煌李广杏	甘肃	AGI00283	敦煌市农业技术推广中心	2010 年

续　表

甘肃省（124 个）

产品名称	产地	产品编号	证书持有者	登记年份
敦煌葡萄	甘肃	AGI00305	敦煌市农业技术推广中心	2010 年
早胜牛	甘肃	AGI00306	庆阳市牛产业协会	2010 年
榆中菜花	甘肃	AGI00336	榆中县蔬菜产业发展中心	2010 年
庆阳驴	甘肃	AGI00337	庆阳市畜牧技术推广中心	2010 年
榆中大白菜	甘肃	AGI00360	榆中县蔬菜产业发展中心	2010 年
秦安苹果	甘肃	AGI00362	秦安县农村经济经营管理站	2010 年
榆中莲花菜	甘肃	AGI00416	榆中县蔬菜产业发展中心	2010 年
瓜州蜜瓜	甘肃	AGI00576	瓜州县农业科技服务中心	2011 年
嘉峪关野麻湾西瓜	甘肃	AGI00577	嘉峪关市农业技术推广站	2011 年
岷县蕨麻猪	甘肃	AGI00642	岷县康源养殖专业合作社	2011 年
宕昌党参	甘肃	AGI00641	宕昌县中药材开发服务中心	2011 年
武都红芪	甘肃	AGI00640	陇南市武都区中药材技术服务中心	2011 年
哈达铺当归	甘肃	AGI00639	宕昌县中药材开发服务中心	2011 年
瓜州西瓜	甘肃	AGI00638	瓜州县农业科技服务中心	2011 年
双湾西瓜	甘肃	AGI00867	金昌市金川区农业技术推广服务中心	2012 年
永昌胡萝卜	甘肃	AGI01042	永昌县农业特色产业办公室	2012 年
正宁大葱	甘肃	AGI00985	正宁县蔬菜生产工作站	2012 年
瓜州甜瓜	甘肃	AGI00986	瓜州县农业科技服务中心	2012 年
渭源白条党参	甘肃	AGI00987	渭源县中药材产业办公室	2012 年
金川红辣椒	甘肃	AGI00988	金川区农业技术推广站	2012 年
张家川红花牛	甘肃	AGI00989	张家川回族自治县畜牧兽医工作站	2012 年
天祝白牦牛	甘肃	AGI00990	天祝藏族自治县畜牧技术推广站	2012 年
永昌啤酒大麦	甘肃	AGI00991	永昌县农业特色产业办公室	2012 年
双湾食葵	甘肃	AGI01229	金川区农业技术推广服务中心	2013 年
庆阳小米	甘肃	AGI01230	庆阳市农业技术推广中心	2013 年
肃南甘肃高山细毛羊	甘肃	AGI01177	肃南裕固族自治县养羊协会	2013 年
甘谷大葱	甘肃	AGI01351	甘肃省甘谷县园艺技术推广站	2013 年
金塔番茄	甘肃	AGI01352	金塔县农业技术推广中心	2013 年
瓜州枸杞	甘肃	AGI01353	瓜州县林果科技服务中心	2013 年
清水粉壳蛋	甘肃	AGI01354	清水县养鸡协会	2013 年

甘肃省（124 个）

产品名称	产地	产品编号	证书持有者	登记年份
黄香沟鸡	甘肃	AGI01355	渭源县南山放养虫草鸡协会	2013 年
环县滩羊	甘肃	AGI01356	环县养羊协会	2013 年
岷县黑裘皮羊	甘肃	AGI01357	岷县涌泉养殖专业合作社	2013 年
庆阳黑山羊	甘肃	AGI01358	庆阳市畜牧技术推广中心	2013 年
武威酿酒葡萄	甘肃	AGI01443	武威市农业技术推广中心	2014 年
嘉峪关泥沟胡萝卜	甘肃	AGI01444	嘉峪关市农业技术推广站	2014 年
宕昌黄芪	甘肃	AGI01445	宕昌县中药材开发服务中心	2014 年
徽县紫皮大蒜	甘肃	AGI01496	徽县紫皮大蒜种植协会	2014 年
哈尔腾哈萨克羊	甘肃	AGI01579	阿克塞哈萨克族自治县阿勒腾乡养殖协会	2014 年
皋兰旱砂西瓜	甘肃	AGI01720	皋兰县农产品行业协会联合会	2015 年
皋兰软儿梨	甘肃	AGI01721	皋兰县农产品行业协会联合会	2015 年
张掖葡萄	甘肃	AGI01653	张掖市葡萄协会	2015 年
瓜州锁阳	甘肃	AGI01654	瓜州县锁阳协会	2015 年
肃南牦牛	甘肃	AGI01655	肃南裕固族自治县牦牛养殖协会	2015 年
苦水玫瑰	甘肃	AGI01722	永登县玫瑰协会	2015 年
凉州羊羔肉	甘肃	AGI01723	凉州区养羊协会	2015 年
肃南马鹿鹿茸	甘肃	AGI01724	肃南裕固族自治县养鹿协会	2015 年
庆阳香瓜	甘肃	AGI01725	庆阳市农业技术推广中心	2015 年
武都花椒	甘肃	AGI01726	陇南市武都区花椒服务中心	2015 年
宕昌大黄	甘肃	AGI01727	宕昌县中药材开发服务中心	2015 年
永昌肉羊	甘肃	AGI01728	永昌县农业特色产业办公室	2015 年
东湾绿萝卜	甘肃	AGI01784	金昌市金川区农业技术推广服务中心	2015 年
皋兰禾尚头小麦	甘肃	AGI01783	皋兰县农产品行业协会联合会	2015 年
皋兰红砂洋芋	甘肃	AGI01782	皋兰县农产品行业协会联合会	2015 年
安宁白凤桃	甘肃	AGI01876	兰州市安宁堡街道桃子协会	2016 年
庆阳荞麦	甘肃	AGI01878	庆阳市农业科学研究院	2016 年
武都纹党参	甘肃	AGI01877	陇南市武都区纹党参协会	2016 年
靖远旱砂西瓜	甘肃	AGI01930	靖远县农业技术推广中心	2016 年
玛曲欧拉羊	甘肃	AGI01931	玛曲县西科河欧拉羊种公畜养殖场	2016 年
玛曲牦牛	甘肃	AGI01932	玛曲县阿孜畜牧科技示范园区	2016 年

甘肃省（124 个）

产品名称	产地	产品编号	证书持有者	登记年份
定西马铃薯	甘肃	AGI01879	定西市安定区马铃薯产业开发办公室	2016 年
陇南绿茶	甘肃	AGI01999	陇南市经济作物技术推广总站	2016 年
庆阳白瓜子	甘肃	AGI02000	庆阳市农业技术推广中心	2016 年
舟曲核桃	甘肃	AGI02001	舟曲县林业工作站	2016 年
舟曲花椒	甘肃	AGI02002	舟曲县林业工作站	2016 年
岷县当归	甘肃	AGI02003	岷县中药材生产技术指导站	2016 年
陇西白条党参	甘肃	AGI02004	陇西县中医药产业发展局	2016 年
陇西黄芪	甘肃	AGI02005	陇西县中医药产业发展局	2016 年
大庙香水梨	甘肃	AGI02108	靖远县农业技术推广中心	2017 年
条山梨	甘肃	AGI02109	景泰县农业技术推广中心	2017 年
景泰枸杞	甘肃	AGI02110	景泰县农业技术推广中心	2017 年
舟曲从岭藏鸡	甘肃	AGI02111	舟曲县畜牧草原工作站	2017 年
天水连翘	甘肃	AGI02367	天水市中药材种植业协会	2018 年
临洮马铃薯	甘肃	AGI02368	临洮县农业技术推广中心	2018 年
平川甜瓜	甘肃	AGI02369	白银市平川区农业技术推广中心	2018 年
平川山羊肉	甘肃	AGI02370	白银市平川区畜牧兽医局	2018 年
武都崖蜜	甘肃	AGI02371	陇南市武都区电子商务中心	2018 年
灵台苹果	甘肃	AGI02440	灵台县果业局	2018 年
崇信苹果	甘肃	AGI02441	崇信县汇丰现代农业协会	2018 年
龙湾苹果	甘肃	AGI02442	景泰县农业技术推广中心	2018 年
崇信芹菜	甘肃	AGI02443	崇信县蔬菜协会	2018 年
清水半夏	甘肃	AGI02444	清水县经济作物工作站	2018 年
麦积花椒	甘肃	AGI02514	天水市麦积区农产品质量安全监测中心	2018 年
古浪香瓜	甘肃	AGI02515	古浪县土门镇蔬菜产销协会	2018 年
平川苹果	甘肃	AGI02516	白银市平川区农业技术推广中心	2018 年
翠柳山羊肉	甘肃	AGI02517	景泰县畜牧兽医局	2018 年
平川黑驴	甘肃	AGI02518	白银市平川区畜牧兽医局	2018 年
高台辣椒干	甘肃	AGI02590	高台县农产品质量监测检验中心	2019 年
漳县紫斑牡丹	甘肃	AGI02591	漳县牡丹产业协会	2019 年
宕昌百花蜜	甘肃	AGI02592	宕昌县畜牧兽医局	2019 年

甘肃省（124 个）

产品名称	产地	产品编号	证书持有者	登记年份
赤金韭菜	甘肃	AGI02630	玉门市农业技术推广中心	2019 年
玉门枸杞	甘肃	AGI02631	玉门市农业技术推广中心	2019 年
民勤蜜瓜	甘肃	AGI02632	民勤县瓜产业协会	2019 年
岷县蜂蜜	甘肃	AGI02633	岷县畜牧兽医局	2019 年
麦积山花蜜	甘肃	AGI02634	天水市麦积区畜牧技术推广站	2019 年
祁连清泉羊羔肉	甘肃	AGI02635	玉门市畜牧站	2019 年
古浪红光头小麦	甘肃	AGI02772	古浪县大靖农产品购销专业协会	2019 年
陇南苦荞	甘肃	AGI02773	陇南市苦荞专业技术协会	2019 年
金塔辣椒	甘肃	AGI02774	金塔县农业技术推广中心	2019 年
兰州百合	甘肃	AGI02775	兰州市七里河区农业技术推广站	2019 年
舟曲棒棒槽蜂蜜	甘肃	AGI02776	舟曲县畜牧草原工作站	2019 年
肃北雪山羊肉	甘肃	AGI02777	肃北蒙古族自治县畜牧兽医局	2019 年
阿克塞哈萨克马	甘肃	AGI02778	阿克塞哈萨克族自治县畜牧兽医局	2019 年
金塔肉羊	甘肃	AGI02779	金塔县畜牧兽医局	2019 年
庄浪马铃薯	甘肃	AGI03074	庄浪县农业技术推广中心	2020 年
通渭苹果	甘肃	AGI03075	通渭县农村合作经济经营管理站	2020 年
秦州大樱桃	甘肃	AGI03076	天水市秦州区绿色食品办公室	2020 年
麦积核桃	甘肃	AGI03077	天水市麦积区绿色食品协会	2020 年
花海甜瓜	甘肃	AGI03078	玉门市农业技术推广中心	2020 年
高台黑番茄	甘肃	AGI03079	高台黑番茄协会	2020 年
张家川乌龙头	甘肃	AGI03080	张家川回族自治县经济作物工作指导站	2020 年
清水花椒	甘肃	AGI03081	清水县宏昊花椒协会	2020 年
崆峒胡麻	甘肃	AGI03082	平凉市崆峒区农产品质量检测站	2020 年
华亭独活	甘肃	AGI03083	华亭市中药材产业发展服务中心	2020 年
华亭大黄	甘肃	AGI03084	华亭市中药材产业发展服务中心	2020 年
康县太平鸡	甘肃	AGI03085	康县太平鸡养殖协会	2020 年
高台河西猪	甘肃	AGI03086	高台县畜牧技术推广站	2020 年
高台胭脂鸡	甘肃	AGI03087	高台县万鹏禽类综合养殖联合会	2020 年
邽山蜂蜜	甘肃	AGI03088	清水县蜂业协会	2020 年

青海省（66个）

产品名称	产地	产品编号	证书持有者	登记年份
乐都大樱桃	青海	AGI00285	乐都县农业技术推广中心	2010 年
乐都长辣椒	青海	AGI00286	乐都县蔬菜技术推广中心	2010 年
乐都柴皮大蒜	青海	AGI00307	乐都县蔬菜技术推广中心	2010 年
苏呼欧拉羊	青海	AGI00327	河南蒙古自治县有机畜牧业开发中心	2010 年
河曲马	青海	AGI00328	河南蒙古自治县有机畜牧业开发中心	2010 年
天峻牦牛	青海	AGI00643	天峻县畜牧兽医工作站	2011 年
互助八眉猪	青海	AGI00868	互助土族自治县畜牧兽医工作站	2012 年
乐都绿萝卜	青海	AGI01178	乐都县蔬菜技术推广中心	2013 年
湟中蚕豆	青海	AGI01179	湟中县农产品种植协会	2013 年
大通鸡腿葱	青海	AGI01180	大通回族土族自治县蔬菜技术推广中心	2013 年
民和羊肉	青海	AGI01181	民和回族土族自治县畜牧兽医技术服务中心	2013 年
乌兰茶卡羊	青海	AGI01182	乌兰县那仁生态畜牧业专业合作社	2013 年
互助葱花土鸡	青海	AGI01183	互助土族自治县畜牧兽医工作站	2013 年
柴达木枸杞	青海	AGI01184	海西州农业科学研究所	2013 年
民和旱砂西瓜	青海	AGI01359	民和回族土族自治县菜篮子工程办公室	2013 年
民和马铃薯	青海	AGI01360	民和回族土族自治县农作物脱毒技术开发中心	2013 年
互助青海白牦牛	青海	AGI01361	互助土族自治县畜牧兽医工作站	2013 年
格尔木蒙古羊	青海	AGI01362	格尔木那棱格勒生态畜牧业专业合作社	2013 年
民和肉牛	青海	AGI01363	民和回族土族自治县畜牧兽医技术服务中心	2013 年
甘德牦牛	青海	AGI01364	甘德县畜牧兽医站	2013 年
玛多藏羊	青海	AGI01365	玛多县畜牧兽医工作站	2013 年
果洛蕨麻	青海	AGI01446	果洛藏族自治州草原监理站	2014 年
果洛大黄	青海	AGI01447	果洛藏族自治州草原监理站	2014 年
久治牦牛	青海	AGI01448	久治县畜牧兽医工作站	2014 年
刚察藏羊	青海	AGI01449	刚察县特色农畜产品营销会	2014 年
刚察牦牛	青海	AGI01450	刚察县特色农畜产品营销会	2014 年
唐古拉牦牛	青海	AGI01580	格尔木市畜牧兽医工作站	2014 年

青海省（66 个）

产品名称	产地	产品编号	证书持有者	登记年份
唐古拉藏羊	青海	AGI01581	格尔木市畜牧兽医工作站	2014 年
湟中燕麦	青海	AGI01582	青海省湟中县草原站	2014 年
祁连牦牛	青海	AGI01583	祁连县畜牧业协会	2014 年
祁连藏羊	青海	AGI01584	祁连县畜牧业协会	2014 年
同仁黄果梨	青海	AGI01656	同仁县农业技术推广中心	2015 年
新庄黄瓜	青海	AGI01657	大通回族土族自治县蔬菜技术推广中心	2015 年
海晏羔羊肉	青海	AGI01789	海晏县畜牧兽医站	2015 年
门源青稞	青海	AGI01729	门源回族自治县种子经营管理站	2015 年
门源小油菜籽	青海	AGI01730	青海省门源回族自治县农业技术推广中心	2015 年
天峻藏羊	青海	AGI01731	天峻县畜牧兽医工作站	2015 年
海晏牦牛	青海	AGI01788	海晏县畜牧兽医站	2015 年
泽库牦牛	青海	AGI01787	泽库县有机畜牧业办公室	2015 年
泽库藏羊	青海	AGI01786	泽库县有机畜牧业办公室	2015 年
大通蚕豆	青海	AGI01785	大通回族土族自治县农业技术推广中心	2015 年
玉树黑青稞	青海	AGI01883	玉树藏族自治州农业技术推广站	2016 年
玉树蕨麻	青海	AGI01880	玉树州草原工作站	2016 年
玉树牦牛	青海	AGI01885	青海省玉树藏族自治州畜牧兽医工作站	2016 年
玉树芫根	青海	AGI01881	玉树藏族自治州农业技术推广站	2016 年
贵南黑藏羊	青海	AGI01884	贵南县黑藏羊保种养殖协会	2016 年
互助蚕豆	青海	AGI01882	互助土族自治县种子管理站	2016 年
兴海牦牛肉	青海	AGI01933	兴海县畜牧兽医工作站	2016 年
扎什加羊	青海	AGI01886	曲麻莱县畜牧兽医工作站	2016 年
湟中胡麻	青海	AGI02112	青海高原酩馏文化发展促进会	2017 年
泽库蕨麻	青海	AGI02160	泽库县有机畜牧业办公室	2017 年
泽库黄蘑菇	青海	AGI02159	泽库县有机畜牧业办公室	2017 年
祁连黄菇	青海	AGI02241	祁连县畜牧业协会	2017 年
互助油菜籽	青海	AGI02240	互助土族自治县农业技术推广中心	2017 年
加什科羊肉	青海	AGI02242	青海省共和县畜牧兽医站	2017 年
湟源胡萝卜	青海	AGI02447	湟源县农产品质量安全检验检测站	2018 年

青海省（66 个）

产品名称	产地	产品编号	证书持有者	登记年份
湟源青蒜苗	青海	AGI02448	湟源县农产品质量安全检验检测站海东市平安区农业技术推广中心	2018 年
平安马铃薯	青海	AGI02449	海东市平安区农业技术推广中心	2018 年
乐都牦牛肉	青海	AGI02450	海东市乐都区绿色农产品开发协会	2018 年
互助大黄	青海	AGI02636	互助土族自治县高原特色现代农业示范园管委会	2019 年
互助当归	青海	AGI02637	互助土族自治县高原特色现代农业示范园管委会	2019 年
互助黄芪	青海	AGI02638	互助土族自治县高原特色现代农业示范园管委会	2019 年
大通藏香猪	青海	AGI02639	大通回族土族自治县农产品质量安全检验检测站	2019 年
泽库黑青稞	青海	AGI03089	泽库县有机畜牧业办公室	2020 年
柴达木双峰骆驼	青海	AGI03090	海西州动物疫病预防控制中心	2020 年
柴达木绒山羊	青海	AGI03091	海西州动物疫病预防控制中心	2020 年

宁夏回族自治区（60 个）

产品名称	产地	产品编号	证书持有者	登记年份
大武口小公鸡	宁夏	AGI00057	石嘴山市大武口区农业畜牧技术推广服务中心	2008 年
涝河桥羊肉（清真）	宁夏	AGI00058	吴忠市畜牧草原技术推广服务中心	2008 年
青铜峡西瓜	宁夏	AGI00059	青铜峡市农业技术推广服务中心	2008 年
盐池甜瓜	宁夏	AGI00060	盐池县科技服务中心	2008 年
盐池滩羊肉	宁夏	AGI00061	盐池县滩羊肉产品质量监督检验站	2008 年
盐池滩鸡	宁夏	AGI00062	盐池县滩羊肉产品质量监督检验站	2008 年
中宁硒砂瓜	宁夏	AGI00025	硒砂瓜生产营销协会	2008 年
彭阳辣椒	宁夏	AGI00026	彭阳县红河辣椒专业合作社	2008 年
西吉马铃薯	宁夏	AGI00027	西吉县马铃薯产业服务中心	2008 年
贺兰螺丝菜	宁夏	AGI00028	贺兰县农牧局乡镇企业培训服务中心	2008 年
宁夏大米	宁夏	AGI00116	宁夏优质稻米产业化协会	2008 年
青铜峡辣椒	宁夏	AGI00117	青铜峡市农业技术推广服务中心	2008 年

宁夏回族自治区（60个）

产品名称	产地	产品编号	证书持有者	登记年份
吴忠牛乳	宁夏	AGI00118	吴忠市乳业协会	2008年
海原硒砂瓜	宁夏	AGI00086	兴仁硒砂瓜市场流通协会	2008年
盐池西瓜	宁夏	AGI00119	盐池县科技服务中心	2008年
六盘山蚕豆	宁夏	AGI00087	隆德县农业技术推广服务中心	2008年
马家湖西瓜	宁夏	AGI00088	吴忠市利通区蔬菜技术推广服务中心	2008年
同心滩羊肉（清真）	宁夏	AGI00120	同心县养羊协会	2008年
朝那乌鸡	宁夏	AGI00089	彭阳县养鸡专业合作社	2008年
涝河桥牛肉（清真）	宁夏	AGI00121	吴忠市畜牧草原技术推广服务中心	2008年
同心马铃薯	宁夏	AGI00090	同心县农业技术推广服务中心	2008年
青铜峡番茄	宁夏	AGI00091	青铜峡市农业技术推广服务中心	2008年
张亮香瓜	宁夏	AGI00092	贺兰县农牧局乡镇企业培训服务中心	2008年
盐池荞麦	宁夏	AGI00093	盐池县科技服务中心	2008年
原州马铃薯	宁夏	AGI00094	固原市原州区农业技术推广服务中心	2008年
原州油用亚麻	宁夏	AGI00095	固原市原州区农业技术推广服务中心	2008年
盐池滩鸡蛋	宁夏	AGI00284	盐池县滩羊肉产品质量监督检验站	2010年
固原葵花	宁夏	AGI00304	固原市农业技术推广服务中心	2010年
银川鲤鱼	宁夏	AGI00323	银川市水产技术推广服务中心	2010年
李岗西甜瓜	宁夏	AGI00324	惠农区创益西甜瓜专业合作社	2010年
沙湖大鱼头	宁夏	AGI00325	宁夏回族自治区农垦事业管理局	2010年
西吉西芹	宁夏	AGI00326	西吉县农业技术推广服务中心	2010年
海原马铃薯	宁夏	AGI00357	海原县鸿鑫马铃薯专业合作社	2010年
丁北西芹	宁夏	AGI00358	贺兰县农牧局乡镇企业培训服务中心	2010年
海原小茴香	宁夏	AGI00359	海原县永鑫小茴香专业合作社	2010年
隆德马铃薯	宁夏	AGI00435	隆德县种子管理站	2010年
黄渠桥羊羔肉	宁夏	AGI00830	平罗县动物卫生监督所	2011年
盐池二毛皮	宁夏	AGI00831	盐池县滩羊肉产品质量监督检验站	2011年
扁担沟苹果	宁夏	AGI00832	吴忠市扁担沟玉果果品购销专业合作社	2011年
金银滩李子	宁夏	AGI01043	吴忠林场	2012年
彭阳杏子	宁夏	AGI00992	宁夏茹阳林果专业合作社	2012年
盐池胡麻	宁夏	AGI01231	盐池县惠众小杂粮产业专业合作社	2013年

续　表

宁夏回族自治区（60个）

产品名称	产地	产品编号	证书持有者	登记年份
盐池黄花菜	宁夏	AGI01185	盐池县种子管理站	2013年
盐池蜂蜜	宁夏	AGI01186	盐池县种子管理站	2013年
六盘山秦艽	宁夏	AGI01366	隆德县中药材产业办公室	2013年
盐池甘草	宁夏	AGI01367	盐池县中药材站	2013年
六盘山黄芪	宁夏	AGI01451	隆德县中药材产业办公室	2014年
泾源黄牛肉	宁夏	AGI01452	泾源县畜牧技术推广服务中心	2014年
盐池谷子	宁夏	AGI01585	盐池县种子管理站	2014年
盐池糜子	宁夏	AGI01586	盐池县种子管理站	2014年
南长滩软梨子	宁夏	AGI01791	中卫市梨枣协会	2015年
南长滩大枣	宁夏	AGI01790	中卫市梨枣协会	2015年
灵武长枣	宁夏	AGI02059	灵武长枣协会	2017年
中宁枸杞	宁夏	AGI02060	中宁县枸杞产业发展服务局	2017年
沙坡头苹果	宁夏	AGI02372	中卫市苹果产业协会	2018年
宁夏菜心	宁夏	AGI02373	宁夏蔬菜产销协会	2018年
中卫硒砂瓜	宁夏	AGI02445	中卫市农业技术推广与培训中心	2018年
泾源蜂蜜	宁夏	AGI02446	中卫市农业技术推广与培训中心	2018年
吴忠亚麻籽油	宁夏	AGI02519	吴忠市农产品质量安全检测中心	2018年
同心银柴胡	宁夏	AGI02593	同心县农业技术推广服务中心	2019年

新疆维吾尔自治区（121个）

产品名称	产地	产品编号	证书持有者	登记年份
和田玉枣	新疆	AGI00170	新疆生产建设兵团农十四师农业科技推广中心（南）	2009年
头屯河葡萄	新疆	AGI00171	新疆生产建设兵团农十二师农业技术推广中心（北）	2009年
阿力玛里树上干杏	新疆	AGI00230	新疆生产建设兵团农四师农业科技推广服务中心	2010年
淖毛湖哈密瓜	新疆	AGI00338	新疆生产建设兵团农业建设第十三师淖毛湖农场	2010年
顶山食葵	新疆	AGI00339	新疆生产建设兵团农十师一八二团	2010年
博乐红提	新疆	AGI00361	新疆生产建设兵团农五师农业技术推广站	2010年

新疆维吾尔自治区（121 个）

产品名称	产地	产品编号	证书持有者	登记年份
木垒白豌豆	新疆	AGI00525	木垒哈萨克自治县农业技术推广站	2010 年
木垒鹰嘴豆	新疆	AGI00526	木垒哈萨克自治县农业技术推广站	2010 年
奇台白洋芋	新疆	AGI00527	奇台县半截沟盘龙果蔬种植销售专业合作社	2010 年
奇台四平头辣椒	新疆	AGI00528	奇台县力达出口蔬菜营销专业合作社	2010 年
裕民无刺红花	新疆	AGI00578	裕民县红花协会	2011 年
柳树泉大枣	新疆	AGI00707	新疆生产建设兵团农十三师柳树泉农场	2011 年
西山农牧场马铃薯	新疆	AGI00708	新疆生产建设兵团农十二师西山农牧场	2011 年
六十八团大米	新疆	AGI00709	新疆生产建设兵团农四师六十八团	2011 年
巴音布鲁克蘑菇	新疆	AGI00833	和静县园艺技术推广站	2011 年
巩留核桃	新疆	AGI00834	巩留县农业技术推广站	2011 年
奇台面粉	新疆	AGI00835	奇台县农业技术推广中心	2011 年
禾木蜂蜜	新疆	AGI00836	新疆布尔津县种子站	2011 年
皮亚勒玛甜石榴	新疆	AGI00579	皮山县皮亚勒玛乡石榴协会	2011 年
莫乎尔葡萄	新疆	AGI00580	霍城县西域龙珠葡萄种植专业合作社	2011 年
阜康蟠桃	新疆	AGI00581	阜康市林业技术推广中心	2011 年
五工台红薯	新疆	AGI00582	呼图壁县五工台镇农业技术推广站	2011 年
石梯子洋葱	新疆	AGI00583	呼图壁县石梯子乡农业技术推广站	2011 年
一四八团彩棉	新疆	AGI00584	新疆生产建设兵团农业建设第八师一四八团	2011 年
一〇三团甜瓜	新疆	AGI00585	新疆生产建设兵团农业建设第六师一〇三团	2011 年
二二三团苹果	新疆	AGI00586	新疆生产建设兵团农业建设第二师二二三团	2011 年
和田御枣	新疆	AGI00644	洛浦县农业技术推广中心	2011 年
巩留天山伊贝	新疆	AGI00705	巩留县伊贝贝母专业合作社	2011 年
察布查尔大米	新疆	AGI00706	察布查尔县扎库齐牛录乡寨牛录村水稻专业合作社	2011 年
切尔克齐奶花芸豆	新疆	AGI01044	切尔克齐乡凯凯农作物专业合作社	2012 年

新疆维吾尔自治区（121 个）

产品名称	产地	产品编号	证书持有者	登记年份
达坂城蚕豆	新疆	AGI01045	乌鲁木齐市达坂城区农产品质量安全检测中心	2012 年
米泉大米	新疆	AGI01046	乌鲁木齐市米东区农村合作经济组织联合会	2012 年
精河枸杞	新疆	AGI01047	新疆精河县枸杞协会	2012 年
尼雅昆仑雪菊	新疆	AGI01048	民丰县昆仑雪菊种植农民专业合作社	2012 年
特克斯苹果	新疆	AGI00993	特克斯县八卦果业专业合作社	2012 年
喀纳斯蜜瓜	新疆	AGI00994	新疆布尔津县种子站	2012 年
哈纳斯黄豆	新疆	AGI00995	新疆布尔津县种子站	2012 年
唐布拉黑蜂蜂蜜	新疆	AGI00996	尼勒克县农业技术推广站	2012 年
青河阿魏菇	新疆	AGI00997	青河县阿魏菇协会	2012 年
安迪尔甜瓜	新疆	AGI01232	新疆和田民丰县农业技术推广站	2013 年
策勒红枣	新疆	AGI01233	策勒县农产品质量安全检测中心	2013 年
策勒石榴	新疆	AGI01234	策勒县农产品质量安全检测中心	2013 年
喀拉布拉苹果	新疆	AGI01235	新源县喀拉布拉镇企业管理站	2013 年
科克铁热克葡萄	新疆	AGI01236	皮山县科克铁热克乡葡萄协会	2013 年
尉犁甜瓜	新疆	AGI01237	尉犁县农业技术推广中心	2013 年
尉犁西瓜	新疆	AGI01238	尉犁县农业技术推广中心	2013 年
博湖辣椒	新疆	AGI01239	博湖县农业技术推广中心	2013 年
柯坪恰玛古	新疆	AGI01240	柯坪县农业技术推广站	2013 年
皮山山药	新疆	AGI01241	皮山县山药协会	2013 年
昭苏大蒜	新疆	AGI01242	昭苏县农业技术推广站	2013 年
乌什鹰嘴豆	新疆	AGI01243	乌什县农产品质量安全检测中心	2013 年
昭苏油菜	新疆	AGI01244	昭苏县农业技术推广站	2013 年
策勒小茴香	新疆	AGI01245	策勒县农产品质量安全检测中心	2013 年
霍城薰衣草	新疆	AGI01246	霍城县农业技术推广站	2013 年
特克斯山花蜜	新疆	AGI01247	特克斯县农村能源环境工作站	2013 年
石河子鲜食葡萄	新疆	AGI01248	新疆生产建设兵团农业建设第八师石河子总场	2013 年
新疆兵团二十七团啤酒花	新疆	AGI01249	新疆生产建设兵团农二师二十七团	2013 年

新疆维吾尔自治区（121个）

产品名称	产地	产品编号	证书持有者	登记年份
伽师瓜	新疆	AGI01187	伽师县种子管理站	2013年
于田红柳大芸	新疆	AGI01188	于田县农业技术推广中心	2013年
喀拉布拉桃子	新疆	AGI01189	新源县喀拉布拉镇企业管理站	2013年
沙雅罗布麻蜂蜜	新疆	AGI01190	沙雅胡杨韵蜂产品专业合作社	2013年
于田沙漠玫瑰	新疆	AGI01191	于田县农业技术推广中心	2013年
克里阳雪菊	新疆	AGI01192	皮山县克里阳乡雪菊综合专业合作社	2013年
莎车甜瓜	新疆	AGI01193	莎车县荒地镇西开西早熟甜瓜种植销售农民专业合作社	2013年
小海子草鱼	新疆	AGI01194	新疆生产建设兵团农三师小海子水库管理处	2013年
开来红辣椒	新疆	AGI01195	新疆生产建设兵团农二师二十一团	2013年
托克逊红枣	新疆	AGI01368	托克逊县红枣产业协会	2013年
和田阿克恰勒甜瓜	新疆	AGI01369	和田市农产品质量安全检测中心	2013年
民丰大枣	新疆	AGI01370	民丰县农业技术推广站	2013年
托克逊杏	新疆	AGI01371	托克逊县经济林产业协会	2013年
尼雅黑鸡	新疆	AGI01372	民丰县畜禽养殖专业合作社	2013年
玛纳斯萨福克羊	新疆	AGI01373	玛纳斯县动物疾病预防控制中心	2013年
石河子肉苁蓉	新疆	AGI01374	新疆生产建设兵团第八师一四九团	2013年
塔里木垦区马鹿茸	新疆	AGI01375	新疆生产建设兵团第二师畜牧兽医工作站	2013年
北屯白斑狗鱼	新疆	AGI01376	新疆生产建设兵团第十师水产技术推广站	2013年
阜康打瓜子	新疆	AGI01453	阜康市阜民打瓜协会	2014年
库车小白杏	新疆	AGI01454	库车县林业管理站	2014年
老龙河西瓜	新疆	AGI01455	昌吉市农业技术推广中心	2014年
新疆兵团六团苹果	新疆	AGI01587	新疆生产建设兵团第一师六团	2014年
乌尔禾垦区白兰瓜	新疆	AGI01588	新疆生产建设兵团第七师一三七团	2014年
新疆兵团四十八团红枣	新疆	AGI01589	新疆生产建设兵团第三师四十八团	2014年
巩留树上干杏	新疆	AGI01658	巩留县农业技术推广站	2015年
那拉提黑蜂蜂蜜	新疆	AGI01659	新源县养蜂协会	2015年
呼图壁奶牛	新疆	AGI01660	呼图壁县动物疾病预防控制中心	2015年

新疆维吾尔自治区（121 个）

产品名称	产地	产品编号	证书持有者	登记年份
和田一牧场雪菊	新疆	AGI01661	新疆生产建设兵团第十四师一牧场	2015 年
新疆兵团三十一团罗布麻	新疆	AGI01662	新疆生产建设兵团第二师三十一团	2015 年
和田一牧场羊肉	新疆	AGI01793	新疆生产建设兵团第十四师一牧场	2015 年
新疆兵团三团核桃	新疆	AGI01792	新疆生产建设兵团第一师三团	2015 年
木垒羊肉	新疆	AGI01732	木垒哈萨克自治区县牛羊产业协会	2015 年
尉犁罗布羊肉	新疆	AGI01733	尉犁县金秋胡杨旅游协会	2015 年
昭苏天马	新疆	AGI01734	昭苏县畜牧兽医站	2015 年
新疆兵团二十九团香梨	新疆	AGI01896	新疆生产建设兵团第二师二十九团	2016 年
霍城树上干杏	新疆	AGI01887	霍城县农业技术推广站	2016 年
霍城樱桃李	新疆	AGI01888	霍城县农业技术推广站	2016 年
惠远胡萝卜	新疆	AGI01891	霍城县农业技术推广站	2016 年
沙雅罗布麻茶	新疆	AGI01894	沙雅县优质农产品开发服务协会	2016 年
安集海辣椒	新疆	AGI01892	沙湾县安集海镇农业综合服务站	2016 年
三塘湖哈密瓜	新疆	AGI01889	巴里坤县三塘湖乡农业发展服务中心	2016 年
巩留苹果	新疆	AGI01890	巩留县农业技术推广站	2016 年
昭苏马铃薯	新疆	AGI01934	昭苏县农业技术推广站	2016 年
吉木萨尔白皮大蒜	新疆	AGI01893	吉木萨尔县农业技术推广站	2016 年
铁力木小茴香	新疆	AGI01895	岳普湖县孜然协会	2016 年
尼雅羊肉	新疆	AGI02061	民丰县畜牧兽医站	2017 年
于田麻鸭	新疆	AGI02062	于田县动物疫病控制与诊断中心	2017 年
石河子一四三团蟠桃	新疆	AGI02113	新疆生产建设兵团第八师一四三团	2017 年
下野地西瓜	新疆	AGI02114	新疆生产建设兵团第八师一三四团	2017 年
新疆兵团七十三团大米	新疆	AGI02115	新疆生产建设兵团第四师七十三团	2017 年
新疆兵团八十四团色素菊花	新疆	AGI02116	新疆生产建设兵团第五师八十四团	2017 年
塔里木垦区马鹿胶	新疆	AGI02117	新疆生产建设兵团第二师马鹿协会	2017 年
塔里木垦区马鹿花盘	新疆	AGI02118	新疆生产建设兵团第二师马鹿协会	2017 年

新疆维吾尔自治区（121个）				
产品名称	产地	产品编号	证书持有者	登记年份
木垒长眉驼	新疆	AGI02243	木垒哈萨克自治县动物疾病预防控制中心	2017年
尉犁罗布麻茶	新疆	AGI02374	尉犁县农业技术推广中心	2018年
吉木萨尔鸡	新疆	AGI02375	吉木萨尔县动物疾病预防与控制中心	2018年
新疆兵团五团苹果	新疆	AGI02376	新疆生产建设兵团第一师五团	2018年
炮台甜瓜	新疆	AGI02377	新疆生产建设兵团第八师一二一团	2018年
达因苏牛肉	新疆	AGI02378	新疆生产建设兵团第九师一六五团	2018年
温宿大米	新疆	AGI02451	温宿县农业技术推广站	2018年
新疆兵团一八四团苹果	新疆	AGI02520	新疆生产建设兵团第十师一八四团	2018年
新疆兵团一七〇团沙棘	新疆	AGI02521	新疆生产建设兵团第九师一七0团	2018年
南湖哈密瓜	新疆	AGI02594	伊州区南湖乡农业（畜牧业）发展服务中心	2019年
哈密羊肉	新疆	AGI02595	哈密市畜牧工作站	2019年
台湾地区（0）				
香港特别行政区（0）				
澳门特别行政区（0）				

资料来源：全国农产品地理标志查询系统。